셀리더십으로 살아나는 교회

## 셀리더십으로 살아나는 교회

**지은이** | 류영모 외 한소망교회 교역팀
**초판 1쇄 펴낸날** | 2002년 8월 31일
**초판 11쇄 펴낸날** | 2015년 6월 19일
**등록번호** | 129-81-80357
**등록일자** | 2005년 1월 12일
**등록처** | 경기도 고양시 일산구 장항동 578-16 나동
**발행처** | 도서출판 NCD

ISBN 978-89-89028-62-8

- 책값은 뒤표지에 있습니다.
- 잘못된 책은 구입하신 서점에서 교환해 드립니다.
- 책 내용에 대한 문의나 출간을 의뢰하실 원고는 editor@asiacoach.co.kr로 메일을 보내 주십시오.

**도서출판 NCD**
주소 | 서울시 강남구 테헤란로 25길 30 4층 (역삼동, 한라빌딩)
주문 · 영업부 | (일산) (031) 031-905-0434,0436  팩스 (031) 905-7092
본사 · 편집부 | (강남) (02) 538-0409, 3959  팩스 (02) 566-7754
한국 NCD / 지원 · 코칭 | (02) 565-7767  팩스 (02) 566-7754
NCD몰 | www.ncdmall.com

종이 영은페이퍼  출력 대산아트컴  인쇄 한국소문사  제책 정성문화사

---

**교회를 건강하게 성장하도록 돕는 도서출판 NCD**

도서출판 NCD는 '자연적으로 성장하는, 더 좋고 많은 교회 번식 운동'을 펼치고 있는 한국 NCD 및 이와 관련된 기관들의 사역을 문서로 지원하는 출판사입니다.
한국 NCD는 현재 전 세계 66개국 10,000여 개 교회에서 4,200만 자료로 검증된 설문조사를 토대로 하여 한국 교회의 건강을 진단할 뿐만 아니라 더 많은 교회들이 건강하게 세워질 수 있도록 지속적으로 자료 및 도구 제공, 훈련, 세미나, 컨설팅, 코치 사역, 세계 선교, 지역 및 정보 네트워크를 통해 사역하고 있는 국제적인 전문 사역 기관입니다.

# 셀리더십으로 살아나는 교회

류영모 외 한소망교회 교역팀 지음

도서출판
www.NCDKorea.com

# 목차

**1부 셀: 개론**
- 1과 왜 셀인가? · 8
- 2과 셀 중심 교회론 · 16
- 3과 셀론 · 25
- 4과 셀의 5요소, 5W · 33
- 5과 셀 목자(Cell Leader)론 · 42
- 6과 모든 세대를 향한 하나님의 뜻(세대통합셀 운영의 가능성) · 58

**2부 리더십 개발: 각론**

**1장 5요소 · 68**
- 1과 당신의 셀 건강 검진 · 68
- 2과 하나님의 가족 공동체 · 76
- 3과 효과적인 전도 · 85
- 4과 상호 책임과 새가족 양육 · 94

**2장 5W · 102**
- 1과 얼음깨기와 불지피기 · 102
- 2과 예배의 감동으로 나아가기 · 109
- 3과 말씀, 목회적 돌봄, 복음 전파 · 122

**3장 셀 생활 · 143**
- 1과 셀의 번식과 세 목자 세우기 · 143
- 2과 성령 안에서의 셀 · 152
- 3과 셀에서의 기도 생활 · 164
- 4과 셀 안에서의 갈등 해결 · 174
- 5과 셀에서의 치유사역 · 180
- 6과 셀 교회에서의 목회자의 역할 · 188
- 7과 셀 목자의 비전 선언문 · 197

**부록: 셀의 행정 양식 · 202**

# 권두언

나의 눈물이 이곳에서 받아 들여지지 않는다면
나는 어디서 울어야 할까?

내 영이 이곳에서 날개를 펼 수 없다면
나는 날기 위해 어디로 가야 할까?

나는 나의 가치를 인정해 줄
가족 같은 사랑이 필요하다.
나는 내가 넘어졌을 때 내 손을 붙들어 줄
따뜻한 손길이 필요하다.

그곳은 아무런 느낌을 나눌 수 없는
닫힌 감옥 문이 아니다.
그곳은 웃음의 탈을 쓰고 춤추는
광대들의 광장도 아니다.
그곳은 의미 없고 지루한 얘기만 나누는
옛 노인들의 사랑방도 아니다.
그곳은 제 자랑만 늘어 놓는 동창회 모임도 아니다.

만약 이곳이 나의 눈물이 이해될 수 없는 곳이라면
나는 어디로 가야 할까?
만약 이곳이 나의 기쁨이 너의 기쁨이 될 수 없다면
나는 어디서 웃어야 할까?

만약 이곳이 나의 슬픔을 인해 함께 울어 줄 수 없는 곳이라면
나는 어디서 내 상처를 치유 받을 수 있을까?
만약 이곳에서 내 영이 날 수 없다면
나는 어디로 가야 할까?

형제여 자매여
이리로 오시오
당신의 모습 그대로 오시오.
가면을 쓰지 말고 오시오.

이곳은 좋은 옷을 자랑하는 곳도
나의 잘남을 뽐내는 곳도 아니라오.

이곳은 아무런 두려움 없이 삶을 나누는 사랑의 가족
이곳은 함께 하나님을 바라보는 사랑의 관계
이곳은 마주보는 자리가 아니라
함께 한 곳을 바라보는 눈들의 모임
그 눈들 끝에 주님이 웃고 계신다.

이곳은 내 안에 계신 주님이
당신 안에 계신 주님을 환영하는 천국 공동체

한소망교회 류영모 목사

# 1부
# 셀: 개론

# 1과 왜 셀인가?

> 또 내가 네게 이르노니 너는 베드로라 내가 이 반석 위에 내 교회를 세우리니 음부의 권세가 이기지 못하리라 내가 천국 열쇠를 네게 주리니 네가 땅에서 무엇이든지 매면 하늘에서도 매일 것이요 네가 땅에서 무엇이든지 풀면 하늘에서도 풀리라 하시고 (마 16:18-19)

## 들어가기

※ 그룹 토의 : 아래의 내용을 생각한 후, 세 명씩 짝을 지어 아래의 내용이 한국 교회를 향해 무엇을 시사하고 있는지 토의한다.

   예 1. 타이타닉: (기울어진 타이타닉 호) 수많은 사람들이 추락하는 장면
   예 2. 진주만: (폭격 맞은 미 태평양 함대) 일본군 폭격기에 기습 공격을 받는 장면
   예 3. 쉰들러 리스트: (마지막 장면) 한 영혼을 구한 것은 우주를 구한 것이다.
   예 4. 나 홀로 집에: (케빈) 내 집이니까 내가 지켜야지

※ 셀이란 구역, 목장, 속회, 순, 다락방, 가정교회, 작은 교회 등을 의미한다.

## 본 과의 목표

1. 주님이 세우시기 원했던 교회의 원형을 발견한다.
2. 전통 교회의 약점을 깨닫고 셀 교회의 가능성에 대해 새로운 이해를 갖는다.
3. 계속 전개될 세미나에 기대감을 갖는다.

# 1. 예수님이 세우기 원하시는 그 교회를 세우기 위해

## (1) 교회와 사역

> 어느 날 원숭이 한 마리가 강가를 지나고 있었다. 원숭이가 보니 많은 물고기들이 불쌍하게도 물 속에 빠져 허우적거리고 있지 않은가? 원숭이는 큰 사명을 가지고 물고기를 건져 내기 시작했다. 해가 지도록 땀을 흘리며 최선을 다해 물고기들을 건져 모래사장으로 던져 놓았다. 불쌍하게도 원숭이가 사명을 가지고 건져 낸 물고기들은 모두 죽고 말았다.

※ 교회 사역이라는 차원에서 위의 원숭이 이야기는 우리에게 무엇을 시사하고 있는가?

## (2) 교회의 본질

① 많은 교회들을 세우고 교회 안에서 열심히 사역하는 것은 참으로 소중한 일이다. 그러나 그보다 더 중요한 것은 '교회가 무엇인가?' 라는 교회의 본질을 제대로 아는 것이다.

② 주님이 그토록 세우기를 원했던 교회, 예수님의 가슴속에 있던 그 교회는 어떤 교회인가?

③ 교회는 하나님 사랑의 대상이요, 예수님의 애인이다. 예수님이 이 땅에 다시 오실 때 그분을 맞이할 신부이다. 그렇다면 주님이 보기를 원하시는 거룩하고 순결한 그 교회는 어떤 교회인가? (Holiness: 거룩)

④ 1세기를 불태웠던 그 교회, 21세기를 복음으로 정복할 그 교회는 어떤 교회인가? 폭발하는 세계 인구를 구원할 수 있는 교회의 능력이 무엇인가? (Harvest: 추수)

※ 우리는 이 질문에 대한 정확한 답을 가지고 있는가? 오늘날 현대 교회가 위의 질문에 대한 대답으로 세워진 교회인가?

## (3) 내가 하는 일이 옳은 일인가?

> 하루살이는 7일 동안 아무것도 먹지 않고 부지런히 날기만 하다가 기진맥진하여 죽는 날파리다. 한 마리의 날파리가 날면 다른 날파리는 무조건 그 뒤를 따라 날아간다. 날파리 떼가 되어 날다보면 누가 누구의 뒤를 따라 날고 누가 앞서서 나는지도 모르고 서로가 서로를 쫓아 날기만 하다가 죽는다.
>
> — 장앙리 파브르 「곤충 관찰」

※ 내가 하는 일이 옳은지 묻지도 않고, 남들이 하니 나도 그렇게 하고, 남들이 사니 나도 사는 날파리

과 인생들이 87%쯤 된다고 한다. 오직 13%의 사람들만이 '이 길이 바른 길인가? 더 나은 길은 없는가?' 라고 질문하며 남다른 비전과 목표, 구체적 전략을 가지고 산다.

### (4) 마지막 시대를 준비하고 있는가?

오늘 당신의 교회는 주님이 그토록 세우기 원하셨던 바로 그 교회, 마지막 시대에 커다란 추수를 할 수 있는 교회로 준비되어 있는가? 전통 교회들은 이 질문에 대한 확신을 주지 못하고 있다. 그러면 신약시대 교회가 오늘 이 땅에 존재한다면 이 질문에 확실한 대답을 줄 수 있을까? 그렇다. 그 교회가 바로 그 셀교회이다.

주님은 2000년 전 교회를 세우시기를 원하셨던 것만큼이나 오늘날의 교회가 주님이 원하시는 교회가 되기를 간절히 바라신다.

- 주님의 소원을 이루어 드리자!
- 주님의 꿈(Mission & Vision)을 나의 꿈, 우리 교회의 꿈, 우리 시대의 꿈으로 나눠 가지자!

## 2. 신약교회는 「두 날개로 비상하는 교회」였다

(1) 초대 교회는 "날마다 마음을 같이하여 성전에 모이기를 힘쓰고 집에서 떡을 떼던"(행2:46) 두 날개를 가진 공동체였다.
(2) 초대 교회의 한쪽 날개는 예배의 영광을 경험하는 큰 날개이다.
(3) 다른 한쪽 날개는 가정에서 모이는 셀을 통해 주님의 임재와 가족 공동체의 경험을 누리는 작은 날개이다.
(4) 독수리가 비상하는 이유는 먹이를 낚아채기 위해서이다. 즉 세상을 정복하고 사탄에게 빼앗긴 불신자를 건져내기 위해서이다(독수리 시력: 4.5, 날카로운 부리, 발톱, 강인한 날개 - 오늘 그리스도인들도 독수리의 야성을 회복해야 한다).
(5) 두 날개 교회는 균형 잡힌 교회(2E: Edification, Evangelism), 건강한 교회이다.
(6) 두 날개 교회는 조정 경기와 같은 교회이지 뱃놀이 교회가 아니다.
(7) 두 날개는 옷감의 씨줄, 날줄과 같이 서로가 서로를 보완하고 붙들어 주는 역할을 한다.

## 3. 소비자 구조에서 생산자 구조로

### (1) 80:20 법칙

> 한 도시의 공원을 조성하는 작업반에 놀먹씨(놀고 먹는 사람)가 있었다. 일하는 사람들 사이로 왔다 갔다만 하는데 오히려 작업에 걸림돌이 되는 사람이었다. 그러다가 간식 시간이나 식사 시간이 되면 어김없이 나타나 함께 식사를 하곤 했다. 그것 하나로 사람들은 놀먹씨를 작업반 일원으로 인정해 주었다. 어느 날인가부터 놀먹씨가 작업장에 나타나지 않았다. 놀먹씨 대신 누군가 다른 일꾼이 있어야 하지 않겠느냐고 한 일꾼이 말했다. 다른 사람들이 약속이나 한 듯이 입을 모아 대답을 했다. "놀먹씨는 원래 있으나 마나 한 사람이었습니다. 처음부터 그가 한 일은 없습니다. 그가 없더라도 공원조성작업에 아무런 지장이 없습니다."

※ 100년 전 "파레토"라는 학자는 80:20의 법칙에서 이런 놀먹씨가 80% 정도 된다고 했다. 교회 안에도 20%의 신실한 일꾼들이 80%의 놀먹씨를 섬기느라 세상을 정복할 에너지를 모두 소비하고 있다. 교회보다도 실업자가 많은 공동체는 어디에도 찾아보기 어렵다. 이것이 오늘날 교회의 문제이다.

### (2) 위대한 영혼의 대추수기

우리는 지금 가장 위대한 영혼의 대추수기를 맞이하고 있다. 세계 도처에서 수많은 영혼들이 주님 앞으로 돌아오고 있다. 주님은 엄청난 인구 폭발에 대처할 수 있는 새로운 패러다임의 교회를 준비하셨다. 하나님은 21세기의 추수를 우연에 맡기지 않으신다. 멋진 승리를 계획하는 명장처럼 멋진 작전을 가지고 계신다.

|  | 인구수 | 불신자수(66%) | 불신자수<br>(그리스도인을 20억으로 고정시) |
|---|---|---|---|
| 2000년 | 60억 | 40억 | 40억 |
| 2025년 | 80억 | 53억 | 60억 |
| 2050년 | 93억 | 62억 | 73억 |

*10억 명은 지구를 $8\frac{1}{4}$ 바퀴를 돌 수 있다.

처참한 몰락이냐 엄청난 추수냐 우리는 갈림길에 서 있다. 위의 도표에서 보듯이 지금처럼 인류의 $\frac{1}{3}$을 그리스도인으로 계산해도 불신자수는 엄청나게 늘어날 것이다. 이때 우리는 교회를 향한 하나님의 계획과 방법을 알아야 한다. 전통교회의 패러다임을 가지고는 안 된다. 그 새로운 패러다임이 바로 셀 교회 패러다임이라고 보는 이들이 점점 많아지고 있다. 세계 구석구석에서 일어나고 있는 셀 교회 부흥이 그것을 증명하고 있다.

### (3) 콩나물과 콩나무

필자의 교회당 로비에는 콩나물 시루가 하나 놓여 있다. 그 앞을 지나는 사람들은 누구나 물을 줄 수 있다. 그 옆에 이런 문구가 있다. 「당신은 콩나물이 되시렵니까? 콩나무가 되시렵니까?」 교인들을 포동포동 살찐 콩나물로 만들어서는 21세기를 정복할 수 없다. 콩나물은 재생산이 불가능하다. 콩을 땅에 심어 가꾸면 비바람에 상할 위험도 있지만 강하게 자란 콩나무는 또 다른 콩을 만들어 낸다.

### (4) 두 종류의 갈매기

해변에서 관광객들이 던져주는 비스켓이나 주워먹고 사는 갈매기는 고기를 잡을 줄 모른다. 우리가 원하는 21세기 교인은 던져준 비스켓을 주워먹고 사는 갈매기가 아니라 거친 파도를 헤치고 고기를 잡을 줄 아는 갈매기다. 이런 비유는 얼마든지 있다. 중국에서는 거위를 빨리 키워 팔기 위해 억지로 입을 벌려 먹이를 밀어 넣는다. 이렇게 하여 뚱뚱하게 살이 찐 거위는 먹이를 억지로 먹여 주지 않으면 스스로 음식을 먹지 못해 굶어 죽게 된다. 그러나 같은 거위과의 가마우찌는 고기를 잡아 다섯 식구를 먹여 살릴 수 있어 그 한 마리 값이 황소 한 마리 값을 능가한다고 한다.

## 4. 왜 셀인가? - 셀이 가지는 교회론적 개념

### (1) 셀은 몸을 이루는 기초 단위다

세포는 거대한 몸을 움직이게 하는 기초 단위다. 우리 몸은 세포 활동을 통하여 유지되고 보존된다. 세포는 가장 작은 단위이지만 하찮은 존재가 아니다. 즉 세포는 몸의 생명을 좌우하는 결정적인 구성체다. 교회도 마찬가지이다. 교회의 기초 단위인 셀(목장, 구역)이 살면 교회도 살고 셀이 죽으면 교회도 죽는다.

### (2) 셀은 번식한다

세포는 그 자신을 한없이 키우고 강화하는 것이 목표가 아니다. 세포는 끊임없이 분열을 통하여 또 다른 독립된 세포를 번식시킴으로써 성장한다. 세포는 자신의 몸만을 비대하게 확장함으로써 커가는 것이 아니라, 분열을 통하여 또 다른 세포가 생성됨으로써 커가는 것이다. 즉 몸의 확장 여부는 세포 크기에 있는 것이 아니라 분열되는 세포 수에 달려있다. 교회 성장은 세포, 즉 셀의 수가 증가하는 것을 의미한다. 번식하지 않는 세포는 죽은 세포이듯이, 생산성이 없는 교회도 죽은 교회라고 볼 수 있다.

(3) 셀과 셀은 유기체적인 관계로 연결되어 있다

　세포는 스스로 존재할 수 없는 속성을 갖고 있다. 하나의 세포는 또 다른 세포와의 유기적 관계 속에서만 세포로서의 역할과 기능을 수행할 수 있다. 세포는 서로 간에 철저한 공동체적 유대관계 속에서 그 일을 수행하게 된다.

(4) 셀의 존재 목적은 생명을 살리는 활동이다

　세포는 존재하는 것으로 끝나지 않고 끊임없이 활동함으로써 그 존재의 사명을 다한다. 세포는 끊임없이 움직임으로써 그 생명력을 유지해 나간다. 또한 세포는 작기 때문에 기동성이 있다. 세포는 어떤 상황에서도 유연하게 대처할 수 있는 기능을 갖고 있다. 셀목회란 교회의 기동성과 활동성을 극대화하는 목회 형태이다. 교회의 활동성은 작은 셀들의 활동에서 비롯한다.

(5) 셀의 활동은 중앙의 통제 하에서 이루어진다

　모든 세포는 대뇌의 중추신경을 통한 명령체계에 따라 움직인다. 세포 스스로 판단하여 아무 곳에나 가서 활동하는 것이 아니다. 그러나 갑작스런 외부의 충격이나 자극이 가해질 때는 중앙의 명령이 떨어지기 전에 감각적으로 먼저 대처하는 자율성도 갖고 있다. 이런 면에서 셀목회란 무질서한 셀 집단이 아니며 각각의 셀이 제 나름대로 사역과 활동을 하는 것은 더더욱 아니다. 목회자의 목회 철학을 공유하며 그 안에서 같은 마음으로 모이고 활동하는 것이어야 한다. 그 안에서 셀의 모든 활동은 자유롭고 유연하며 활발하게 진행되는 것이다.

## 5. 왜 셀 리더십 개발이 필요한가?

(1) 한 자동차 회사가 기존 모델 라인만 가동하여 자동차를 생산해 낸다면 이 회사는 몇 년을 버티지 못하고 망하게 될 것이다.
(2) 반면 새 모델이 중요하다고 하여 기존 모델을 모두 무시하고 새 모델을 개발하고 새 모델의 자동차를 생산해 내는 데 총력을 기울인다면 치루어야 할 대가가 너무 커서 역시 그 회사도 망하게 될 것이다.
(3) 건강한 회사라면 새 모델을 연구하는 팀이 따로 있어 끊임없이 연구를 하고 거기서 발견된 노하우(Know-how)로 기존 모델을 업그레이드시켜야 할 것이다. 그러는 사이에 새 모델의 자동차가 개발될 뿐만 아니라 기존 모델 또한 새 모델의 장점을 십분 발휘할 수 있는 발전된 자동차를 만들어 낼 수 있게 된다.
(4) 이 자동차 회사가 교회요, 기존 자동차가 한국 교회의 구역(목장, 다락방, 속회, 순, 사랑방)이고 새 모델을 셀(cell)이라고 한다면 당신은 어떤 전략으로 당신의 교회를 건강한 교회로 발전시킬 수 있겠는가?

## 6. 결론: 서두를 일도 아니고 미룰 일도 아니다

> 추운 겨울밤 넓고 큰 그릇에 고슴도치떼를 담아 밖에 내놓았다. 영하 20도의 혹한에 찬바람이 불어오자 부들부들 떨던 고슴도치들이 한 마리 두 마리 몰려들기 시작한다. 처음에는 따뜻해지는 것처럼 느낀다. 그러나 저마다의 침이 상대방을 찌르자 아파 오기 시작한다. 피를 흘린다. 고슴도치들은 아파서 흩어지기 시작한다. 흩어지면 춥다. 추워서 부들부들 떨다가 견딜 수 없어 다시 몰려든다. 바짝 바짝 죄여온다. 점점 깊이 더 찌른다. 피는 더 많이 흘러 내린다. 한 마리 두 마리 아파서 견딜 수 없어 다시 흩어지기 시작한다. 흩어진 고슴도치들은 다시 추위에 떨다가 다시 몰려든다. 모였다 흩어지고 흩어졌다 모이고 … 날이 밝아왔다. 아침에 나가 보니 다 죽어 있었다. 절반은 얼어서 죽었고 절반은 피를 흘려 죽었다.

※ 한국 교회의 과제: 어떻게 교회를 춥지도 아프지도 않은 가족 교회(공동체)로 만들 수 있을까?

셀교회 운동에 대하여 한국 교회 내에는 두 가지 상반된 태도가 공존한다. 하나는 켄텍스트(context)를 무시하고 무조건 열광적으로 받아들이는 사람들의 태도이고 다른 하나는 아무런 관심도 없이 지나가는 하나의 유행 프로그램 정도로 생각하는 사람들의 태도이다.

셀 열광주의자들 가운데는 하루 아침에 모든 것을 다 엎어버리고 교회의 모든 구조를 셀 교회로 바꾸어 보려고 하다가 목회자도 상처 입고 잘 성장하던 교회 공동체에도 치명적인 상처를 입힌다. 전통교회를 셀 교회로 바꾸는 일은 일종의 개혁이다. 하루아침에 될 일이 아니다. 목회자 자신이 차분히 연구하고 먼저 결단해야 한다. 평신도 지도자들로부터 모든 교인들을 의식화해 나가야 한다. 그리고 교회 구성원들을 분석하고 새 구조로 개편하는 차분한 접근이 필요하다. 여기에는 많은 시간과 노력이 요구된다.

또 다른 한편에서는 셀 교회에 대하여 무관심한 냉소주의자들이 있다. 지금까지 한국 교회는 잘 성장해 왔다는 안일한 태도이다. 필자가 생각하기에 셀 교회 운동은 지나가는 일개 유행 프로그램이 아니다. 교회 본질을 회복하고자 하는 교회 개혁적 운동이다. 그래서 셀 교회 운동을 주도하고 있는 빌 벡햄은 이것을 "제2의 종교개혁"이라고 말했다.

그러므로 셀 교회 운동은 서두를 일도 아니고 미룰 일도 아니다. 교단 내 혹은 교회 내에서 이 운동을 한국 교회 상황 속에 적용할 수 있는 건강한 모델을 찾고자 하는 연구와 시도들이 일어나야 한다.

셀 교회 운동은 지금 세계 도처에서 동시 다발적으로 일어나고 있다. 아니, 성령님께서 이 셀 교회 운동을 주도하고 계신다. 우리는 지금 성령님의 역사에 민감하고 우리 주 예수 그리스도의 마음을 진지하게 헤아려야 하겠다.

## 토의

전통 교회의 약점이 무엇이라고 생각하는가? 셀 교회가 이 약점을 극복할 수 있게 한다고 느끼는 이유가 무엇인가?

_____
_____
_____
_____
_____
_____
_____
_____
_____
_____
_____
_____

# 2과 셀 중심 교회론

> 날마다 마음을 같이 하여 성전에 모이기를 힘쓰고 집에서 떡을 떼며 기쁨과 순전한 마음으로 음식을 먹고 하나님을 찬미하며 또 온 백성에게 칭송을 받으니 주께서 구원받는 사람을 날마다 더하게 하시니라(행 2:46-47)
>
> 두 세 사람이 내 이름으로 모인 곳에는 나도 그들 중에 있느니라(마 18:20)
>
> 이는 성도를 온전케 하며 봉사의 일을 하게 하며 그리스도의 몸을 세우려 하심이라(엡 4:12)

어느 바닷가에 등대를 밝히는 등대지기가 있었습니다. 등대를 밝히기 위해 매달 일정량의 기름이 배달되었습니다. 그런데 어느 날 그 마을에 사는 어느 집에 외아들이 큰 병에 걸려 수술을 받아야 했습니다. 그러나 돈이 없었습니다. 부모는 등대지기에게 달려가 기름 좀 팔아 수술비를 마련해 달라고 애원했습니다. 등대지기는 거절할 수 없었습니다. 어느 집 아들 대학 등록금으로, 밥을 먹지 못하는 할머니의 양식을 사기 위해 기름을 조금씩 조금씩 팔았습니다. 그러던 어느 날 밤, 마을에 사는 장정들이 고기잡이를 나갔다 돌아오고 있었습니다. 하필이면 그날 기름이 떨어져 등대를 켤 수 없었습니다. 등대를 찾지 못한 어부들은 모두 바다 한 가운데서 방황하다 암초에 부딪혀 죽고 말았습니다.

위 내용은 교회가 무엇을 위해 기름을 사용해야 하는가에 대해서 생각하게 한다. 그 우선 순위를 결정하지 않으면 주님의 교회를 세워갈 수가 없다. 셀 교회는 어디에 그 무게 중심을 둔 교회인가를 아는 것이 바로 셀 중심 교회론의 목적이다.

### 본 과의 목표

1. 셀 중심 교회의 중요한 가치들을 알게 된다.
2. 셀 중심 교회로 가기 위해 내가 바꾸어야 할 가치들을 깨닫게 된다.
3. 셀 중심 교회에서 자신의 역할을 위해 헌신할 것을 결단한다.

# 1. 셀 중심 교회론

셀 중심 교회는 전통 교회의 프로그램 중심 교회가 셀 교회로 전환해 가는 과정에 있는 교회를 말한다.

### (1) 셀 중심 교회란?
- 셀이 교회의 핵심이다.
- 셀 참여는 교회생활의 필수다.
- 셀리더가 교회내 핵심 멤버이다.
- 기존 신자 양육과 심방으로 지쳐 있는 교회가 아니라 훈련받은 셀리더들이 세상을 정복해 간다.

### (2) 셀 중심이 아닌 것
- 극장교회: 옆 사람에게 신경쓸 필요없이 공연에만 집중하면 되듯이 신앙생활을 자기 만족으로 이해한다.
- 백화점 교회, 학원 교회: 모든 프로그램을 다 늘어놓고 교인들의 다양한 필요를 충족시켜 준다.
- 교회 내 써클: 우리끼리 굳게 뭉쳐 잘 지내면 된다.
- 베푸는 교회: 구제기관처럼 이웃에게 선심을 베푼다.
- 뱃놀이 교회: 조정 경기처럼 모든 사람이 선수가 되는 것이 아니라 한두 사람이 배를 움직이고 다른 사람은 유람을 즐긴다.

이제 셀 중심 교회에 대한 각자의 의견을 정리하면서 교회의 순결함, 고귀함을 말하는 다음 글을 읽어 보자. 우리는 이 땅에 살면서 교회의 본질을 찾는데 노력을 멈추어서는 안 된다.

> **교회는…**
>
> 교회는 예수님의 신부입니다. 교회는 예수님의 애인입니다. 교회는 성삼위 하나님의 사랑의 대상입니다. 그러므로 순결한 신부 – '교회 본래의 모습이 무엇일까?'를 찾는 것은 이 땅에서 살아가는 모든 성도의 최대 과제입니다. 교회는 그리스도의 몸입니다. 때문에 우리는 교회를 대할 때 이제 막 태어난 어린아이 – 생명의 신비를 대하듯 이제 막 결혼식장에서 나온 신부를 대하듯 조심스럽게 대해야 합니다.
>
> 함부로 비판하거나 함부로 말해서는 안 됩니다. 지난 2000년 동안 교회를 핍박하던 모든 세력은 망했습니다. 개인도 망했습니다. 국가도 망했습니다. 정당도 망했습니다. 반면 교회를 높이고 교회를 영화롭게 했던 나라와 민족과 개인은 영광을 얻었고 복을 누렸습니다.
>
> – 류영모 목사, 「두 날개로 비상하는 교회」

### (3) 하나님의 가족 공동체로서의 교회

> **하나님이 가라사대 우리의 형상을 따라 우리의 모양대로 우리가 사람을 만들고 그로 바다의 고기와 공중의 새와 육축과 온 땅과 땅에 기는 모든 것을 다스리게 하자 하시고(창 1:26)**

※ 하나님은 왜 스스로 '우리'라고 말씀하고 계실까? 성부·성자·성령은 삼위일체를 뜻한다. 삼위일체 하나님이 공동체이시듯 교회도 공동체이어야 한다.

> 한 사람이 파선하여 무인도에 떨어졌다. 그가 아프게 되자 아무도 그를 돌보아 줄 사람이 없었다. 그는 매우 탈진하게 되었고 기력을 회복하지 못하였다. 그에게 용기를 줄 사람도, 대화를 나눌 상대도 없어 점차 언어도 상실해 갔다. 그리고 결국 죽었다. 다른 무인도에는 두 사람이 남게 되었다. 그들은 병이 들었을 때 서로를 보살펴 주었고 격려와 용기의 언어도 잃지 않았다. 그들은 오랫동안 잘 견딜 수 있었고 마침내 구조되었다.

- '홀로 서기' 신앙의 집합체는 더 이상 교회가 아니다.
- 교회는 하나님과 사람이 만나고 또한 사람과 사람이 만나는 공동체이다.
- 독일에서는 'community(공동체)'라는 말을 '교회'라는 말로 사용한다.

## 2. 셀 공동체의 2대 핵심 활동

공동체로서 셀 중심 교회의 두 가지 핵심 활동은

**2E – 서로 세워주기(Edification)와 전도(Evangelism)**이다.

- 셀 공동체 안: 예수님이 명하신 "네 이웃을 네 몸과 같이 사랑하라"(마 22:37-39, 막 12:28-31)는 둘째 큰 계명을 실천하기 위한 서로 세워주는 섬김(ministry)이 있어야 한다.
- 셀 공동체 밖: 전도를 통한 셀의 번식(multiplication)이 있어야 한다.

셀은 내부로 향하는 동시에 외부로 향한다. 내적으로 한 사람 한 사람의 필요와 아픔을 살피는 목회적 돌봄이 있어야 한다. 그러나 보다 궁극적인 목적은 예수 그리스도를 알지 못하는 이들에게 그분을 알게 하는 일이다.

## 3. 셀 교회의 4대 특징

### (1) 셀 교회는 성령의 역사에 민감히 순종하는 교회이다

예수님이 제자들과 함께 계실 때 보혜사 성령을 보내실 것을 약속하셨고

> **보혜사 곧 아버지께서 내 이름으로 보내실 성령 그가 너희에게 모든 것을 가르치시고 내가 너희에게 말한 모든 것을 생각나게 하시리라(요 14:26)**

그 약속에 따라 성령님이 우리에게 오셨다.

> **하나님이 오른손으로 예수를 높이시매 그가 약속하신 성령을 아버지께 받아서 너희 보고 듣는 이것을 부어 주셨느니라(행 2:33)**

따라서 지금 우리는 성령의 시대에 살고 있다. 아무도 성령을 부인하지도 않으며 공식적인 신앙고백도 건전하다. 그러나 우리가 저지른 치명적 실수는 그분을 우리 머릿속 지식 안에, 성경책 뒷장의 사도신경의 문구 안에 가두고 있다는 사실이다.

> 우리가 저지른 잘못(솔직히 말해 우리의 죄라고 해야 되지 않을런지?)은 성령의 교리를 무시하고 하나님으로서의 성령님을 사실상 부인해 버린 것이다 … 성령의 교리는 땅에 묻혀 있는 다이너마이트와 같다. 누군가 그것을 발견하여 사용하기를 기다리신다. 성령의 능력은 그것을 곱씹어본 뒤 동의하는 심령에게는 일어나지 않는다. … 성령님은 우리의 강력한 강조를 기다리신다.
>
> — A.W. Tozer, 「하나님의 정복」

※ 성령의 역사에 민감하기 위해서 우리가 취할 3가지 태도

첫째, 타는 목마름으로 성령을 사모하라.

**명절 끝날 곧 큰 날에 예수께서 서서 외쳐 가라사대 누구든지 목마르거든 내게로 와서 마시라(요 7:37)**

둘째, 그대로 믿으라.

**너희가 악할지라도 좋은 것을 자식에게 줄줄 알거든 하물며 너희 천부께서 구하는 자에게 성령을 주시지 않겠느냐 하시니라(눅 11:13)**

셋째, 마시라. 성령의 역사가 임할 때 아무 주저하지 말고 받아들이라.

**성령을 소멸치 말며(살전 5:19)**

## (2) 셀교회는 전도(outreach)하는 전투적 교회이다

- 아담의 타락과 함께 인류의 영혼은 사단의 손에 넘어갔다.

**가로되 이 모든 권세와 영광을 내가 네게 주리라 이것은 내게 넘겨준 것이므로 나의 원하는 자에게 주노라(눅 4:6)**

- 셀교회에서는 전도를 사탄의 손에 빼앗긴 영혼을 '탈환' 해 오는 마지막 때의 영적 전투로 여긴다.

> 1942년 일본군의 해상 포위를 당한 맥아더 극동지구 미군 사령관은 필리핀의 바탄 반도를 탈출, 호주로 갔다. 그곳에 도착하여 그는 "나는 필리핀을 도로 찾기 위해 이곳으로 왔소. 나는 꼭 돌아가고 말겠소"라고 말했다. 이듬해 그는 서남 태평양 연합군 총사령관이 되어 미드웨이 해전, 솔로몬 해전 등을 거쳐 1944년 10월 20일 마침내 필리핀의 레이테 섬에 상륙하여 감격에 겨워 말했다. "나는 돌아왔습니다. 전능하신 하나님의 은총으로 우리는 필리핀 땅을 도로 찾았습니다."

※ 우리는 잃어버린 영혼을 향해 안타까워하는 마음으로 그들을 사탄의 발톱에서 구해 내려는 전투적인 각오로 전도에 임해야 하겠다.

### (3) 셀교회는 행동하는 교회이다
- 셀교회는 하나님에 대한 지식만을 추구하지 않는다. 단순한 지식의 습득을 넘어 그것을 우리의 삶 자체로 응답하는 곳이다.
- 말씀과 예수님의 가르침을 우리 각자의 삶에 적용하는 생생한 현장이 곧 셀이다.
- 셀은 성경공부(Bible Study)보다는 몸으로 배우는(Body Study) 곳이다. 인식을 통한 지식 또는 기술의 습득이 아닌 체험에 의한 가치관의 변화가 일어나는 곳이 셀 교회이다.

### (4) 셀교회는 강력한 리더십을 필요로 한다
- 셀교회에서 담임목사는 포효하는 사자와 같아야 한다. 그는 하나님이 주시는 비전을 성도들과 함께 나누며 그 성취를 위해 달려야 한다.
- 비전을 공유하지 못하는 소수의 사람 때문에 하나님의 일이 포기될 수는 없다. 하나님은 프로그램에 기름을 붓지 않으시고 사람에게 기름을 부어 사용하신다.
- 담임목사는 또한 군대의 사령관과 같아야 한다. 그는 종말의 때에 갈수록 치열한 영적 전투를 치르는 거룩한 군대(holy army)를 일사불란하게 지휘해야 하기 때문이다.

**내가 그를 만민에게 증거로 세웠고 만민의 인도자와 명령자를 삼았었나니**(사 55:4)

- 셀교회에서의 모든 부교역자 및 성도들은 담임목사의 "뛰어내리라"(Jump)는 명령에 두말 없이 뛰어내려야 하며 또 뛰어내릴 수 있어야 한다. 그들은 똑같은 비전을 함께 가슴으로 나누고 있기 때문에 주저할 이유가 없다.
- 성도들은 담임목사에게 전폭적인 신뢰를 보내야 하며 담임목사 또한 성도들에게 그를 신뢰할 수 있는 근거를 제시해야 한다. 즉 "명시적이고 구체적"인 비전과 전략을 제시해야 한다.

## 4. 교회에 대한 오해 3가지

### (1) 교회를 세우는 일은 목회자의 일이다

**이는 성도를 온전케 하여 봉사의 일을 하게 하며 그리스도의 몸을 세우려 하심이라**(엡 4:12)

지금까지 교회 사역이 효과적이지 못한 이유는 목회자가 자신의 본래 사명인 "성도를 온전케 하는 일"과 "사역을 하게 함"에는 무관심하고 성도들의 사역을 빼앗아 하고 있었기 때문이다. 이 같은 일의 문제점은 ① 천국에서 성도들이 받을 상급을 빼앗으며 ② 열매(효과)가 없고 ③ 성경적 교회 사역론이 아니다.

### (2) 성도의 사역은 목회자를 도와주는 것이다

> **새패러다임**
>
> 성도들이 목회자의 목회를 도와주는 것이 아니다. 성도들이 온전히 사역을 감당하도록 성도들을 도와주기 위해 교회마다 목회자를 세우셨다. 목회자가 성도들을 돕는 것이다. 첫번째 종교개혁이 목회자에게서 성경을 빼앗아 성도들에게 나누어 준 것이라면 제2의 종교개혁은 목회자로부터 사역을 빼앗아 성도들에게 돌려준 것이다.
>
> – 류영모 목사, 「두 날개로 비상하는 교회」

### (3) 교회는 완전한 곳이다

- 교회는 공사중, 치료중이다. 교회는 눈에 보이는 교회가 있고 눈에 보이지 않는 교회가 있다. 하나님 나라는 완전한 교회요 지상 교회는 불완전한 교회이다. 흔히 교회론에서 혼란을 겪는 이유가 무엇인가? 지상 교회도 완전해야 한다고 생각하는 오해 때문이다.
- 교회는 천사들이 모인 곳이 아니라 죄인들이 모인 곳이요 천국이 아니라 병원이다. 그러므로 언제나 치료중, 공사중이다. 교회는 완전을 향하여 함께 걸어가는 과정이다.

공사중: 통행에 불편을 드려서 죄송합니다.

## 한소망교회 양육 체계도

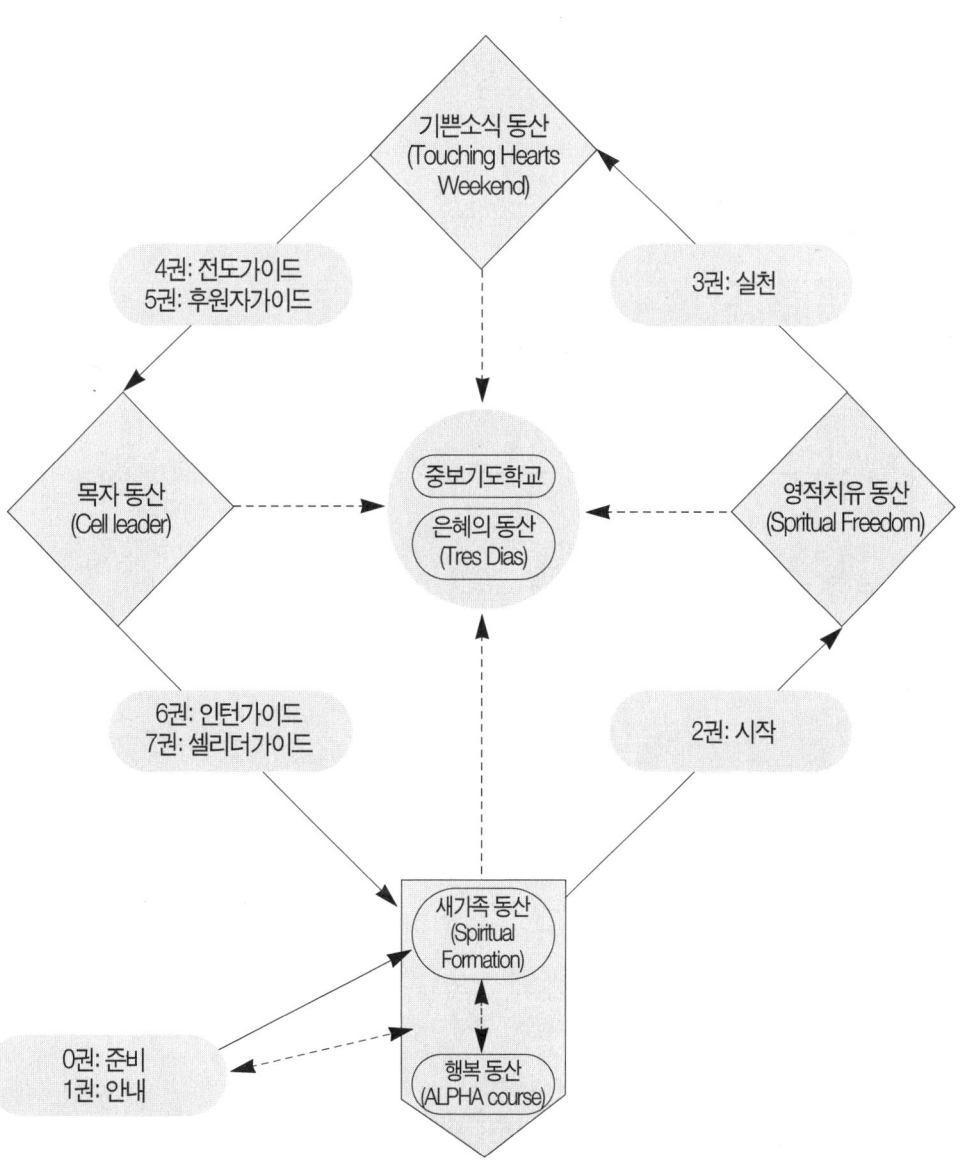

## 토의

- 셀 중심 교회로 가기 위해 내가 바꾸어야 할 가치가 무엇인가?

- 셀 중심 교회는 무엇을 소중히 여기는 교회인가?

# 3과 셀론

> 믿는 사람이 다 함께 있어 모든 물건을 서로 통용하고 또 재산과 소유를 팔아 각 사람의 필요를 따라 나눠 주고 날마다 마음을 같이 하여 성전에 모이기를 힘쓰고 집에서 떡을 떼며 순전한 마음으로 음식을 먹고 하나님을 찬미하며 또 온 백성에게 칭송을 받으니 주께서 구원받는 사람을 날마다 더하게 하시니라(행 2:44-47)

## 함께 생각해 봅시다

(1) 큰 교회

- 긍정적인 면

- 부정적인 면

(2) 작은 교회

- 긍정적인 면

- 부정적인 면

### (3) 주일 예배와 같은 대규모 집회

- 유익한 점
  _____
  _____

- 주일 예배와 같은 대규모 집회에만 참석하는 신앙생활에서 얻지 못하는 아쉬운 점
  _____
  _____

### (4) 셀과 같은 소그룹 모임

- 유익한 점
  _____
  _____

새들백 밸리 커뮤니티 교회(Saddleback Valley Community Church)를 담임하고 있는 릭 워렌(Rick Waren) 목사는 교회에 대해 이야기하면서 '21세기 교회는 커질수록 더욱 작아지는 교회'가 되어야 한다고 주장하고 있다. "크지만 작은 교회, 작지만 큰 교회"의 모습은 우리 모두가 앞서 나누었던 이야기들을 총정리하는 말이다.

이번 과를 통해 셀 교회를 구성하는 3C, 즉 셀(cell), 회중(congregation), 축제 예배(celebration) 중 셀에 대해 자세히 알아보고자 한다.

## 본 과의 목표

1. 셀이 무엇인지 – 역할, 구성 등 – 를 알아 본다.
2. 셀의 역할과 중요성을 새롭게 이해한다.
3. 셀의 생명주기에 대해 이해하고 각자의 셀에 적용한다.

# 1. 셀이란 무엇인가?

## (1) 셀의 구성
### ① 인원 구성
3명에서 시작하여 최대 12명으로 구성된다. 공동체를 형성할 수 있는 3명부터 시작하여 12명이 되면 셀이 분가를 준비한다.

인원을 소규모로 제한하는 이유는 참여하는 성원 모두가 소외됨이 없이 충분히 그리고 활발하게 의사소통할 수 있는 여건을 만들기 위해서다. 인원이 많아질수록 의사소통의 통로가 너무 많아져서 충분히 삶을 나누고 대화하기 어렵게 된다.

※ 의사소통 채널 = 인원수 × 인원수 - 인원수

  예) 12명일 경우 : 12 × 12 - 12 = 132(의사소통 채널수)

### ② 지역적 구성
가능한 가까운 이웃과 동네를 중심으로 구성한다. 단, 태신자(오이코스)를 셀로 인도한 사람은 지역과 관계없이 인도자와 태신자를 같은 셀에 편성할 수 있다.

### ③ 역할 구성
㉠ 목자(Cell Leader): 셀을 돌보며 예비목자를 키운다.

㉡ 예비 목자(Intern): 목자(Cell Leader)의 역할을 배우며 분가시 새로운 목자(Cell Leader)로서 섬길 준비를 한다.

㉢ 서기: 셀 보고서 등 자료를 기록, 보관하는 역할을 한다.

㉣ 회계: 셀의 헌금을 관리한다.

㉤ 지역 목자(Zone Supervisor): 여러 목장을 부흥시키고 분가한 목자로서 3~5명의 목자(Cell Leader)들을 돕고 양육하는 역할을 한다.

㉥ 교구 목자(Zone Pastor): 3~5개의 지역 목자(Zone Supervisor)들을 돕고 섬기며 지도한다.

㉦ 속교회 교역자(District Pastor): 교구 목자(Zone Pastor)와 지역 목자(Zone Supervisor) 그리고 목자(Cell Leader)들을 섬기고 지도하며, 셀을 분가시키고 전체를 돌보는 역할을 감당한다.

㉧ 그 외에도 찬양 인도자 등 은사를 따라 사역을 감당할 수 있다.

## 2. 셀의 비전과 역할

> **셀의 비전**
>
> 교회 안에서 지역별 혹은 특성별로 교우들에게 안정적인 **가족 구조**를 형성하여 **교회 정착**과 **영적 성장**과 **성숙**을 통해 모든 목원(셀원)들의 **제자화**를 실현하고 나아가 목장 재생산(번식)을 통한 **하나님 나라 확장**에 기여하고자 한다.

### (1) 셀의 비전

#### ① 가족 구조의 형성
교회를 지칭하는 하나님의 집(딤전 3:15), 그리스도인들을 지칭하는 권속(엡 2:19), 하나님의 자녀(요 1:12), 족속(엡 3:14) 등의 말은 영어로 Household, 즉 가족(가구, 식솔)이라는 단어와 같은 의미이다. 다시 말해 성경적인 교회, 참된 교회란 바로 가족으로서('가족 같은'이 아닌)의 관계와 구조를 가지고 있다는 말이다. 셀은 바로 이 필요에 대한 대답이며 교회의 교회됨을 온전케 하는 구조이다.

#### ② 교회 정착
인간은 누구나 낯선 환경에 대한 두려움이 있다. 더구나 새가족으로서 교회라는 공동체에 정착할 때에는 많은 어려움을 겪게 된다. 특히, 규모가 큰 공동체일수록 따뜻한 분위기와 편안함을 경험한다는 것은 더욱 어려울 수 있다. 셀은 새가족이 갖게 되는 이런 어려움을 해결하고 안정감과 따뜻한 환영을 경험하게 한다.

#### ③ 영적 성장과 성숙
이제 갓 구원받은 그리스도인을 '그리스도 안에서 어린아이'(고전 3:1)라고 부른다. 건강하고 바르게 성장하기 위해서는 영적 부모의 돌봄이 필수적이다. 셀은 바로 영적 가족의 상호 관계를 통한 영적 성장과 성숙의 자리이다.

#### ④ 제자화
제자 삼는 것은 주님의 명령이다(마 28:19). 이것은 단순한 훈련과정이나 프로그램으로 가능한 것이 아니다. 제자가 된다는 것은 삶 그 자체를 의미한다. 양육과 돌봄, 삶의 모델을 통한 배움 등은 셀과 같은 소그룹에서 가능하다. 성경적인 제자화는 가르침을 통해서라기보다는 삶의 본분, 도제직을 통해 가능하기 때문이다.

#### ⑤ 하나님 나라의 확장
교회의 사명은 선교요 하나님 나라의 확장이다. 개인적인 차원의 전도는 한계가 있다. 개인적인 차원의 노력과 함께 공동체적인 재생산, 노력이 병행되어야 함은 당연한 일이다. 셀의 번식은 이것을 가능케 하는 하나님의 디자인이다.

### (2) 셀의 역할

① 세포(셀)의 역할

성장하는 모든 생명체는 세포가 모여서 형태를 이루고 세포 조직을 통해 성장한다. 마찬가지로 교회 또한 세포 조직인 셀 조직을 통해 성장한다는 것을 유념해야 한다.

② 그물의 역할

물고기를 놓치는 찢어진 그물은 아무 소용이 없다. 공동체에 등록한 새가족이 정착하지 못하거나 양육의 손길에서 벗어나 있다면 그 공동체는 찢어진 그물과 다를 바 없다. 셀은 복음의 전진기지로서 새가족을 품고 이들이 바르게 성장하도록 온전한 그물의 역할을 감당해야 한다.

③ 신경의 역할

담임목사 한 사람이 수많은 교인들의 여러 가지 문제들을 다 알고 돌보기란 매우 힘든 일이다. 우리 몸의 구석구석의 형편을 감지하고 판단하는 것은 신경이다. 이처럼 목회의 권한을 위임받은 목자(Cell Leader)는 성도들에게 일어나는 다양한 문제를 셀을 통해 돌봄의 사역을 감당할 수 있다.

④ 혈관의 역할

혈관은 온 몸 속에 퍼져 영양분을 공급하고 생명력을 유지하는 역할을 한다. 마찬가지로 셀에서는 모든 성도를 영적으로 건강하게 세우고 성장시키는 일들을 한다.

## 3. 셀의 생명 주기

### (1) 셀의 생명 주기

셀은 생명 공동체로서 성장과 성숙의 주기를 가진다. 다음은 다섯 단계의 생활 주기를 정리하고 각 단계에 대한 이해와 적절한 강조점, 운영에 대한 지혜를 설명하고 있다.

| 단계 | 셀 역동성 수준 | 중심의 변화 |
| --- | --- | --- |
| 탐구 | 인사 소개하기<br>서로를 알아가기 | 공동체에 대하여<br>(나는 이 공동체에 속해 있는가?) |
| 과도기 | 확인: 갈등 해소 | 자신에 대하여<br>(나는 셀로부터 무엇을 얻을 수 있는가?) |
| 공동체 | 목표 설정: 공동체 | 그리스도와 셀에 대하여<br>(내가 속한 셀을 위해 무엇을 할 수 있는가?) |
| 확장 | 외부활동(전도) | 잃어버린 자에 대하여<br>(셀은 잃어버린 자들을 위해 무엇을 할 수 있는가?) |
| 번식 | 번식(분가) | 성장에 대하여<br>(셀은 성장하기 위해 무엇을 해야 하는가?) |

① 탐구 단계(서로 친해지는 시기)
　새로운 만남을 통해 관계를 맺고 서로를 이해하기 위해서는 4번 이상의 만남이 필요하다. 이 단계에서 모임을 가질 때는 서로를 알아가고 이해하는 데 많은 시간을 필요로 한다.

② 과도기 단계(갈등의 시기)
　서로를 이해하게 되면서, 가치관의 충돌이 생긴다. 그밖에 성격이나 기질의 차이로 마음이 상하거나 예민해질 수도 있다. 여러 차례 모임을 갖는 동안 이런 차이는 갈등으로 표면화될 수 있다. 그러면서 서로 '깎이고 다듬어지는' 경험을 하게 된다. 이로 인해 서로를 신뢰하게 되고, 서로의 다른 점을 이야기하며 오히려 그것을 통해 사역을 하게 된다.
　목자(Cell Leader)는 모임에서 발생하는 갈등은 성공적인 셀 생활을 위해서 일어나는 지극히 자연스런 부분임을 이야기하고, 목원(셀원)들이 갈등을 깊이 나눌 수 있도록 부드럽게 인도해야 한다. 이것을 통해 목원(셀원)들은 서로의 차이점을 극복하고 셀의 정체성을 발견하며 새로운 헌신으로 나아가게 된다.

③ 공동체 단계
　과도기 단계를 지나면서 셀 참여의 헌신도 깊어지고 자유롭고 솔직한 대화를 통해 관계의 풍성함도 더해진다.
　조심해야 할 것은 이로 인해 외부를 향해 문을 닫고 자신들만의 왕국을 건설할 수 있다는 점이다. 따라서 목자(Cell Leader)는 목원(셀원)들의 관계가 두터워졌다고 생각되면 즉시 목장 밖의 사람들에게 시선을 돌리도록 인도해야 한다.

④ 확장 단계
　이 단계는 셀의 구성원들이 자신을 넘어 세상을 바라보기 시작한다. 셀에서 겪었던 경험을 다른 사람들과 나누기 시작하는 단계이다. 뿐만 아니라 목표를 성취하기 위해서 일한 만큼 전도에 있어서 노력한 결과들을 수확하는 때이기도 하다.

⑤ 번식(분가) 단계
　일반적으로 셀의 유지 기간은 6~9개월 정도가 되어야 한다. 12개월 정도가 지난 후에도 번식하지 못하는 셀은 일반적으로 침체되고 생명력이나 활력을 잃게 된다. 목원(셀원)들은 시작할 때부터 셀이 일정 기간 이내에 번식(분가)되어야 한다는 것을 알고 있어야 한다. 번식을 통한 나뉨은 축하의 시간이다. 목자(Cell Leader)는 모든 사람에게 번식을 통한 나뉨이 기쁜 일이 되도록 도와주어야 한다.
　일정 기간이 지나도 번식(분가)하지 못하고 정체되어 있는 셀은 생명력 있는 셀로 새롭게 병합시키는 건설적인 해체를 맞이하게 된다.

### (2) 셀 모임과 셀 생활의 차이
① 셀 모임은 **주 1회 모임**이다.

② 그러나 셀 생활은 **한 주간 내내 계속**된다(비공식 모임, 3P-prayer, phonemail, pizza 등을 통해).
③ 셀 생활의 시작은 **셀 모임**이다.
④ 셀 생활의 성공은 **풍성한 셀 모임**으로 나타나고 **결과는 번식**이다.
⑤ 셀은 **그리스도 안에서 공동체를 경험하는 성도들의 몸**이다.
⑥ 그리스도의 사랑을 확대하고 돌보는 **가족**이다.

### (3) 셀 발전을 위한 3요소
① 친밀한 관계
- 목원(셀원)들 서로 간에 개인적이고 친밀한 관계를 정립하도록 도와준다.
- 목회 스텝(속교회 교역자, 교구 목자, 지역 목자 등)과의 돈독한 관계를 정립해야 한다.

② 일꾼 개발
- 목장에서 일꾼과 핵심 멤버들은 항상 새로운 관계를 유지하며 성장하고 있음을 느끼게 해준다.
- 목장 재생산을 위한 예비목자 개발은 매우 중요하다(구성원들 모두를 셀 목자로 키우는 비전을 가져라).

③ 초대(전도와 분가)
- 꾸준히 태신자를 작정하고 빈방석에 올려놓아 늘 기도한다.
- 항상 태신자를 목장에 초대하는 것이 익숙해야 한다.
- 계속 불신자와 관계를 맺도록 자극하고 모일 때마다 서로 간증한다.

### (4) 셀 운영시 유의사항
① **시간을 엄수**한다. 모임 시간은 1시간 30분에서 2시간 정도가 적당하다. 그러나 성령의 인도하심에 민감하게 따르는 것은 더욱 중요하다.
② **금전거래**는 없어야 한다.
③ **과다한 음식접대**는 삼가 한다.
④ 모임 장소는 목원(셀원)들의 **가정을 순서대로** 돌아가는 것이 좋다. 형편에 따라서는 일정한 장소에서 모임을 가질 수 있다.
⑤ 부정적인 말(세상 이야기, 정치 이야기, 욕 등)은 사용하지 않는다.
⑥ 셀 모임에서 나누었던 이야기는 절대 비밀을 지킨다. 이 약속을 어기는 것은 자기 가족의 치부를 벗겨 밖으로 내어쫓는 것이나 다름이 없다.

# 토의

- 자신이 속한 셀이 다음 단계로 성장하기 위해서 적용해야 할 것이 무엇인지 구체적으로 나누어 보자.

# 4과 셀의 5요소, 5W

> 오직 사랑 안에서 참된 것을 하여 범사에 그에게까지 자랄찌라 그는 머리니 곧 그리스도라 그에게서 온 몸이 각 마디를 통하여 도움을 입음으로 연락하고 상합하여 각 지체의 분량대로 역사하여 그 몸을 자라게 하며 사랑 안에서 스스로 세우느니라(엡 4:15-16)

　사오정이 경제를 살리기 위해 이력서를 들고 모기업을 찾아갔다. 그는 자신있게 다음과 같은 내용의 이력서를 내놓았다. "성명-사오정, 호주-가본 적 없음, 신장-두 개다 있음, 수상 경력-배 타본 적 없음, 자기 소개-우리 자기는 아주 예쁘다." 주님 앞에 내 놓을 우리 셀 이력서는 어떤 내용일까? 주님이 진정 원하시는 것과 상관없는 내용들로 가득 차 있지는 않을까? 그렇다면 주님이 원하시는 우리 셀의 모습은 어떠해야 할까?

### 본 과의 목표

1. 셀의 5가지 중요한 요소와 셀 모임 진행을 위한 5가지 내용을 알게 된다.
2. 셀 모임을 어떻게 인도해야 할지를 깨닫게 된다.
3. 우리들의 셀이 주님이 원하시는 모습으로 변화되기 위해 헌신할 것을 결단한다.

# 1. 셀의 5요소

셀로 하여금 생명력을 유지하도록 하는 5가지 중요한 요소가 있다. 물은 쪼개고 쪼개 물방울이 되어도 물의 본질과 특성을 소유하고 있는 것처럼 셀 교회는 교회의 기초 단위인 셀이 교회의 본질과 특성을 소유하고 있다. '제 2의 종교개혁'과 '자연적 부흥'의 저자인 빌 벡햄(Bill Beckham)은 이러한 특성을 아래와 같이 손가락으로 설명해 주고 있다.

5가지 중요한 요소는 공동체, 복음 전파, 지도력, 상호 책임, 새신자 양육이다. 이들 5요소가 의미하는 것이 무엇인지 함께 살펴보도록 하자.

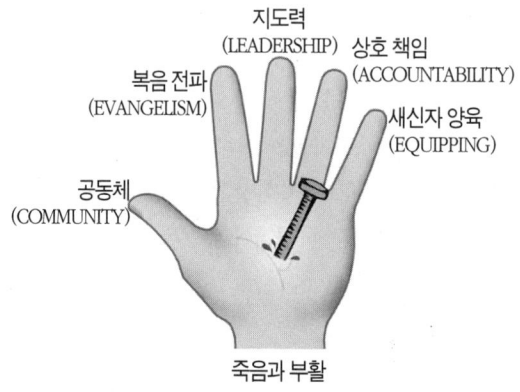

## (1) 공동체

> **공동체인가, 공룡체인가?**
> 오늘날 교회의 모습은 어떠한가? 몸집은 굉장히 커졌지만 그 안에 진정한 지체의식과 가족의식이 결여된 껍데기뿐인 군중들의 모임일 때가 얼마나 많은가? 공동체란 무엇인가? '나 없으면 너 혼자 못살고, 너 없으면 나 혼자 못산다'는 정신, 삶이 상호 의존 관계를 맺고 있는 집단을 의미한다.

① 엄지손가락에 해당하는 것이 공동체이다. 엄지손가락이 그런 것처럼 공동체는 다른 4가지 요소들과 밀접하게 연관되어 있다.
② 셀은 "두 세 사람이 내 이름으로 모인 곳에 나도 그들 중에 있느니라(마 18:20)"고 말씀하셨던 주님의 약속을 신뢰하면서 주님의 이름으로 모인 공동체이다.
③ 셀의 목원(셀원)들은 예수 그리스도 안에서 '하나님의 권속(엡 2:19)'이다. 다시 말해 한 집안 식구인 것이다.

> **가족인가, 가죽인가?**
> 가족의 끈끈한 정도 맛볼 수 없고 끝까지 책임지려는 모습도 찾아 보기 어려운 그저 겉모습, 가죽만 가족인 것처럼 보이는 교회가 얼마나 많이 있는가? 예전에는 목원(셀원)이 기도가 되지 않아 고통스러워할 때 '평소에 기도 좀 하지'라며 심판의 눈으로 바라보았다. 그러나 셀 가족 공동체를 체험한 후에는 지체의 어려움을 바라보는 눈에는 흘러내리는 눈물을 주체하지 못하고, 그를 위해 기도하며 책임지려는 변화가 일어났다. 바로 이것이 셀이 가지고 있는 공동체의 능력이요 변화이다.

### (2) 복음 전파

① 검지손가락에 해당하는 것이 복음 전파이다. 검지는 방향을 가리키고 지도하며 물체를 들어 올리는 데 유용하다. 어디로 가야 할지를 몰라 방황하는 잃어버린 영혼들, 불신자들을 향해 그들이 나아갈 길을 셀 공동체가 함께 제시하고 그들을 후원하며 인도하는 것이다.

② 셀은 잃어버린 영혼들을 셀의 확대된 가족으로 입양하여 그들을 위해 기도하며 그들을 향해 나아간다. 이를 위해 셀 모임시에 빈 방석을 놓고 그 자리에 앉게 할 불신자들의 이름을 부르며 기도하고 그들을 셀로 인도하기 위해 실천했던 노력들에 대해 함께 나눈다.

③ 관계 중심 전도는 셀교회의 기본적인 전도 방법이다. 창의적인 접근 방법을 통해 불신자들과 지속적인 관계의 다리를 형성해 나가도록 한다.

④ 셀이 그물이 되어 함께 불신자들을 낚는 역할을 한다. 사탄에게 포로로 잡혀 있는 불신자들을 구출해 내기 위해 셀이 하나님의 거룩한 군대가 되어 합동 작전을 펼친다.

⑤ 복음 전파의 나침반이 제시되지 않고 자기들끼리만 만족해 하는 셀은 주님이 디자인하신 교회의 모습이 아니며 결국 생명력을 상실하게 된다.

### (3) 지도력

> **리더에 관한 새로운 지평**
> 아시아 최대의 셀교회로 성장한 인도네시아 GBI교회를 담임하고 있는 오바자 목사에 관한 일화는 오늘날 교회 안에 있는 성도들, 새신자들을 바라보는 새로운 관점과 도전을 제공해 준다. 오바자 목사는 세계적인 셀교회로 알려진 콜롬비아 ICM교회에서 개최된 셀 컨퍼런스에 참석했다. 문제는 영어로 진행되는 컨퍼런스의 내용을 알아 들을 수 없었다는 것이다. 그러나 그의 마음속에 두 문장은 새겨 올 수 있었다. "You can be a leader", "Just do it." 이것이 교회의 성도들, 새신자들을 바라보는 오바자 목사의 안목에 새로운 지평을 열어 주었고, 인도네시아로 돌아와 만나는 사람들마다 "당신도 리더가 될 수 있다"고 말하기 시작했다. 그리고 그것이 GBI교회가 성장하는 기폭제가 되었다고 한다.

① 중지손가락에 해당하는 것이 리더십이다. 오늘날 교회마다 생명력있고 지속적인 소그룹을 갖지 못하는 중요한 이유는 바로 리더의 부재이다. 모든 셀은 리더와 예비 리더가 있고 모든 셀리더를 후원하는 영적 아비, 어미가 있으며 셀 밖에서가 아니라 셀 안에서 지도력이 훈련된다. 그래서 또 다른 셀이 분가할 때 바로 그 예비 리더가 새로운 리더가 되어 사역하도록 준비한다.
② 예수님은 다른 사람들을 책임질 수 있는 리더를 중심으로 그의 교회를 지으셨다.
③ 셀 교회 리더십에 있어서 매우 중요한 요소 중 하나가 재생산이다. 영적 어린 아이, 청년의 단계를 거쳐 영적 아비, 어미의 단계에 도달한 셀 리더들은 필수적으로 재생산의 역할을 수행해야 하며 그것이 바로 셀리더를 가늠하는 척도가 된다.

### (4) 상호 책임

① 약지손가락에 해당하는 것이 상호 책임이다. 상대방에 대한 사랑과 헌신 그리고 끝까지 책임지겠다는 것을 나타내는 결혼반지처럼 셀에서도 셀원들 사이에 동일한 상호 책임이 요청된다.
② 신약성경에 수 없이 기록되어 있는 '서로(엡 4:32, 엡 5:21, 골 3:13)' 라는 상호 책임의 개념은 셀을 통해 회복할 수 있다. 상호 책임은 **나 하나쯤이야** 에서 **나 하나야말로** 를 향한 패러다임의 전환이다.
③ 우리는 예수 그리스도를 머리로 하는 몸된 교회의 각 지체이다. 몸의 지체들이 반드시 알고 실천해야 될 것이 바로 상호 책임이며 돌보는 것이다.

> **상호 책임지는 지체**
> 눈길에 미끄러져 오른손에서 피가 흐르고 있다. 몸 가운데 어떤 현상이 일어나기 시작할까? 먼저 눈이 오른손을 바라본다. 심장은 평소보다 더 빨리 두근두근 뛰기 시작한다. 발이 약국을 향해 뛰기 시작한다. 왼손이 약을 꺼내 발라주면서 말한다. "오른손아, 빨리 나아야 해. 너 없는 나의 삶은 상상할 수 없는 슬픔이요, 아픔이야. 그러니 빨리 나아야 해."

④ 주님은 분명히 '짐을 서로 짐으로 그리스도의 법을 성취하라(갈 6:2)' 고 말씀하셨다. 그러나 우리의 모습은 다른 지체들의 삶에 대해서 '무관심 지대' 를 선포하고 자기 울타리 안에서만 안주하고 있다. 우리 안에 있는 '아간의 영' 이 사라지고 '다윗과 요나단' 같은 상호 책임지는 아름다움이 충만해지고자 하는 것이 셀 교회의 상호 책임이다.

> **세상이 알지 못하는 그 무엇**
> 로마 황제 네로의 잔악한 박해로 원형 경기장에서 죽음의 사선에 서게 된 절박한 상황 속에서도 그들은 서로 놓치지 않으려고 꼭 붙잡고 있었다. 신호에 따라 맹수들이 그들을 향해 달

려 들었고 그 후 네로가 경기장 중앙으로 걸어 나왔다. 살육한 시체들을 살펴본 후에 네로는 격분하며 말했다. "이런 예수 믿는 놈들! 죽는 순간까지도 서로를 돌보고 있군! 저것 봐! 죽으면서도 서로 서로 보호하며 꽉 부둥켜 안고 있는 모습을! 무엇이 저들을 그토록 단결시켰는가? 저들의 종교에 내가 알지 못하는 무엇이 있구나!"

― 국제터치본부 저, 「신병훈련소」

⑤ 상호 책임을 위한 3P―삼겹줄은 쉽게 끊어지지 아니하느니라(전 4:12 후)
  • Prayer―매일 셀의 다른 지체들을 생각하며 기도하기
  • Phonemail―매주 전화를 하거나 문자 메시지, 이메일을 통해 격려하기
  • Pizza―매달 얼굴과 얼굴을 맞대고 만나 서로의 관계와 셀 영역을 넓히기

## (5) 새신자 양육

**셀교회 추수 행사(좋은 동네 좋은 모임)**
셀에서 함께 품었던 태신자들을 각 셀로 초청하여 셀 공동체의 아름다운 모습을 보여 줌으로써 그들이 셀 모임에 지속적으로 참여하도록 하고 그 안에서 양육받은 사람들이 교회에 등록하고 주일 예배에 참여하도록 하는 개 교회 추수 행사를 의미한다.

① 새끼손가락에 해당하는 것이 새신자 양육이다. 셀 안에서 후원자를 통해 영적 아기에 해당하는 새신자가 양육되고 리더로 훈련되어진다.
② 가족 구조의 셀이 없는 교회는 영적 어린아이들을 비생산적인 제도적 환경 안에서 돌보려는 노력을 하고 있다. 셀교회에서 새신자들은 셀이라는 가족 환경에서 돌봄을 받는다.

**공공 시설에서의 양육과 가정에서의 양육**
'철의 장막'이 붕괴된 이후, 몇몇 동유럽 국가들이 다수의 어린아이들을 공공 시설에서 양육하려는 시도를 했다는 사실이 밝혀졌다. 정서적, 신체적인 손상을 입은 어린이들의 사진과 이야기는 세상을 놀라게 했다. 이를 통해 공공 시설에서의 보육이 가정 안에서 아이들이 받는 양육에 훨씬 못미치는 것임을 알 수 있다.

― 빌 백햄, 「자연적 부흥」

③ 셀리더는 새신자에게 영적인 부모요, 셀 구성원들은 새로운 아기의 성장을 지도하는 손위 형제요, 자매라고 할 수 있다.

> **셀 가족 안에서의 호칭**
> 어떤 아버지가 어린 아들 앞에서 기도하고 있다. "하나님! 아버지…" 이를 지켜보던 아들이 기도하기 시작한다. "하나님! 할아버지…" 아버지가 아들에게 말했다. "아들아 하나님은 할아버지가 아니라 아버지라고 부르면서 기도하는 거야." 이때 아들이 대답한다. "알았어. 형!"

(6) 통합 정리

① 공동체, 복음 전파, 리더십, 상호 책임, 새신자 양육이라는 셀의 다섯 가지 요소들이 생명력을 가지고 셀을 변화시키기 위해서는 반드시 기억해야 할 중요한 사실이 있는데 그것은 바로 손바닥에 있는 **예수 그리스도의 못자국이 상징하는 것**이다.

② 셀의 5가지 요소를 가능케 하시는 분은 예수 그리스도이시다(마 18:20). 예수 그리스도의 죽으심은 우리를 공동체로 이끄시기 위함이다. 우리는 바로 그의 죽으심을 통해 그리고 그와 함께 내가 십자가에 죽음을 통해 공동체에 속하게 된다.

③ 복음을 전파하고 리더십을 육성하고 상호 책임지며 새신자를 양육하는 우리의 사역은 십자가를 통한 죽음과 부활로 가능해진다.

④ 셀의 핵심 DNA는 예수 그리스도이시다. 셀 안에 그분이 계실 때 그의 능력이 셀을 통해 흐르게 되고 셀을 통해 그분의 목적이 성취된다.

⑤ 신약성경이 우리에게 보여 주고 있는 셀 공동체 없이는 지속적인 부흥이 불가능하다. 참된 부흥은 새신자들을 돌보는 것으로 시작하여 상호 책임지는 관계성을 통해 유지되고 섬기는 리더에 의해 보호되며 공동체의 복음 전파를 통하여 더욱 활발해지는 것이다.

## 2. 셀 모임의 5W

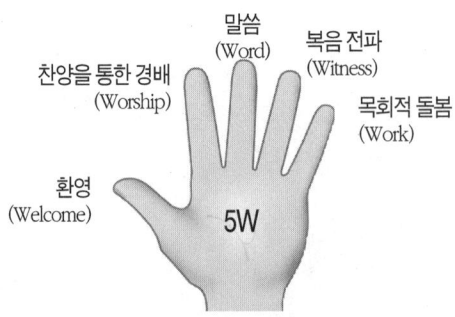

셀 모임의 흐름과 내용인 5W를 셀 교회의 3P와 연관지어 아래와 같이 정리해 볼 수 있다.

### (1) 환영(마음문 열기; Welcome)

셀 모임에 참여한 사람들 상호간의 서먹서먹하고 거리감이 느껴지는 두터운 얼음벽을 자연스럽게 깨는 순서이다. 재미있는 게임 및 자신의 마음을 열 수 있는 이야기들이 포함된다.

### (2) 찬양을 통한 경배(Worship)

형식적인 찬양이 아닌 주님의 임재(the Presence of Christ)를 느끼며 은혜의 보좌 앞으로 나아갈 수 있도록 인도하는 깊이 있는 경배와 찬양을 드린다.

### (3) 말씀(Word)

주일 예배 때 선포된 말씀을 가지고 한 주간 삶 속에서 적용한 것을 나누며 다른 지체들이 나누는 말씀을 통해서 우리를 세우시며 우리에게 다가오시는 주님의 능력(the Power of Christ)을 체험하게 된다.

### (4) 복음 전파(Witness)

셀 모임에 함께 있어야 할 잃어버린 사람들을 생각하도록 하는 '빈방석' 명단을 함께 발견하고 그들을 셀 안으로 인도하기 위한 기도와 구체적인 방법들을 찾음으로서 셀을 향하신 주님의 목적(the Purpose of Christ)을 발견하게 된다.

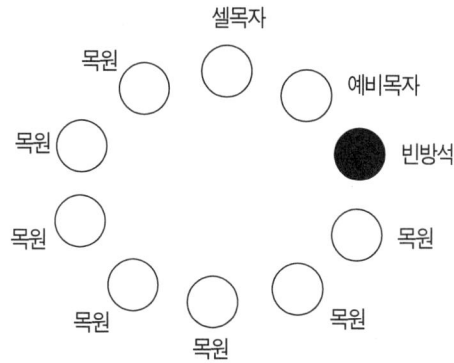

### (5) 목회적 돌봄(Work)

서로를 위해 기도하는 소위 '다지세 기도(다른 지체를 세워 주는 기도)'를 하는 시간이다. 이처럼 주 1회 만나는 셀 모임(cell meeting)은 주 중에도 다른 지체들을 향해 지속적으로 관심을 갖고 기도해 주는 셀 생활(cell life)로 이어지게 된다.

## 3. 셀 모임 인도법

우리의 목자되신 주님이 디베랴 바닷가에서 베드로에게 하셨던 것처럼 목자의 사명을 셀리더들에게 위임하셨다. 그렇다면 목자로서 셀리더가 셀을 어떻게 인도해야 하는지를 구체적으로 살펴볼 필요가 있다. 목자로서의 셀리더는 셀을 인도하는 그 순간에 안내자로서의 역할을 감당해야 한다. 설교를 하는 설교자, 가르치는 교수나, 앞장서서 이끌어 나아가는 대장이 아니라 목원(셀원) 전체가 함께 목적지에 도달할 수 있도록 그들을 섬기며 바른 지도를 그려 주는 안내자로서의 역할을 감당해야 한다. 이를 효과적으로 감당하기 위해 필요한 요소 및 주의할 점들은 다음과 같다.

## (1) 철저한 준비

사전에 준비한 교안을 철저히 숙지하고 실제 모임시에는 교안 없이 인도할 수 있도록 준비해야 한다.

## (2) 모임 시간 엄수

약속된 시간을 잘 지키도록 하고 공식적인 모임의 종료를 명확히 하여 급한 일이 있는 사람들은 자유롭게 일어설 수 있는 여지를 주어야 한다.

## (3) 창의적인 질문

'예/아니오'를 유도하는 단답형 질문을 피하고 목원(셀원)들의 생각을 자극하도록 하는 열린 질문을 만들어 사용한다.

예) 단답형 질문 – 엘리야는 어디서 죽기를 구하며 탄식했을까요?

열린 질문 – 엘리야는 로뎀나무 아래 앉아서 죽기를 구하며 탄식했습니다. 당신의 로뎀나무는 무엇입니까?

## (4) 긍정적이고 열린 분위기

모임의 분위기가 논쟁으로 경직되지 않도록 긍정적이고 열린 분위기를 조성하도록 한다. 가능하면 주제에 집중하고 논쟁할 만한 주제가 나오면 지혜롭게 극복하도록 한다. 논쟁을 지속하면 결국 모두 상처를 입게 된다. 이를 위해 자리를 배치하는데 있어서도 서로 얼굴을 볼 수 있는 원탁 형태로 앉아 상호 교류가 쉽게 일어나도록 한다. 인도자가 창쪽에 앉는 것을 피함으로 참여자들이 주목하기 쉽도록 하는 배려도 필요하다.

## (5) 참여의식과 지체의식 조성

목원(셀원)들에게 하나님이 주신 은사를 따라 셀 모임에서 자신의 역할을 감당하도록 함으로 참여의식과 지체의식을 느끼도록 한다.

### (6) 방해 요소의 최소화

대화를 방해하는 '잡음'은 미리 예상하여 예방함으로 깊은 마음의 나눔이 방해받지 않도록 최대한으로 신경을 써야 한다. 전화 코드는 빼놓고 문 앞에 "지금은 벨을 누르지 말아 주세요"라고 메모를 해 놓고 휴대폰은 모두 끄도록 하는 등 구체적이고 실제적인 노력을 통해 최상의 분위기를 유지하도록 한다.

### (7) 비공식적인 만남을 통한 유대 관계

공식적인 정규 셀 모임외에 비공식적인 만남의 시간을 통해 가족 공동체로서의 유대 관계를 견고히 해 나간다.

### (8) 번식의 비전

변화산 신드롬에 걸려 우리들 끼리끼리 똘똘 뭉치는 암세포가 되지 않도록 처음부터 불신자들을 전도하여 번식하는 재생산의 비전을 심어 준다.

### (9) 셀 언약을 맺고 선포하기

목원(셀원)들 모두가 동의하는 '셀을 보호하기 위한 언약'을 함께 만들고 정기적으로 반복하여 확인하도록 한다. 이를 통해 셀 모임 전체의 정신을 일관성 있게 끌고 가는 좋은 계기를 만들 수 있다.

---

## 토의

- 둘씩 짝을 지어 셀의 5요소와 셀 모임의 5W에 대해 서로 설명하고 자신의 것으로 만드는 시간을 갖는다.

_____
_____
_____
_____

# 5과 셀 목자(Cell Leader)론

> 모세가 여호와께 여짜와 가로되 여호와, 모든 육체의 생명의 하나님이시여 원컨대 한 사람을 이 회중 위에 세워서 그로 그들 앞에 출입하며 그들을 인도하여 출입하게 하사 여호와의 회중으로 목자 없는 양과 같이 되지 않게 하옵소서(민 27:15~17)
>
> 참고 말씀:
> 내 아들아 그러므로 네가 그리스도 예수 안에 있는 은혜 속에서 강하고 또 네가 많은 증인 앞에서 내게 들은 바를 충성된 사람들에게 부탁하라 저희가 또 다른 사람들을 가르칠 수 있으리라(딤후 2:1~2)

어느 모임이든 리더의 역량에 그 모임의 성패와 성숙이 달려 있다.

셀교회와 셀을 이야기하는 데 있어서 가장 중요한 요소는 목자(Cell Leader)에 관한 것이다. 왜냐하면 셀교회와 셀의 성공 여부가 전적으로 목자(Cell Leader)에 달려 있기 때문이다. 셀이 건강해지려면 훌륭한 지도력을 갖춘 목자(Cell Leader)가 있어야 한다. 그리고 그 준비된 목자(Cell Leader)로 인해 모든 목원(셀원)들이 성숙된 목원(셀원)으로 훈련되어져야만 한다. 따라서 목자(Cell Leader)는 자신의 사역과 개인적인 자질이 모두 준비되어진 사람이어야 한다.

## 본 과의 목표

1. 목자(Cell Leader)가 누구인가에 대해 정확히 알게 됨으로 목자(Cell Leader)로서의 임무를 감당케 된다.
2. 목자(Cell Leader)가 지녀야 할 성품과 자질을 알게 됨으로 지속적인 자기 계발이 이루어지게 된다.
3. 현재 실시하고 있는 목자(Cell Leader) 훈련 양육과정을 통해 시스템이 구축되도록 한다.

# 1. 목자(Cell Leader)는 누구인가?

하나님은 목자요, 우리는 그의 기르시는 양이다(시 23:1, 95:7). 그러나 하나님은 어느 시대나 그분의 백성을 기르기 위하여 동역할 목자를 찾으신다(시 78:70-72). 그리고 그분의 양들을 동역자 된 목자에게 맡기셨다(요 21:15-19).

목자는 양을 먹이고 기르는 사람을 일컫는다. 교회에서는 좁은 의미로 목회자를 뜻하지만 넓은 의미에서는 모든 그리스도인 사역자를 의미한다. 따라서 목자 훈련은 목사 후보생과 같은 특정인을 기르기 위한 훈련이 아니다. 더욱이 셀을 섬겨야 할 목자(Cell Leader) 훈련의 기본정신은 우리의 유일한 목자되신 예수 그리스도의 심정을 깨닫고 그분의 제자로서 그분을 따르는 삶을 살아가기 위하여 필요한 훈련을 제공하여 평신도 사역자를 세우고자 하는 것이다.

셀 교회에서의 목자라는 개념은 다른 사람들을 지배하는 사람이 아니며, 또 상부 지시나 허가를 받아 다른 사람들을 관리하는 사람도 아니다. 목원(셀원)들이 개인적으로 신앙 성장을 도와줄 뿐만 아니라 최대한 독립이 가능하도록 더 나아가 목자(Cell Leader)로서의 역할을 감당할 수 있도록 도움을 주는 사람이다. 이런 의미에서 목자(Cell Leader)를 한마디로 말한다면 목자 일을 하면서 예비목자(Intern)를 개발하는 사람이다.

## (1) 목자(Cell Leader)는 목회적 기능을 수행한다

이것은 한 공동체를 영적으로 돌보는 일을 하는 것을 의미한다. 이 기능을 역할별로 구분해 보면 다음과 같다. 첫째는 목회자, 둘째는 지도자, 마지막으로 관리자로서의 역할이다. 이 세 가지 역할이 적절히 조화를 이룰 때 온전한 목자(Cell Leader)로서 세워질 수 있다.

### ① 목자(Cell Leader)는 양을 돌보는 목회자(Pastor)이다

목자(Cell Leader)가 된다는 것은 자신의 삶과 시간을 목원(셀원)들을 위해 드리겠다고 약속하는 것이다. 목자(Cell Leader)는 큰 목자이신 예수 그리스도의 본을 받아 양을 찾고, 기르고, 돌보는 작은 목자이다. 부활하신 예수 그리스도가 사랑하는 제자 베드로에게 마지막으로 세 번씩 당부한 명령이 "내 어린 양을 먹이라"는 것이었다. 따라서 주님이 사랑하시며 우리에게 맡기신 그분의 양을 섬기고 돌보는 것은 목자(Cell Leader)로서의 의무요 특권이다. 이것은 주님의 마음을 품을 때 감당할 수 있다.

목회자로서 목자(Cell Leader)의 역할을 구체적으로 정리해 보면 다음과 같다.

- 목원(셀원) 각 사람을 가족처럼 돌본다.
- 병든 자를 방문하고 각 가정의 크고 작은 일을 심방한다.
- 새가족과 셀 방문자들을 대접한다.
- 목원(셀원)들의 영적 필요를 채워준다(격려, 위로, 기도, 말씀 등).

② 목자(Cell Leader)는 지도자(Leader)이다
　㉠ 섬기는 지도자(Servant-Leadership)

　　여기에서 이야기하는 지도자의 개념은 세상적인 뜻과는 차이가 있다. 목자(Cell Leader)는 자신이 섬겨야 할 목원(셀원)들을 격려하며 지원하는 역할을 감당해야 한다. 다시 말해 셀 리더는 섬기는 지도자이다. 예수님 자신이 종과 섬기는 자로서의 모범을 친히 보여 주셨다. 다른 사람들을 섬기는 데 자신의 생명을 주기까지 하셨다. 따라서 스스로 겸손해야 하며 다른 사람들을 섬김으로써 그리스도인의 본보기가 되어야 한다.

**또한 지도자라 칭함을 받지 말라. 너희 지도자는 하나이니 곧 그리스도니라 너희 중에 큰 자는 너희를 섬기는 자가 되어야 하리라 누구든지 자기를 높이는 자는 낮아지고 누구든지 자기를 낮추는 자는 높아지리라 (마 23:10-12)**

　　웅장한 성당 건축을 시작할 때에 한 천사가 와서 이 일을 끝내는데 있어서 가장 큰 기여를 한 사람에게 커다란 보상을 약속했다고 한다. 공사가 진행중일 때 사람들은 누가 그 상을 탈 수 있을지의 여부를 두고 갖가지 추측을 내놓았다. '건축가? 아니면, 건설 담당자? 아니면, 벌목꾼? 장인은 금과 쇠, 놋과 유리를 가공하지 않았는가? 아마도 목수가 성찬대 근처의 창살 문양의 세부장식을 담당했으니 그 상은 목수의 몫일꺼야.'
　　각자가 최선을 다했기 때문에 완벽한 성당이 완성되었다. 그러나 시상자가 발표되자 모두 놀랐다. 그 상은 초라한 차림새의 한 시골 할머니에게 돌아갔기 때문이다. 왜 그 할머니가 수상했을까? 그 할머니는 매일같이 석수에게 꼭 필요한 대리석을 운반해 준 황소가 먹을 마른 풀을 가져왔기 때문이다.

　㉡ 영적 지도자(Spiritual Leadership)

　　목자(Cell Leader)는 셀을 인도하기 위해 성령님으로부터 한 가지 또는 그 이상의 은사를 받은 사람이다. 이런 목자(Cell Leader)는 승리하는 그리스도인의 삶의 본보기이다. 또한 다른 사람들을 그리스도께 인도하는 본보기가 된다.

　　영적 지도력을 위해서는 목원(셀원)들의 영적인 수준을 알아야 한다. 이 수준은 다음의 세 그룹으로 나누어 볼 수 있다(요일 2:12-14). 이 세 그룹의 영적인 수준을 고려하여 지도력을 발휘하는 지혜를 필요로 한다.
- 아비: 돌보아 줄 수 있는 사람
- 청년: 돌봄도 받고 돌보아 주기도 할 수 있는 사람
- 어린아이: 돌봄을 받는 사람

ⓒ 비전 제시(Visionary)

목자(Cell Leader)는 목원(셀원)들이 하나의 비전인 하나님 나라 건설을 위해 불신자 전도에 대한 의미를 강조하고 건강한 교회를 추구하기 위해 '셀 라이프 스타일'을 통해 건강한 공동체를 추구하도록 도와야 한다. 비전을 설명하고 강화시키고 목원(셀원)들이 공동체 밖으로 뻗어 나가도록 만든다. 교회 일에 적극적으로 반응하며 셀을 위해 연구하고 기도해야 하며 이를 위해서는 목장자체의 비전 선언문을 작성하고 이 비전을 이루기 위한 연간, 분기간, 월간, 주간 계획 등을 작성하여 실천한다.

③ 목자(Cell Leader)는 관리자(Manager)다

관리자로서의 역할은 필요한 곳에 조직을 배치하며 사람들을 움직여 일하게 하는 것이다. 각양각색의 은사를 개발하고 그 은사에 따라 사역을 감당할 수 있도록 도와주는 것이다. 모세의 재판문제에 대해 그의 장인, 이드로가 제안한 동역자-십부장, 오십부장, 백부장, 천부장-를 세운 일이 그 대표적인 예이다(출 18:13-27).

관리자로서의 역할을 정리해 보면 다음과 같다.
- 교회와 셀, 맡은 분야의 목적 및 할 일을 계획하고 수행한다.
- 자기가 운영하는 셀의 각 단계를 지켜보고 보고한다.
- 후원자(sponsor)-피후원자(sponsee)의 관계를 형성해 주고 지도한다.

> 내 사람들을 데려가라. 하지만 공장은 놔 두어라.
> 그러면 곧 공장에는 풀만 무성할 것이다.
> 공장을 가져가라. 하지만 내 사람들은 놔 두어라.
> 그러면 우리는 곧 새롭고 더 좋은 공장을 갖게 될 것이다.
>
> — 앤드류 카네기

**(2) 목자(Cell Leader)는 예비목자(Intern)를 개발한다**

셀 목장의 계속적인 번식을 위해서는 준비된 일꾼이 필요하다. 셀 목장 내의 잠재적인 지도자(예비 목자)를 발굴하여 본보기를 통하여 그들을 계속 훈련시키고 섬기는 일이다. 이 때 중요한 것은 목장의 생명주기-탄생, 성장, 분가-를 고려하여 목자(Cell Leader)가 안내자의 역할을 하는 것이다. 이를 위해서는 전적인 위임이 필요하다. 위임을 했을 때는 책임만이 아니라 권한도 주어져야 한다는 것을 잊지 말자.

신약성경에서 미래의 리더십, 즉 우리의 후계자들에 대해 디모데후서 2장 2절에 있는 구절보다 더 명확하게 묘사된 곳은 없다. 여기에서 바울은 자신의 제자인 디모데에게 자신의 사역을 계속해 나갈 것과 또한 디모데 역시 자신의 후임자를 찾을 것을 명령했다.

그러한 기독교 신앙 운동이 성장하기 위해서는 최소한 4단계를 거쳤음을 볼 수 있다.
(바울 → 디모데 → 충성된 사람들 → 다른 사람들 → 오늘 우리)

즉, 바울이 디모데를 멘토링했고 디모데 또한 다른 사람들을 멘토링했으며 그들 역시 다른 사람을, 이렇듯 4대에 걸친 후계자들이 실제로 초기 운동을, 결국에는 전 세계에 전파했던 것이다. 후임자 없는 성공은 자녀가 없는 부부와도 같다. 즉 그 가족의 미래가 끝나버린 것입니다. 공동체에서도 후계자를 확정하고 양육하는 데 실패한 리더는 그 공동체의 미래를 가로막은 것이며 공동체가 지니고 있는 목적을 성취하지 못하게 만든 것이다.
이를 위해 셀 목장에서의 목자(Cell Leader)와 예비 목자(Intern)의 역할 분담에 대해 잠시 생각해 보자.

① 목자(Cell Leader)
- 목자(Cell Leader) 훈련에 지속적으로 참석한다(금요일 오전10~12시).
- 셀 모임을 인도한다(특히 말씀 나눔 시간을 인도).
- 목원(셀원)들로 하여금 지속적으로 새로운 사람들을 모임에 데려오도록 동기를 부여한다.
- 사람들을 그리스도께 인도하기 위한 개인적 전략을 계획하며 이행하도록 목원(셀원)들을 인도한다.
- 사람들을 그리스도께 인도할 수 있도록 목원(셀원)들을 돕는 셀 전략을 계획하며 이행하도록 인도한다.
- 셀의 실제적인 목표들을 세우도록 인도한다.
- 승리하는 그리스도인의 삶의 본보기가 된다.
- 3P(하루 한번 이상 기도, 한 주에 한번 이상 전화, 한 달에 한번 이상 심방) 작업을 지속적으로 수행한다.
- 지역 목자(Zone Supervisior)와 속교회 교역자(District Pastor)에게 자주 연락하며, 권위에 순종하고 협력한다.
- 성령으로 늘 충만하도록 한다.

셀 목자(Cell Leader)는 목장의 영적 지도자이다. 목장을 인도하기 위해서 성령님으로부터 한 가지 또는 그 이상의 은사를 받은 사람이다. 목자(Cell Leader) 사역은 지역 목자(Zone Supervisor)와 속교회 교역자(District Pastor)에 의해서도 지원과 격려를 받는다. 그들은 셀 목자(Cell Leader)가 필요로 할 때, 언제나 도움을 주고 지원할 준비가 되어있는 자들이다.

② 예비 목자(Intern)
- 목장 모임 장소를 선정한다. 만일 가정에서 모인다면 당신은 가능한 한 목원(셀원)들의

가정을 번갈아 가면서 모이게 해야 한다.
- 정규적인(적어도 매월) 셀 목자(Cell Leader) 훈련에 참여한다.
- 셀 목자(Cell Leader)가 부재중일 때 목장을 인도한다.
- 목장을 위한 지속적인 기도제목 목록을 준비한다. 셀의 기도 체인과 다른 셀들 사이의 기도 사슬을 위한 연결자로서 섬긴다.
- 모든 목장의 참석 기록표, 회원카드, 참석 가능한 명단, 사역 기록표 등을 준비한다.
- 승리하는 그리스도인의 삶의 본보기가 된다.
- 성령으로 늘 충만하도록 한다.
- 매주 아이들을 섬길 사람을 선정한다(아이들이 있는 목장). 그 주 아이들 그룹을 위한 안내 지침서를 그 사람에게 준다.
- 새신자가 인도한 목원(셀원)에 대해 일대일로 양육될 수 있도록 일정을 정한다.
- 목장이 최대한 숫적인 성장을 했을 때 분가하는 목장을 인도한다.

만일 주간에 심각한 기도의 필요성이 생긴다면 구성원들은 그들 가운데 기도 체인을 만들기 위해서 예비 목자(Intern)에게 연락해야 한다. 예비 목자(Intern)는 각 모임의 장소와 목원(셀원)을 섬기는 일정보다 적어도 한 달 앞선 계획과 목록을 가지고 있어야 하며 모든 목장의 기록도 갖고 있어야 한다.

## 2. 목자(Cell Leader)의 자격

목자(Cell Leader)의 자격을 말하라고 한다면 한 두 가지가 아닐 것이다. 여기서는 목원(셀원)들 간의 관계 속에서 꼭 있어야 할 자격만을 몇 가지 살펴보고자 한다. 성경에서는 두 종류의 목자 유형을 발견할 수 있다. 선한 목자와 삯군 목자가 바로 그것이다. 선한 목자는 양들을 위하여 목숨을 버린다. 그러나 삯군 목자는 자신의 이익과 생각이 우선이다. 따라서 자신의 역할을 적당히 때우려고만 한다. 우리의 목자장 되신 예수 그리스도를 따라 양을 구하고 기르는 선한 목자가 되기 위해 목자(Cell Leader)가 갖춰야 할 자격에 대해 살펴보자.

### (1) 자기 부인

> 무릇 내게 오는 자가 자기 부모와 처자와 형제와 자매와 및 자기 목숨까지 미워하지 아니하면 능히 나의 제자가 되지 못하고 누구든지 자기 십자가를 지고 나를 좇지 않는 자도 능히 나의 제자가 되지 못하리라(눅 14:26-27)

목자(Cell Leader)는 양을 위해 자신의 안락한 처소와 누리고 싶은 욕구를 포기한 사람이다. 이것은 양을 위한 헌신이요, 자기 부인이다. 주님의 동역자요 목양의 권한을 위임받은 자로서 주님께 헌신한 것처럼, 양을 위해 아낌없이 자신을 희생하여 양을 위해 살아가는 사람이다. 여기에는 시간, 물질, 마음 등 모든 것이 나의 것이 아니라 주님의 것이라는 사실로부터 출발하게 된다. 자기를 부인하는 사람은 늘 겸손한 태도를 가진다. 또한 다른 사람을 배려하게 된다. 자기 중심적인 말과 행동이 아니라 먼저 상대방을 배려하며 주님의 마음과 눈으로 행동하게 되는 것이다.

### (2) 사랑

> 하나님은 사랑이시라(요일 4:16)
>
> 우리가 아직 죄인 되었을 때에 그리스도께서 우리를 위하여 죽으심으로 하나님께서 우리에게 대한 자기의 사랑을 확증하셨느니라(롬 5:8)
>
> 새 계명을 너희에게 주노니 서로 사랑하라 내가 너희를 사랑한 것같이 너희도 서로 사랑하라(요 13:34)

성경은 하나님이 바로 사랑이라고 말한다. 사랑은 우주 만물 가운데 가장 고차원적인 법이다. 주님께서는 그 사랑을 따라 인간을 섬기시고 목숨까지 내어주셨다. 목자(Cell Leader)는 이런 사랑으로 하나님과 사람들을 사랑해야 한다. 자신이 섬기는 목원(셀원) 뿐만 아니라 주님을 알지 못하는 불신자들까지 그 사랑의 대상은 확장되어 있다. 이것은 목자(Cell Leader)된 우리에게 있어서 선택사항이 아니라 의무요 특권이다.

① 전심으로 하나님을 사랑해야 한다.
> 네 마음을 다하고 목숨을 다하고 뜻을 다하고 힘을 다하여 주 너의 하나님을 사랑하라(막 12:30)

② 뜨겁게 사람들을 사랑해야 한다.
> 네 이웃을 네 몸과 같이 사랑하라 하신 것이라 이에서 더 큰 계명이 없느니라(막 12:31)

- 그 사랑은 목원(셀원)들로 하여금 목자(Cell Leader)를 그리워하게 한다.
- 그 사랑은 목자(Cell Leader)로 하여금 목원(셀원)들을 위해 매일 기도하도록 한다.
- 그 사랑은 목장안에 많은 어려움을 당하는 목원(셀원)을 향해 민망히 여기는 마음을 갖게 한다.

- 그 사랑은 목장으로 하여금 계속해서 성장해 가도록 도전한다.
- 그 사랑은 이웃의 불신자들에게까지 복음을 들고 나아가게 한다.

## (3) 모범적인 생활

> 이와 같이 좋은 나무마다 아름다운 열매를 맺고 못된 나무가 나쁜 열매를 맺나니…이러므로 그의 열매로 그들을 알리라(마 7:17-20)

삶의 모습이 진리와 대치될 때 복음 전파의 길이 막히는 경우를 우리는 주변에서 자주 보게 된다. 열매를 보고 그 나무의 수준과 나무됨을 알게 된다. 좋은 그리스도인은 그 삶에 나타난다. 좋은 목자(Cell Leader)는 모범적인 생활을 통해 주위 사람들에게 본이 된다. 만약 말과 행동이 다르며 본 받을 만한 생활과 태도가 없다면 돌이켜야 한다. 좋은 목자(Cell Leader)의 삶은 노력과 훈련이 필요하다. 모범적인 생활의 몇 가지 모습을 살펴보도록 하겠다.

### ① 겸손한 삶(예수님의 마음)

> 그러므로 그리스도 안에 무슨 권면이나 사랑에 무슨 위로나 성령의 무슨 교제나 긍휼이나 자비가 있거든 마음을 같이하여 같은 사랑을 가지고 뜻을 합하며 한마음을 품어 아무 일에든지 다툼이나 허영으로 하지 말고 오직 겸손한 마음으로 각각 자기보다 남을 낫게 여기고 각각 자기 일을 돌아볼 뿐더러 또한 각각 다른 사람들의 일을 돌아보아 나의 기쁨을 충만케 하라 너희 안에 이 마음을 품으라 곧 그리스도 예수의 마음이니(빌 2:1-5)

나 자신보다 남을 낮게 여기고 먼저 배려하는 것을 말한다. 말보다 행동이 먼저 앞서고 늘 온유한 태도를 유지한다. 온유라는 것은 하나님이 이끄시는 대로 움직여지는 것을 말한다. 이것은 하나님에 대한 신뢰가 있을 때 가능하다. 사람들과의 관계에 문제가 생기고 원만하지 않은 일들이 반복된다면 우리 자신의 열심에 앞서 말과 행동에 겸손함이 있는가를 살펴보아야 한다. 자녀가 부모의 삶을 배우고 자라듯이 목원(셀원)들도 목자(Cell Leader)의 삶을 보고 자란다는 것을 잊지 말자.

### ② 성실한 삶

리더가 카리스마와 재능을 가진 사람이더라도 신실함이 없다면 신뢰할 수 없어 그의 영향력은 반감될 수밖에 없다.

목자(Cell Leader)는 성실해야 한다. 무엇보다 다음 몇 가지 측면에서 성실의 열매를 맺을 수 있어야 한다.

첫째, 교회의 지체로서 성실해야 한다. 회중 예배 모임(주일, 수요일, 새벽, 절기 등)에 성실해야 하며 목장을 섬기고 또한 십일조 및 헌금 생활에 성실해야 한다.

둘째, 가족과 또 다른 삶의 자리(직장, 사업, 학원, 봉사 등)에서 성실해야 한다. 가족들이나 주위 사람들에게 최선을 다하는 모습을 통해 존경과 인정을 받아야 한다. 이 부분에 대해서 힘들어하는 분들이 있을 수 있다. 그러나 잊지 말아야 할 것은 능력과 지혜의 주인이신 하나님이 우리와 함께 하신다는 것이다.

무엇보다 기도와 말씀을 통해 하나님과의 사귐에 성실해야 한다. 기도와 말씀의 삶만이 우리로 하여금 모든 문제를 해결하고 풍성한 생명과 행복의 열매를 맺게 할 수 있다. 또한 이 일에 성실한 사람만이 하나님을 깊고 바르게 알며, 그 뜻대로 살아갈 수 있다.

## 3. 목자(Cell Leader)의 임무

### (1) 셀 모임 준비
① 개인적인 준비
**㉠ 말씀과 기도와 찬양**
- 셀 모임 교재를 보고 셀 모임시 나눌 말씀과 주일 설교 말씀을 큐티(QT)한다.
- 어떤 기도 제목을 놓고 기도할지 제목을 적어 둔다.
- 온전히 찬양에 집중할 수 있도록 찬양에 방해되는 마음을 미리 제거한다.

**㉡ 준비**
- 얼음깨기(icebreaker)와 불지피기(warmer) 내용을 점검한다.
- 토론 주제를 미리 확인한다.
- 적용과 가치 변화 항목을 미리 만든다.
- 셀 모임을 갖을 집에 연락하여 무슨 도움이 필요한지 확인한다.
- 태신자에게 미리 전화로 교제하고 셀 모임에 올 수 있도록 권한다.
- 후원자를 만나면서 셀 모임시간을 확인하고 셀 모임 준비를 할 수 있도록 나눈다.
- 빈 방석을 준비했는지 확인한다.

모임을 인도하기 전에 셀 목자(Cell Leader)는 하나님의 말씀에 귀를 기울이고 방향을 묻는데 시간을 보내야 한다. 날마다 모든 목원(셀원)들과 셀 모임을 위해 기도하는 시간을 갖는다.

② 도움이 되는 환경(모임 장소 제공자)
  ㉠ **좌석 배치** – 다음의 좌석 배치들 가운데 셀 모임에 가장 적절한 것은 어느 것인가?

강의시 좌석배치　　　　셀 모임시 적합　　　　셀 모임 집중형

  ㉡ **소음**(텔레비전)이나 산만하게 하는 것들(전화)을 막기 위해 당신은 무엇을 할 수 있을까?
  ㉢ **셀 모임 가운데 상이나 책상을 놓지 않는 것이 좋다.** 왜냐하면 서로 기도할 때나 손잡고 찬양할 때 이동이 용이하다.
  ㉣ **그 환경이 셀 모임에 편안하고 적절한 환경이라는 것을 어떻게 확신할 수 있나?** (실내 공기가 탁하다면 창문을 연다든지)

(2) 셀의 재정 관리
  ① 셀에서는 어떻게 재정을 활용할 것인가?
    • 어려운 목원(셀원)을 돌보는데 사용한다(행 2:44-45).
    • 선교사나 개척 교회 목회자들을 후원한다(빌 4:15-18).
    • 전도자와 전도 사역을 후원한다(고후 11:8-9).
    • 지역 사회가 어려움을 겪을 때 목장들이 협력하여 도와준다(행 11:27-29).

  ② 셀의 재정을 위한 하나님의 경제 계획
    • 셀 모임 헌금 외 제2의 수입원을 갖지 않는다(고후 9:8-11).
    • 우리는 십일조만 드리는 사람이 아니라 하나님이 요청하실 때는 수입의 전부라도 드리는 사람임을 인식해야 한다(고후 8:7-15).
  교회를 세우는 일에 자신을 전폭적으로 퍼붓는 사람이 있다. 우리는 그들을 청지기라 부른다. 하나님은 모든 성도가 청지기로 살기를 원하신다.

# 4. 목자(Cell Leader)의 지속적 자기 개발

모든 위대한 지도자들은 자신의 가장 중요한 책임이 자기 자신을 성장시키는 지속적 자기 개발이라는 것을 잘 알고 있다. 지도자가 자기 자신을 이끌지 못하면 그들은 다른 사람들도 이끌지 못한다. 지도자는 자신이 가 본 길보다 더 멀리 사람들을 인도할 수 없다. 위대한 사람은 위대한 조직을 이끌 수 있다. 그러나 지도자가 그것을 위해 기꺼이 대가를 지불할 때만 가능하다.

이 세상의 그 어떤 일보다 가치 있는, 영혼을 살리고 사람을 키우는 셀 목자(Cell Leader)는 자신을 성장시키기 위한 자기 개발이 무엇보다 중요하다. 자신을 성장시키고 개발시킨 목자(Cell Leader)의 수준만큼 셀 목장의 열매가 맺기 때문이다.

### (1) 목자(Cell Leader)의 자기 개발

#### ① 영성 개발(Spirituality Development)

예수님은 제자들에게 "나는 포도나무요 너희는 가지니 … 나를 떠나서는 너희가 아무것도 할 수 없음이라(요 15:5)"고 말씀하시며, 자신과의 깊은 교제의 중요성을 말씀하신다. 목자(Cell Leader)로서 자신이 먼저 주님과 깊은 교제를 통해 주님을 알아가고 닮아갈 수 없다면 목원(셀원)들에게 주님의 형상을 나타낼 수 없게 된다. 따라서 주님과의 교제를 위해 목자는 부단히 노력해야 한다.

우리도 우리의 존재 가치를 하나님의 자녀 됨에서 발견하기만 한다면 하나님이 우리에게 요구하시는 모든 것을 할 수 있다. 우리의 가치(정체성)를 모임의 성공이냐 실패냐에서 찾기 시작한다면 우리는 곧 낙심하고 하나님이 아니라 사람들을 기쁘게 하는 일에 묶이게 될 것이다.

㉠ 묵상(Quiet Time) 생활

복된 사람, 복 있는 사람, 복으로서 사는 사람, 복의 통로로 세움 받는 사람은 바로 주야로 주의 말씀을 묵상하는 자(시 1:1-6)이다. 바쁜 일상에서 주님과의 개인적인 교제와 묵상의 시간을 구별하는 것은 우리로 하여금 순간 순간 주님의 임재와 말씀의 인도하심 속에 머물게 하는 중요한 삶의 우선순위이다.

㉡ 예배 생활

하나님은 전심으로 예배하는 자를 찾으신다. 삶을 통해 하나님을 영화롭게 하고 하나님의 임재를 경험하며, 하나님과 깊은 교제를 하는 온전한 예배자로서의 목자(Cell Leader)를 찾으신다. 다른 급한 일로 마음을 빼앗겨 조급해 한다면 예배를 통해 하나님의 음성을 듣고 전심으로 주님께 나아가지 못한다.

• 내 예배의 삶은 만족스러운가?

| 못함 | 불만스러움 | 가끔 | 평균 만족 | 거의 만족 | 아주 만족 |
|---|---|---|---|---|---|
| 0 | 1 | 2 | 3 | 4 | 5 |

ⓒ **기도 생활**

목자장 되신 예수님은 기도의 삶을 사셨다. 기도하시며 밤을 지새우기도 하셨고 한적한 곳을 찾아 새벽에 기도의 시간을 가지셨다. 어려움이 생길 때마다 특별 기도로 나아가셨으며 제자들에게 친히 기도의 모범을 보이시기도 하셨다. 기도의 삶은 주님의 명령이며 주님은 그 본을 보이셨다. 영의 호흡인 기도의 삶을 통해 우리는 끊임없이 주님과의 교제를 가져야 한다.

ⓔ **정서적인 성숙**

목자(Cell Leader)는 다른 사람들과의 관계 속에서 개방과 헌신이 요구받게 된다. 목자(Cell Leader)가 만약 삶의 진정한 기쁨과 슬픔을 다른 사람과 나눌 수 없다면 친밀한 관계를 발전시켜 나갈 수 없다. 정서적인 성숙은 이처럼 자신의 감정을 다른 사람에게 솔직하게 고백하는 훈련을 통해 이루어진다.

ⓜ **건강 생활**

우리의 몸을 돌보지 않으면, 우리는 너무 일찍 경주를 포기하게 되어 하나님의 장기적인 일을 가로막게 된다.

ⓗ **독서 생활**

한 사상가는 "영감의 우물을 채우기 위해서 독서하라"고 하였다. 목자(Cell Leader)는 목원(셀원)들과의 풍성한 말씀의 교제를 위해서 부지런히 연구하고 성령의 조명을 받아야 한다. 사람은 그가 사귀고 있는 친구를 보면 알 수 있듯이 그의 인격은 자신이 읽고 있는 책에서 영향을 받을 수 있다. 다양한 분야의 책을 풍부하게 읽되 다수의 책에 급급하기보다는 충분히 묵상할 수 있도록 독서하는 것이 필요하다.

• 경건 생활에 유익이 되는 책을 한 달(혹은 1년)에 몇 권이나 읽고 있는가? _____ 권

## 목자(Cell Leader)의 자기 개발을 위한 필독서 목록

### 1. 지도력
- 『셀리더(Cell Leader) 지침서』 랄프 네이버 저, NCD, 2001
- 『21세기 지도자』 론 베이미 저, 예수전도단, 1993
- 『거인들의 발자국』 한홍 저, 두란노, 2000
- 『당신 안에 잠재된 리더십을 키우라』 존 맥스웰 저, 두란노, 1997
- 『당신 주위에 있는 사람을 키우라』 존 맥스웰 저, 두란노, 1997

### 2. 셀교회, 셀, NCD(자연적 교회 성장)
- 『제2의 종교개혁』 빌 벡햄 저, NCD, 2000
- 『셀교회 평신도 지침서』 데이빗 핀넬 저, NCD, 2000
- 『셀교회 교재 0~7권』 랄프 네이버 저, NCD, 2000
- 『자연적 교회 성장』 크리스티안 슈바르츠 저, NCD, 1999
- 『신사도적 셀교회』 로렌스 콩 저, 한국강해설교학교, 2001

### 3. 자기 개발
- 『내면 세계의 질서와 영적 성장』 고든 맥도날드 저, IVP, 1984
- 『제자입니까』 후안 카를로스 오르티즈 저, 두란노, 1989
- 『하나님, 정말 당신이십니까?』 로렌 커닝햄 저, 예수전도단, 1989
- 『예수님처럼』 맥스 루케이도 저, 복있는 사람, 1999
- 『상처 입은 치유자』 헨리 나우웬 저, 두란노,
- 『하나님이 찾으시는 사람』 홍성건 저, 예수전도단, 1998
- 『성령의 학교』 최형섭 저, 예수전도단, 1997
- 『하나님의 드림팀』 토미 테니 저, 두란노, 1999
- 『스릴있고 성취감 넘치는 중보기도』 조이 도우슨 저, 예수전도단, 1997
- 『찬송 생활의 권능』 멀린 캐로더스 저, 보이스, 1998(중판)
- 『예수님이라면 어떻게 하실까?』 찰스 셀던 저, 크리스찬 다이제스트, 1988
- 『벼랑 끝에 서는 용기』 로렌 커닝햄 저, 예수전도단, 1993

② 시간 관리

우리는 하나님의 모든 뜻을 행하고 그분의 완전하신 계획을 이루기 위해 충분한 시간을 부여받았다. 그러나 하나님의 일을 한다고 할 때조차도 기도하기보다는 기도할 시간이 없을 만큼 바쁘게 일하는 경우가 많다. 우리는 많은 경우 중요하지 않은 일에 끌려 다닐 수가 있다. 문제는 더 많은 시간을 필요로 하는 것이 아니라 우리가 소유한 시간을 잘 사용하는 것이다. 시간 관리를 위해서는 계획과 절제, 우선순위를 잘 고려해야 한다.

또한 한 주간의 시간을 어떻게 사용하고 있는지 관찰하고 기록하여 자신이 가진 시간을 영적 우선순위에 따라 분석하는 것은 유익한 훈련이 될 것이다. 예수님은 누구보다도 바쁘신 분이셨지만 시간에 쫓겨다니신 분이 아니라 예수님이 가지고 계신 삶의 우선순위에 따라 모든 일을 행하셨다.

여러분은 어떤 일에 우선순위를 두고 있는가? 하나님 앞에 세워놓은 우선순위의 목록을 적어 보고 그 일에 사용할 시간과 장소를 구체적으로 적어 보자.

〈우선순위 목록〉                    〈사용할 시간과 장소〉
_____          _____
_____          _____
_____          _____

우선순위에 비추어 볼 때 무가치하게 시간을 낭비하고 있는 부분은 없는가? 포기하거나 조정해야 할 일들이 있다면 적어 보고, 어떤 일로 대처해야 의미 있게 사용할 수 있을지 정리해 보자.

- 포기해야 하는 것: _____
- 조정해야 할 필요가 있는 것: _____
- 대체할 수 있는 의미 있는 것: _____

바쁜 일부터 하는 사람이 아니라 중요한 일부터 할 줄 아는 사람이 지혜로운 사람이다. 하나님의 뜻에 비추어 포기하고 조정해야 할 일은 무엇인지 살펴보고 자신의 시간을 지혜롭게 조정한다면 목자(Cell Leader) 사역을 감당하기에 충분한 시간을 만들 수 있다.

- 나의 목장 사역을 위해 사용하는 시간은 어느 정도이며 앞으로 어떻게 조정해야 한다고 생각하는가?
  _____
  _____

③ 재정 관리

인간의 삶이 영위되는 곳은 언제나 재정이 필요하다. 성경은 돈을 사랑하는 것이 악이라고 말씀하고 있지만, 돈 그 자체가 악이라고 가르치지는 않는다. 돈은 오히려 하나님 나라 사역을 위해 필요하며 유용하게 사용되어야 할 도구이다. 신약교회에서도 많은 규모의 재정을 가지고 복음의 확장을 위하여 사용하는 것을 볼 수 있다. 문제는 돈이 우리에게 쓰임을 받을 수도 있고 반대로 우리를 지배할 수도 있다는 것이다. 노동과 기도로 돈을 정직하게 벌고 지혜롭게 사용할 줄 아는 것은 영적 지도자의 필수적인 자기 개발의 요소이다.

- 나는 재정의 주인이 하나님인 것을 인정하고 십일조를 드리고 있는가?
- 나는 필요한 재정을 위해 땀 흘려 수고하며, 기도를 통해 나의 필요를 지속적으로 구하고 있는가?
- 나는 재정을 사용함에 있어 일정 부분을 목장에서의 전도와 구제 목적으로 사용하고 있는가?
- 재정 사용시 낭비되고 있는 지출은 무엇인지 생각해 보고 그것을 수정할 계획을 세워 본다.

### (2) 목자(Cell Leader)의 팀워크 개발

① 다른 목자(Cell Leader)들과의 팀워크

그리스도인은 따로 떨어져 있는 외딴 섬일 수 없다. 특히 몸을 세우기 위해 사역을 감당하는 것이라면 혼자 일할 수는 없는 것이다. 지체된 다른 목자(Cell Leader)들과 함께 세워야 한다. 이런 의미에서 팀워크 개발은 무엇보다 중요하다. 목자(Cell Leader)가 지속적으로 관심을 가지고 노력해야 하는 부분이다. 팀워크 개발의 목표는 서로를 위해 죽을 수 있는 관계, 바로 그 자리에까지 이르는 것이다.

누구보다도 탁월했던 사도 바울의 위대함과 성공은 그가 동역자들과 어울려 그들의 강렬한 사랑과 충절을 사로잡은 능력 가운데 있었다. 그들은 자기들을 향한 바울의 사랑을 확증하였기 때문에 기쁘게 바울의 뒤를 따랐다. 바울의 서신들은 자기 동역자들에게 얼마나 뜨거운 감사와 사랑을 보내고 있는지 잘 나타내고 있다. 바울은 그런 팀원들, 곧 귀한 동역자들과 함께 했지 홀로 뛰지 않았다.

- 동료 목자(Cell Leader)들과 팀워크를 이루기 위해 나에게 필요한 것은 무엇인가?

_____

_____

② 셀 목장 내에서 목원(셀원)들과의 팀워크

셀 목장은 가족 공동체이다. 셀 목장에서 모일 때마다 목원(셀원)들이 각자의 은사에 따라 섬기도록 세워 주고 함께 목장 운영에 동참하도록 한다. 예배 담당, 어린이 담당, 새가족 담당 등의 사역을 나눠서 분담할 수 있다. 어떤 목원(셀원)은 반찬을 만들어 나누어 주거나 손님 대접을 즐겨한다. 이런 경우처럼, 목자(Cell Leader)는 사람들의 은사를 발견하고 적절하게 일을 분담해야 한다. 이를 통해 함께 한다는 공동체 의식이 형성된다.

- 목원(셀원)들이 그들의 은사대로 목장 사역에 동참하고 있는가? 사역을 적절히 분담할 수 있도록 목원(셀원)들에게 적합한 일을 써 보자.
  _____
  _____

③ 지역 목자, 교구 목자, 속교회 교역자와의 팀워크

목자(Cell Leader)에게도 자신의 신앙의 필요를 채워 줄 수 있는 목자가 필요하다. 교회 내의 지역 목자(Zone Supervisor), 교구 목자(Zone Pastor), 담당 교역자(District Pastor)와 같은 영적 지도자들은 그런 목적을 위해 존재한다. 영적 지도자들과의 건강한 관계는 신앙 성장에 있어서 필수이다.

목자(Cell Leader)들이 먼저 영적 지도자를 잘 따르는 모범을 보일 때 목원(셀원)들도 목자(Cell Leader)를 기쁨으로 따르게 된다. 사도 바울은 '가르침을 받는 자는 말씀을 가르치는 자와 모든 좋은 것을 함께 하라(갈 6:6)'고 가르치고 있다.

- 영적인 동역자요 지도자가 되는 지역 목자, 교구목자, 담당 교역자 등과 좋은 팀워크를 형성되도록 노력해야 할 부분에는 어떤 것들이 있는가?
  _____
  _____

# 6과 모든 세대를 향한 하나님의 뜻
### (세대통합셀 운영의 가능성)

> 내가 비옵는 것은 이 사람들만 위함이 아니요 또 저희 말을 인하여 나를 믿는 사람들도 위함이니 아버지께서 내 안에, 내가 아버지 안에 있는 것같이 저희도 다 하나가 되어 우리 안에 있게 하사 세상으로 아버지께서 나를 보내신 것을 믿게 하옵소서 내게 주신 영광을 내가 저희에게 주었사오니 이는 우리가 하나가 된 것같이 저희도 하나가 되게 하려 함이니라
> (요 17:20~22)

## 들어가기

경상도 마귀, 전라도 마귀, 충청도 마귀, 경기도 마귀, 강원도 마귀 등 각 지방에서 활동하고 있던 수많은 마귀들이 서울 중앙 본부에 모여 '어떻게 하면 예수를 못 믿게 할 것인가? 어떻게 하면 한국교회를 박살 낼 것인가?'에 대한 슬로건을 내걸고 열렬한 토론을 벌였다. 마귀들의 많은 의견들이 쏟아져 나왔는데 그 중에 가장 많은 찬동을 받은 의견은 "기독교인의 가정을 깨뜨리자"라는 제안이었다. 바로 "예수 믿는 할아버지, 할머니, 아들, 딸 사이를 이어 주는 연결고리를 끊어버리자." 과연 이 전략이 왜 그토록 찬동을 받았을까?

### 본 과의 목표
1. 세대간의 연합의 중요성을 발견하게 된다.
2. 세대간의 연합의 필요성을 절실히 깨닫고 하나님께서 디자인하신 세대통합셀의 중요성을 느끼게 된다.
3. 세대통합셀을 각 교회의 셀 속에 적용하게 된다.

# 1. 모든 세대를 향한 하나님의 뜻

> 하나님께서는 세상에 큰일을 하고 싶으실 때나 커다란 잘못을 바로 잡으려 하실 때는 희한한 방법으로 하지 않으신다. 하나님께선 지진을 일으키거나, 벼락을 불러오지 않으신다. 대신 보통 이름 없는 어머니에게 힘없는 아이가 태어나도록 하신다. 그리고 하나님은 하나님의 생각을 어머니의 마음속에 심어 주시고 어머니는 그 생각을 아이에게 심어준다. 모든 어린이는 하나님께서 아직도 사람으로 인해 낙담하시지 않았다는 메시지를 전달해 준다.
> — 래비드레너드 타고르, 「길 잃은 새들」

## (1) 성경적인 근거

다음 성경구절을 읽어보면 모든 세대를 향한 하나님의 마음을 읽을 수 있다.

① 시편 78:3-6
이는 우리가 들은 바요 아는 바요 <u>우리 열조가 우리에게 전한 바라</u> 우리가 이를 그 자손에게 숨기지 아니하고 여호와의 영예와 그 능력과 기이한 사적을 <u>후대에</u> 전하리로다 여호와께서 증거를 야곱에게 세우시며 법도를 이스라엘에게 정하시고 우리 <u>열조에게 명하사 저희 자손에게 알게</u> 하라 하셨으니 이는 저희로 <u>후대</u> 곧 후생 <u>자손에게</u> 이를 알게 하고 그들은 일어나 그 <u>자손에게 일러서</u>

② 사사기 2:10
그 세대 사람도 다 열조에게로 돌아갔고 그 후에 일어난 다른 세대는 여호와를 알지 못하며 여호와께서 이스라엘을 위하여 행하신 일도 알지 못하였더라

③ 여호수아 4:21-24
이스라엘 자손들에게 일어 가로되 너희 자손이 그 아비에게 묻기를 이 돌은 무슨 뜻이냐 하거든 너희는 자손에게 알게 하여 이르기를 이스라엘이 마른땅을 밟고 이 요단을 건넜음이라 이는 땅의 모든 백성으로 여호와의 손이 능하심을 알게 하며 너희로 너희 하나님 여호와를 영원토록 경외하게 하려 하심이라 하라

④ 출애굽기 20:5-6
그것들에게 절하지 말며 그것들을 섬기지 말라 나 여호와 너의 하나님은 질투하는 하나님인즉 나를 미워하는 자의 죄를 갚되 아비로부터 아들에게로 삼 사대까지 이르게 하거니와 나를 사랑하고 내 계명을 지키는 자에게는 천대까지 은혜를 베푸느니라

⑤ **열왕기상 8:25**
이스라엘 하나님 여호와 주께서 주의 종 내 아비 다윗에게 말씀하시기를 네 자손이 자기 길을 삼가서 네가 내 앞에서 행한 것같이 내 앞에서 행하기만 하면 네게로 좇아 나서 이스라엘 위에 앉을 사람이 내 앞에서 끊어지지 아니하리라 하셨사오니 이제 다윗을 위하여 그 허하신 말씀을 지키시옵소서

위의 많은 성경말씀을 통해서 하나님은 각 세대와 공동체에 초점을 맞추고 있음을 알 수 있다. 하나님은 어린이와 청소년을 결코 제외시키지 않으셨다. 하나님은 어린이와 청소년을 장년과 연결시켜 주기 위해 공동체적인 삶을 나누며, 서로 연합하기를 원하셨다. 계속 후손에게…, 또 후손에게… 하지만 사탄은 이 연합의 고리, 세대간의 연결고리를 끊어버리려고 공격을 가했다.

### (2) 사탄의 공격 속에 노출되어 있는 어린이와 청소년의 사례

> 한 아이의 작은 손이 당신 손에 와 닿을 때,
> 그 손은 흙이 묻어 지저분하고 초콜렛 아이스크림이 묻어 지저분하고,
> 오른손 엄지에 사마귀가 있어 징그럽고,
> 새끼손가락에 감긴 붕대가 새카매 불결할 수도 있습니다.
> 그러나 멀지 않은 훗날에 그 손은 성경을 쥐고 있을 수도,
> 연발 권총을 쥐고 있을 수도, 피아노를 치고 있을 수도,
> 노름판에서 패를 돌릴 수도 있습니다.
> 지금 이 손이 당신 손 안에 있습니다. 당신의 안내를 바라며…
> ― 조지 이거, 「성공적인 어린이 전도 양육법」

위의 시를 본다면 멀지 않은 훗날이라고 적혀 있다. 그러나 이제는 멀지 않은 훗날이 아닌 지금 사탄의 공격 속에 우리 어린이들이 쓰러져 가고 있다.
여섯 살 어린이가 권총으로 친구를 죽인 사건은 많은 사람들이 충격을 받았다. 여섯 살 먹은 어린아이의 손을 본 적이 있는가? 정말 보드라운 그 자그마한 손이 사람을 죽였다는 것이다. 누가 이 어린이를 살인자로 만들었는가?

〈조선일보 3월 3일(금)〉
한편, 전날 발생한 미시간 주 마운트 모리스 타운쉽 내 부엘 초등학교 1년 생의 같은 반 급우 권총 살해 사건을 수사중인 군 검찰당국은 이날 소년과 함께 살던 삼촌을 이미 발급했던 절

> 도 협의 영장으로 체포했으며, 소년이 범행에 쓴 권총을 이 집에 갖고 왔던 19세 청년도 조사 중이다. 모리스 타운쉽 검찰은 29일 밤 소년이 살던 삼촌의 집에서 또 다른 권총과 마약을 발견했으며, 수사 관계자는 범행 소년이 마약과 권총, 소음이 가득한 "마약소굴"에서 자신의 침대도 없이 뒹굴었다고 전했다. 또 소년의 아버지는 감옥을 들락거리며 현재도 가석방 중 절도 협의로 복역중이고, 어머니는 마약 중독자로 자녀에게 거의 매일 마리화나 흡연을 허용했던 것으로 드러났다. 또 어머니는 범인과 형(8세), 여동생을 평소 학대했던 것으로 나타나….

> **행복해 보이는 모습에 화가 나 살인한 최모군의 이야기**
> 술에 취해 어머니를 구타하고 자신에게 욕설을 퍼붓는 아버지의 폭행에 화가 난 최군은 식탁에 놓여 있는 과도를 주머니에 넣고 "행복해 보이는 사람은 누구든지 죽여 버리겠어라"고 중얼거리며 집을 나왔다. 그리고 너무나 맑고 밝게 웃음을 지으며 친구와 인사하고 헤어져 집으로 걸어가는 여학생의 뒤를 따라갔다. 여학생이 엘리베이터의 번호를 누르자 자신도 따라가 그 여학생보다 높은 층의 번호를 누리고 엘리베이트의 문이 닫히자, 과도로 여학생의 목을 찔러 살인을 하였다. 살인 동기는 단지 행복해 보인다라는 이유 때문이었다고 한다.

\*누가 이 청소년을 살인자로 만들었는가?

## 2. 세대통합셀이란?

> 우리나라는 일년에 약 73만 명의 어린이가 태어나며, 하루에 2,000명, 한시간에 83명, 약 1분에 1.4명이 태어난다. 2분에 약 3명씩 전도를 해야 현재 기독교인들이 줄어들지 않고 지속된다는 뜻이다. 하루에 일할 수 있는 시간을 12시간이라고 한다면 1시간에 166명을 전도해야 하는 것이다. 이러한 일을 어떻게 이룰 수 있을까?
>
> — 김근모, 「어린이 전도와 결신 상담」

(1) 세대통합셀은 기존 교회에 있는 소그룹도 아니며, 구역 예배의 틀도 아니다.
(2) 세대통합셀은 그동안 수 없이 모였던 모임의 일종도 아니다.
(3) 세대통합셀은 부모와 자녀가, 또 다른 가정의 부모와 자녀들이 함께 모여 삶을 나누는 모임이다. 이 모임에서는 어린이와, 청소년이 어른과 동등한 자격으로 모인다. 한번도 들어보지 못했고, 생각해 보지도 못했을 것이다. 그러나 놀라운 것은 세대통합셀은 하나님이 디자인하셨고, 하나님이 원하시는 방법이라는 것이다.
   ※ 세대통합셀은 전혀 몰랐던 새로운 것을 발견한 것이 아니다. 성경 곳곳에서 하나님이 말씀하시며,

하나님이 우리에게 주신 방법이다. 세대통합셀은 사탄의 전략과 공격 속에 잃어버렸던 우리가 다시 찾아야 할 우리의 영역인 셈이다.

우리 가정을 살펴보자. 대화의 단절로 말미암아 하숙집으로 변해 버린 가정이 얼마나 많은가? 부모의 비전과 자녀들의 비전이 각각 다르다는 것은 모두 인정하는 바일 것이다.

교회에서도 마찬가지이다. 어린이 교회학교의 목표(비전), 중고등부 목표(비전), 청년의 목표(비전), 장년의 목표(비전)가 각각 다르다. 얼마나 모순인가? 바로 이것이 무서운 사탄의 전술 전략이었기에, 우리는 이러한 것이 모순이라는 사실조차 인식하지 못한 채 하나님이 우리에게 주신 그 놀라운 것들을 잃어버렸다. 이제는 회복해야 한다. 이제는 우리가 잃어버렸던 것들을 다시 찾아야 한다.

> 내가 모세에게 말한바와 같이 무릇 너희 발바닥으로 밟는 곳을 내가 너희에게 주었노니(수 1:3)

우리의 것을 찾아오기 위해서 먼저 가치관의 변화가 일어나야 한다.
패러다임 전환이 있어야 한다. 부정적인 생각이 떠오르거든 세대통합셀을 누가 만들었는가를 다시 한번 점검 내지는 확인하는 것도 좋다.
세대통합셀은 하나의 이론이 아니다. 뭔가 또 다른 지식을 습득하는 것도 아니다. 세대통합셀은 모든 세대가(어린이도 포함) 자연스럽게 하나님 앞에 설 수 있도록 우리에게 주신 교육방법이다. 하나님은 우리를 가족 속에 놓아 두시고 가족의 사랑 안에서 보고, 듣고, 만지고, 만짐을 받고, 실패를 경험하고, 서로 도우면서 살게 하셨다.
- 세대통합셀을 통해서 어린이와 청소년은 제자로 양육되어지고 성장하게 된다.
- 셀리더를 양육하기 위해서 애쓸 필요도 없다.
- 왜냐하면 셀은 삶이지 훈련이 아니기 때문이다. 세대통합셀은 이러한 모든 부분을 수용한다는 점에서 매우 중요하다고 할 수 있다.

## 3. 세대통합셀 비전 세우기

> 비전이 성취되는 것을 보려면 항상 대가가 따른다. 우리 눈 앞에 놓인 문제와 어려움은 나름대로 이유가 있다. 하지만 이것이 진정한 하나님의 비전인가? 만일 그렇다면 우리의 모든 문제들과 어려움들은 그 비전 앞에 무릎 꿇어야 한다. 우리는 하나님의 비전 앞에 순응하기 위

> 해 기꺼이 변화되어야 한다. 아니면 하나님의 비전이 우리에게 맞추어 변화되어 줄 것을 바라고 있는가?
>
> — 대프니 커크

### (1) 노년 세대 비전(50세 이상)

이들은 힘든 시기를 보낸 세대이다. 과거를 잊고 미래를 향하여 집중해야 할 다음 세대의 지도자 훈련을 도와야 하며 그들의 집은 다른 세대를 위해 개방해야 한다. 차세대를 위한 훈련과 양육을 위한 준비로 시간을 투자해야 한다. 다음 세대를 위하여 현재의 세대 차이를 극복해야 한다. 이것은 이 세대의 열망이다. 그것은 값을 치루어야 하지만 정말 가치 있는 일이다. 이 세대는 다음 세대에게 손을 뻗어 주는 것이다. 이 세대는 어린 세대를 위하여 싸울 것이고, 전쟁에서 이길 것이다. 이들의 기쁨은 그들의 자녀들과 그들 자손의 해방을 보게 되는 것이 꿈이며, 비전이다.

### (2) 중간 세대 비전(30~50세)

이 세대는 다윗과 같이 하나님을 위하여 열심도, 열정도 있는 세대이다. 이 세대는 승리의 세대로서 하나님께로 나라들이 돌아오는 것을 보기 원하는 마음을 가진 세대이다. 이 세대는 풍성한 기도와 재정적 후원을 가질 뿐 아니라 예배와 중보에도 열심 있는 세대이다.

이 세대는 벽과 갈라진 틈을 수리한 곳에 서 있는 세대이다. 노인과 젊은이들이 함께 있을 것이다. 세대간의 틈을 복구하고 최고의 것을 보게 될 것이다. 이 세대는 젊은이들과 함께 싸울 것이다. 후손들을 격려하며 영적인 군사로서 영적인 전쟁을 하는 데 두려움 없이 나아가길 원할 것이다. 이 세대는 다윗과 같이 그들의 자녀들을 위해서 길과 창고를 준비할 것이다. 이것이 이 세대의 비전이다.

### (3) 젊은 세대 비전(30세 이하)

이 세대는 땅을 상속받기 위해 선택된 자들이다. 이 세대는 사막에 강이 생기고, 하나님의 영광이 차고 넘치는 것을 보며 쏟아 부으시는 하나님의 영광을 보게 될 것이다. 이 세대는 강력한 하나님의 군사로 훈련을 받을 것이다. 전적인 순종이 있고 은혜와 긍휼과 담대함이 넘치는 거룩한 세대로서, 기도하는 젊은이들로 경기장과 온 세계에 가득 채워질 것이다.

이 세대는 추수에 대한 열정과 꿈이 있기에 이 세상을 흔들고 주님의 영광을 땅 끝까지 나타낼 것이다. 사탄이 왜 이 세대를 무너뜨리려고 하는지를 보게 될 것이다. 이 세대는 믿음을 위해 죽기를 각오하고 인생을 드리기로 작정한 마지막 때의 군사들을 볼 것이다.

이전 세대의 사람들은 보상이 적고 힘든 시간을 보냈다. 그들은 이 세대를 위해 존재했고, 이 세대는 그들이 치룬 대가로 모든 것을 물려받게 될 것이다.

— 대프니 커크, 「셀 준비학교」

### (4) 교회 비전과 목표, 전략 세우기

> 땅의 모든 끝이 여호와를 기억하고 돌아오며 열방의 모든 족속이 주의 앞에 경배하리니 나라는 여호와의 것이요 여호와는 열방의 주재 심이로다 … 후손이 그를 봉사할 것이요 대대에 주를 전할 것이며 와서 그 공의를 장차 날 백성에게 전함이여 주께서 이를 행하셨다 할 것이로다(시편 22:27-31)

하나님이 주신 세대통합셀을 적용시키기 위해선 확고한 비전을 세우는 것이 중요하다. 비전이 왜 그토록 중요한가? 비전은 아직 세워지지 않은 것들을 세우게 하는 원동력이기 때문이다. 비전이 세워졌으면 목자(Cell Leader)들과 교사들의 가치관 변화를 위해 교육이 필요하다. 가치관 변화가 일어났으면 세대통합셀을 이루기 위한 전략을 짜야 한다.

시간이 걸릴 것이다. 그러나 인내하면서 전진해야 한다. 함께 비전을 공유한 사람들과 원형 세대통합셀을 만들어 보라. 무엇이 필요한가를 면밀히 살피고 사전 준비작업을 한다(교재, 어린이, 청소년들이 셀 모임에 들어오기 전 오리엔테이션, 서약서 준비 등).

언제부터 세대통합셀을 적용할 것인가 단계를 만들어 보라

## 4. 세대통합셀 어떻게 운영하는가?

### (1) 환영(Welcome)

모임 시간과 장소는 사전에 계획해서 이미 나와 있는 일정표에 따라 진행한다. 어린이들이 신발을 정리하고, 어린이들이 환영할 수 있도록 혹은 음료나 다과를 대접할 수 있도록 계획해 보라. 이 시간은 각자가 다 참여해서 자기 이야기를 하는 시간이다. 물론 어린이들도 장년과 동등한 자격으로 참여한다. 이때 게임 한 두 가지를 준비해서 즐기는 것도 좋다. 게임은 청소년이나, 혹은 5~6학년 어린이들이 진행하도록 한다.

### (2) 예배(Worship)

모든 셀의 중심은 예수 그리스도이다. 예수님을 기억하고, 성령님을 환영하고 성령님만을 의지한다. 찬양과 경배는 다양한 방법으로 계획할 수도 있다. 이 시간에 어린이와 청소년이 이 모임에서 얼마나 중요한가를 느낄 수 있도록 해야 한다.

### (3) 말씀 나누기(Word)

보통 이 시간은 셀 리더가 인도한다. 이 시간은 학구적이나, 성경공부 시간은 아니다. 이때 사

용하는 성경책은 어린이들이 이해할 수 있는 것을 읽는 것이 좋다(예를 들면 표준새번역 성경). 말씀나누기(Word) 자료는 담임목사님의 설교를 사용하는 것이 좋다.

### (4) 복음 전파 (Witness)

어린이들이 친구에게 예수님을 전하면서 필요하다고 느끼는 것이 있다면 무엇인지 각각 돌아가면서 이야기하게 한다. 어린이들은 어른들보다 훨씬 더 자연스럽게 전도를 한다. 하지만 어린이들도 어른들과 마찬가지로 전도하면서 많은 실망과 좌절을 경험하게 된다. 이 시간은 어린이들이 힘을 얻는 시간이다.

\* 원형 셀을 만들 경우, 세대통합셀에 참여할 수 있는 인원수는 대략 장년 8~9명, 초등학생 5~6명, 그리고 10대 2~3명이 좋다.

## 5. 하나님이 찾는 그 사람이 바로 당신

> **나를 따르는 작은 발자국**
> 나를 따라오는 작은 발자국이 있는 한 나는 신중한 사람이 되어야 한다.
> 나를 따르는 작은 발자국이 헤매지 않도록 나는 길을 잃지 말아야 한다.
> 그 작은 발자국의 주인은 한 순간도 눈을 떼지 않고 언제나 내가 하는 대로 따라하며 이 다음에 크면 나처럼 되겠다고 말한다. 작은 발자국의 주인은 내가 아주 괜찮은 사람이라고 생각하는 모양이다. 하지만 나를 깊이 알게 되면 그 녀석은 뭐라고 말할까? 여름 햇볕 사이로 걸을 때나 겨울 눈길 사이로 걸을 때 나는 내가 어디로 가고 있는지 돌아보아야 한다.
> 내가 걷는 이 길은 작은 발자국이 따라올 그 길이기 때문이다.
> ― 「하얀 마음을 만드는 소중한 이야기」 중에서

청소년과 어린이 셀 준비학교에 참석한 어느 집사의 고백이다. "저는 정말 고민하고 있었어요. 내 아이와 함께 할 수 있는 공간은 없을까? 교회에서도, 가정에서도 그 어느 곳에서도 함께 할 수 있는 공간은 없었어요. 그러나 세대통합셀을 공부하면서 '이것이야'라며 기뻤습니다. '바로 이 일을 위해서 하나님께서 나를 이곳에 보냈구나'라고 생각했습니다."

자녀가 교회를 다니다 그만두었을 경우, 부모는 그 자녀와 대화하기가 어려워진다. 그러나 세대통합셀을 운영한다면 이러한 고민은 해결된다. 늘 함께 말씀과 기도 제목을 나누며, 대화의 끈으로 연결되어져 있을 수 있기 때문이다. 이러한 놀라운 방법이 지금 우리 가까이에 와 있다. 하나님이 주신 비전이라면 어떤 대가나 값을 주더라도 해야 한다. 하나님은 당신을 찾고 계신다.

## 6. 대안

(1) 처음부터 끝까지 어린이들이 함께 모임에 참여한다.
(2) 환영하기에서 찬양까지는 같이하고 말씀 시간은 미리 정한 당번이 어린이들만 따로 인도한다.
(3) 당번제를 정해 돌아가면서 처음부터 어른 따로 어린이 따로 시간을 갖는다.

### 토의

- 모든 세대를 향한 하나님의 뜻이 무엇이라고 생각하는가?

- 여러분이 섬기는 교회의 비전(목표, 방향)을 여러분의 자녀도 여러분만큼 알고 있는가? 왜 자녀 혹은 가족과 함께 교회의 비전을 공유할 수 없는가? 원인이 무엇이라고 생각하는가?

- 세대통합셀에 대해서 여러분은 어떻게 생각하는가? 여러분의 교회에 적용시키기 위해서 여러분이 가장 먼저 해야 할 사역이 무엇이라고 생각하는가? 여러분의 생각을 서로 나누어 보자.

# 2부
# 리더십 개발: 각론

# 1장 5요소
## 1과 당신의 셀 건강 검진

『셀그룹 폭발』의 저자 조엘 코미스키는 셀을 가장 빨리 성장시키는 목자(Cell Leader) 혹은 셀을 발견하기 위해 8개국 900여명 셀 목자(Cell Leader)를 대상으로 설문 조사했다. 그 결과 모든 나라, 모든 문화, 모든 교파의 셀 교회에서 동일하게 나타났다.

(이 내용은 Touch America 대표 랜들 네이버가 본 교회를 방문했을 때 교회 셀 목자(Cell Leader)들과 함께 나눈 세미나에서 다루어진 내용임)

### 본 과의 목표

1. 셀 성장에 영향을 미치는 중요한 요소들을 이해한다.
2. 우리 셀의 장점과 단점을 깨닫는다.
3. 우리 셀의 건강 지수를 높일 수 있는 방향을 발견하고 적용한다.

# 1. 당신의 셀 성장에 영향을 미치는 조건들

(1) 다음 조건이 셀 성장에 얼마나 기여할 수 있을까?

| 셀 성장에 영향을 미치는 조건 | 그렇다 | 어느 정도 그렇다 | 전혀 영향이 없다 |
|---|---|---|---|
| 결혼한 성인이 셀을 더 잘 성장시킨다. | | | |
| 미혼자가 더 잘 성장시킨다. | | | |
| 교육을 많이 받은 지식인이 더 잘 성장시킨다. | | | |
| 외향적 성격의 소유자가 더 잘 성장시킨다. | | | |
| 젊을수록 더 잘 성장시킨다. | | | |
| 신앙생활을 오래한 사람일수록 더 잘 성장시킨다. | | | |
| 전도 은사가 있는 사람이 더 잘 성장시킨다. | | | |
| 가르침의 은사가 있는 사람이 더 잘 성장시킨다. | | | |
| 목원(셀원)들을 위해 매일 기도하는 것은 성장에 영향을 미친다. | | | |
| 매일 경건생활에 많은 시간을 할애할수록 성장에 영향을 미친다. | | | |
| 셀그룹 번식에 대한 명확한 목표 의식이 성장에 영향을 미친다. | | | |
| 예비 목자(Intern)를 발굴하고 참여시키는 일이 성장에 영향을 미친다. | | | |
| 목원(셀원)들과 보내는 시간이 많을수록 성장에 영향을 미친다. | | | |
| 방문자들에 대한 적절한 조치가 있으면 성장에 영향을 미친다. | | | |
| 셀모임을 위한 기도에 많은 시간을 투자할수록 성장에 영향을 미친다. | | | |

(2) 셀 사역의 4차원

그 넓이(밖으로 Outward)와 길이(앞으로 Forward)와 높이(위로 Upward)와 깊이(안으로 Inward)가 어떠함을 깨달아 하나님의 모든 충만하신 것으로 너희에게 충만하게 하시기를 구하노라(엡 3:19)

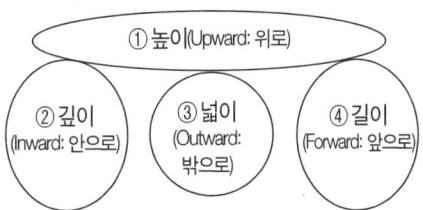

① 높이(Upward: 위로) – 셀을 하나님께로 연결하는 활동
- 셀을 하나님의 권능에 연결시킨다.
- 서로를 돌보고 세우기 위해 지속적으로 기도한다.
- 하나님의 품 안에 머물고 거하고 살고 쉰다(요 15: 포도나무에 가지가 붙어 있듯이).
- 기도생활을 방해하는 모든 목원(셀원)들 주변에 있는 사탄의 견고한 진을 파한다.
- 목원(셀원)들이 비공식적으로 가정에서 자주 기도한다.
- 특별한 일이나 목적을 위해 금식한다.
- 하나님의 음성을 듣는 훈련을 한다.
- 기도의 응답을 확신하고 기적을 늘 체험한다.

② 깊이(Inward: 안으로) – 셀 안에서 서로와 서로를 연결하는 활동
- 하나님이 이미 만들어 주신 공동체로 들어간다.
  ＊서로 기도 제목을 나눌 때: 부차적인 기도 제목, 내 기도 제목은 숨기고 남의 기도 제목을 나눔, 다른 사람의 기도 제목을 듣고도 상호 책임이 없을 때 공동체는 성장하지 않는다.
- 3P 활동 – 매일 기도(Prayer), 매주 전화(Phonemail), 매달 식사(Pizza)를 한다.
- 자주 함께하는 시간을 갖는다.
- 예배시간에 자주 같이 앉아 예배드린다.

③ 넓이(Outward: 밖으로) – 세상의 잃은 자들을 셀로 연결하는 활동
- 관계의 원칙 – 95%의 전도는 관계를 통해 일어난다.
- 시간의 원칙 – 전도를 위해 시간을 투자해야 한다.
- 우정의 원칙 – 성경에서 새신자는 친구나 친지의 우정을 통해 이루어진다.
- 파종과 수확의 원칙 – 여러 사람이 뿌리고 다른 사람이 거둘 수 있다(한 알의 씨앗에 30번 이상 손이 가야 수확이 이루어진다).
- 공동체 전도의 원칙 – 어떤 사람은 전도 대상자를 찾고 어떤 사람은 기도하고 어떤 사람은 직접 복음을 전하고 또 어떤 사람은 봉사함으로 전도한다.
- 전도에 대한 오해들 – 전도 은사를 받은 사람만 전도한다고 생각하고 나머지 사람들은 전도에 대한 죄책감만 갖는다.
- 셀 전도는 평범한 사람이 많이 전도한다.
- 오이코스 포스터를 붙이라. 그리고 그 오이코스를 어떻게 도울까 꾸준히 연구하라.
- 사명 선언문을 각자 만들라 – 나는 어떤 사람을 전도하도록 부름을 받았나?
- 셀 번식의 날짜를 정하라.
- 셀 방문자에게 친절하고 적절하게 조치하라.

- 셀의 궁극적 목표는 번식(분가)에 있다.
- 많은 그물(기회)을 사용하라.
- 교회 추수행사를 적극 활용하라.
- 파티를 준비하고 태신자를 초청하라.

④ 길이(Forward: 앞으로) – 셀의 번식을 위해 새 목자를 세우는 활동
- 기도가 중요하다.
- 미래의 셀 목자(Cell Leader)라고 계속 격려하고 선포하라.
- 자신(셀 목자)을 번식하라.
- 속교회 교역자와 의논하여 예비 목자(Intern)를 많이 세우라.
- 4번 칭찬하고 1번 지적하라.
- 당신의 셀을 기쁨으로 섬길 수 있도록 기회를 주라.
- 분가(번식)한 후, 자신은 새롭게 개척하는 영광을 누려라.

## 2. 당신의 셀 건강 진단

### (1) 당신의 셀을 하나님께 위로 연결(Upward)

- 당신의 셀 안에 있는 목원(셀원)들을 위해 일주일 중 몇 일 기도하는가?

| 0일 | 1~2일 | 3~4일 | 5~6일 | 7일 |
|---|---|---|---|---|
| 0 | 1 | 2 | 3 | 4 |

- 하루에 몇 분 경건의 시간(Q.T.)을 갖는가?

| 0~5분 | 6~10분 | 11~30분 | 31~45분 | 46분이상 |
|---|---|---|---|---|
| 0 | 1 | 2 | 3 | 4 |

- 셀 모임에서 찬양을 통한 경배의 시간은 몇 분 정도인가?

| 0~4분 | 5~9분 | 10~14분 | 15~19분 | 20분이상 |
|---|---|---|---|---|
| 0 | 1 | 2 | 3 | 4 |

- 당신의 셀 모임에서 몇 분을 기도시간으로 갖는가?

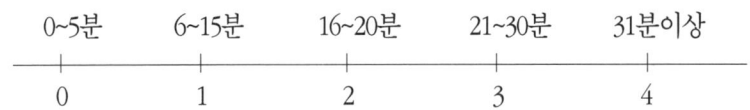

- 셀 모임에서 얼마나 자주 놀랍고 기적적인 기도의 응답을 받는가?

합계 점수 (    )

## (2) 공동체 안으로의 성장(Inward)

- 당신의 셀은 한달에 몇 번이나 만나는가?

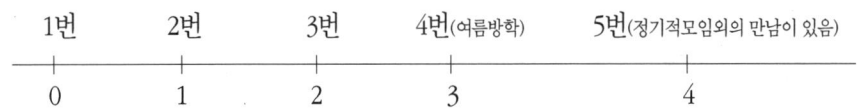

- 지난 3달 동안 같이 즐길 수 있는 활동(파티…)을 몇 번이나 하였는가?

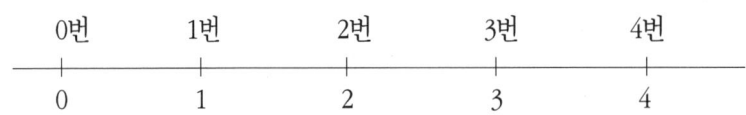

- 지난 2달 동안 당신의 목원(셀원)들을 집이나 식당에 몇 번이나 초대해서 식사를 했는가? (개인적 식사)

- 주일 예배 때 얼마나 자주 당신의 목원(셀원)들끼리 앉는가?

• 얼마나 자주 목원(셀원)들끼리 전화나 이메일, 카드 또는 편지로 연락해서 격려하는가?

```
  전혀    가끔    자주   아주 자주   매일
 ──┼──────┼──────┼──────┼──────┼──
   0      1      2      3       4
```

합계 점수 (　　)

### (3) 잃은 자들을 향해 밖으로 나아감(Outward)

• 셀 모임에서 주님을 모르는 사람들을 위해 얼마나 자주 기도하는가?

```
  전혀    가끔    자주   아주 자주   일상적
 ──┼──────┼──────┼──────┼──────┼──
   0      1      2      3       4
```

• 매주 몇 일을 불신자들의 구원을 위해 개인적으로 기도하는가?

```
  0일    1~2일   3~4일   5~6일    7일
 ──┼──────┼──────┼──────┼──────┼──
   0      1      2      3       4
```

• 지난 3개월 동안 불신자를 목표로 재미있는 활동을 몇 번이나 했는가?

```
  0번    1번    2번    3번     4번
 ──┼──────┼──────┼──────┼──────┼──
   0      1      2      3       4
```

• 방문자가 셀에 처음 들어왔을 때, 얼마나 자주 전화하거나 편지를 쓰거나 방문하는가?

```
  전혀    가끔    자주   아주 자주   항상
 ──┼──────┼──────┼──────┼──────┼──
   0      1      2      3       4
```

• 당신의 셀은 번식이나 새로운 목장을 탄생시키기 위한 지정된 날짜와 목표가 있는가?

```
 아니오  거의 아니요  아마도  날짜 없는 목표  확실한 목표
 ──┼────────┼────────┼──────────┼──────────┼──
   0        1        2          3          4
```

합계 점수 (　　)

### (4) 리더들을 세우고 번식하기(Forward)

- 당신의 셀에 예비 목자(Intern)나 도우미가 몇 명이나 있는가?

```
  0명     1명     2명     3명     4명
───┼──────┼──────┼──────┼──────┼───
   0      1      2      3      4
```

- 당신의 셀에서 몇 %나 후에 목자(Cell Leader)가 나타나리라고 예상하는가?

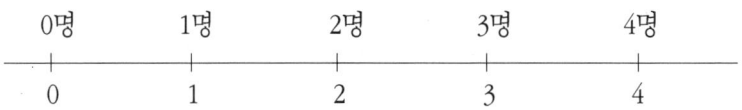

- 당신의 셀에서 몇 %가 셀모임을 인도하는데 부분적으로 참여하고 있는가?

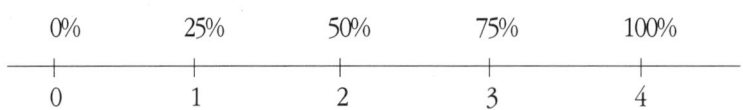

- 더 많은 리더들이 배출되기 위해 얼마나 기도하는가?

```
  전혀    가끔    자주   아주 자주   항상
───┼──────┼──────┼──────┼──────┼───
   0      1      2      3      4
```

- 당신의 셀에서 몇 명이나 다음 해에 셀 지도력 개발 훈련을 받을 것이라 예상하는가?

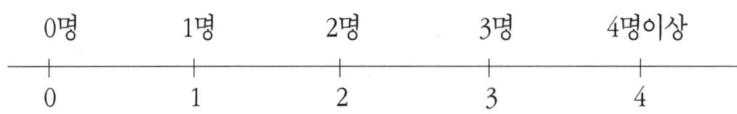

합계 점수 (      )

(1), (2), (3), (4) 항목에서 얻은 당신의 합계 점수를 다음 장에 있는 표에 점으로 표시하라. 그리고 그 점들을 연결하라.

|   | (1): 위로 | (2): 안으로 | (3): 밖으로 | (4): 앞으로 |
|---|---|---|---|---|
| 20 | | | | |
| 18 | | | | |
| 16 | | | | |
| 14 | | | | |
| 12 | | | | |
| 10 | | | | |
| 8 | | | | |
| 6 | | | | |
| 4 | | | | |
| 2 | | | | |

※ 가장 낮게 나타난 부분이 가장 약한 부분이며 가장 발전이 필요한 부분이다. 10점 이하의 점수는 경고를 나타낸다.

# 토의

우리 셀의 건강 검진을 하고 난 느낌이 어떤가? 가장 약한 부분을 어떻게 강화시킬 것인가를 구체적인 전략과 계획을 세워보자.

- 느낌 _____

_____

- 약한 부분 _____

_____

_____

- 구체적인 전략과 계획 _____

_____

_____

_____

# 2과 하나님의 가족 공동체

> 하나님이 가라사대 우리의 형상을 따라 우리의 모양대로 우리가 사람을 만들고 그로 바다의 고기와 공중의 새와 육축과 온 땅과 땅에 기는 모든 것을 다스리게 하자 하시고 (창 1:26)
>
> 에덴 동산의 가치는 동산의 아름다움에 있지 않다. 그곳은 단절이 없는 관계의 장소, 즉 진정한 공동체라는 점에 있다.

우리는 공동체(共同體)에 대해서 배우려고 한다. 공동체란 '함께 움직이는 몸' 이란 뜻이다. 성경에서 몸으로 표현한 것은 두 가지이다. 하나는 '가정' (창 2:24)이고 하나는 '교회' (엡 1:23)이다. 이 공동체들은 하나님이 직접 만드신 것이다.

하나님은 왜 가정을 만드셨고, 왜 교회를 만드셨을까?

그것을 알게 되면 우리는 우리의 삶 속에서 무엇이 중요한 것인지를 알게 되고 어떻게 살아가야 하는 지도 알게 된다. 공동체의 신비는 우리 삶의 양식을 바꾸어 놓을 것이다.

### 본 과의 목표

1. 하나님의 존재 양식과 하나님이 디자인하신 교회의 존재 양식을 이해한다.
2. 셀을 성취와 공로의식에 세우지 말고 아름다운 교제와 가족의식에 세워야 함을 깨닫는다.
3. 복된 공동체에 대한 비전을 갖도록 한다.

# 1. 가정 공동체

## (1) 신적 본질

하나님은 왜 가정을 만드셨을까?
이 물음에 대한 가장 설득력있는 대답은 **하나님은 삼위일체**이시기 때문이다.

- 능력의 하나님 – 한 분이면 된다.
  (회교도의 기도 – 하나님은 한 분이시다.)
- 사랑의 하나님 – 두 분이면 된다.
- 공동체의 하나님 – 삼위일 때 가능하다.

※ 우주 안에 가장 가치 있는 삶의 형태는 공동체 안에 존재하도록 하나님은 고안하셨다.

삼위일체라는 말은 '하나님은 세 분이 하나이신 공동체' 임을 나타내고 있다. 함께 움직이시고 함께 존재하신다. 하나님이 역사하실 때 한 분만 역사하지 않으시고 세 분이 동시에 역사하신다. **공동체는 하나님의 존재 양식이다.**

## (2) 가정 신설

하나님은 천지를 창조하시면서 하루 하루가 지날 때마다 '보시기에 좋았더라' 말씀하셨는데 한 가지가 보시기에 좋지 않으셨다. 그것은 사람이 독처하는 것이었다(창 2:18). 하나님은 아담을 위해 아내를 지으셨다. 그리고 '둘이 한 몸을 이룰찌라' 말씀하셨다. 한 몸, 그것은 공동체를 의미한다.
**공동체라는 신적 본질을 가지고 계신 하나님은 가정이라는 공동체를 만드셨다.**

## (3) 죄는 공동체를 파괴

문제가 생겼다. 아담이 죄를 지은 것이다.
아담이 죄를 지음으로 나타난 현상은 모든 관계의 파괴였다.
- 아담은 자신이 타락한 것은 하나님이 주신 아내가 자기를 유혹하여 그렇게 되었다고 말함으로 자신이 저지른 범죄에 대한 책임을 아내와 하나님께 전가했다. 하나님과의 관계가 깨어지고 아내와의 관계가 깨어졌다.
- 아담은 자기 자신을 바라볼 때 부끄러워 몸을 가렸다. 자신과의 건강한 관계가 깨어졌다.
- 땅은 저주받아 엉겅퀴와 가시를 내었다. 자연과도 관계가 깨어졌다.

그토록 아름다웠던 관계들이 죄로 다 깨어졌다.
**죄는 공동체를 파괴한다.**

### (4) 사탄의 계략

사탄은 아담을 유혹하여 공동체를 파괴시켰다. 그것은 하나님의 신적 본질을 인간으로부터 빼앗아 버린 것이다. 인간이 가진 신적 본질인 공동체는 언제나 사탄의 공격과 증오 그리고 두려움의 대상이었다. 사탄은 에덴 동산에서 있었던 아름다운 관계를 파괴하는 데 성공했다. 그리고 그의 계략은 계속되었다.

### (5) 가인의 죄

가인은 하나님이 자신의 제물은 받으시지 않고 동생인 아벨의 제물만 받으시자 화가 나서 동생 아벨을 죽였다. 그리고는 하나님이 '네 동생 아벨이 어디 있느냐?' 물으실 때 '내가 동생을 지키는 자니이까?' 하고 반문하였다. 형은 당연히 동생을 지켜야 하고 동생은 당연히 형을 지키는 것이 진정한 가정 공동체이다. 그런데 가인은 가정에 대한 자신의 책임, 동생에 대한 형으로서의 책임을 헌신짝처럼 생각하였다. 그는 이미 그 마음으로부터 공동체를 파괴했고 동생을 죽인 것이다.

### (6) 가인의 족보(창 4장)

가인은 후에 도망하여 도시를 건설하며 살았는데 성경에는 이런 가인의 후손들이 나열된 가인의 족보가 나온다.

- 가인: 도시를 건설하다(창 4:17).
- 야발: 육축을 치는 자의 조상이 되다(창 4:20).
- 두발가인: 철로 기구를 만들다(창 4:22).
- 마지막 라멕: 두 사람을 죽인 미친 살인자다(창 4:23).

가인의 족보를 살펴보면 **무엇을 했는지, 무슨 업적을 남겼는지가 중요하게** 열거되어 있다.

사탄은 관계, 교제, 공동체 위에 세워가야 할 우리의 삶을 성취감 위에 세워야 한다고 속인다. 사탄의 일은 바로 **개인주의와 성취감**이라는 무기를 가지고 공동체에 대한 열망을 깨뜨리는 것이다.

### (7) 아담의 족보

아담에서 셋으로 이어지는 족보는 가인의 족보처럼 무엇을 했느냐, 무슨 업적을 남겼느냐가 중요하지 않다. 그저 누가 얼마나 오래 살았느냐만 나와 있다.

- 아담: 930세를 향수하고 죽었다(창 5:5).
- 셋: 912세를 향수하고 죽었다(창 5:8).
- 에노스: 905세를 향수하고 죽었다(창 5:11).
- 게난: 910세를 향수하고 죽었다(창 5:14).
- 마할랄렐: 895세를 향수하고 죽었다(창 5:17).
- 야렛: 962세를 향수하고 죽었다(창 5:20).
- 에녹: 365년을 하나님과 동행하다가 하나님이 데려 가셨다(창 5:24).
- 므두셀라: 969세를 향수하고 죽었다(창 5:27).
- 라멕: 777세를 향수하고 죽었다(창 5:31).
- 노아: 향년이 950세에 죽었더라(창 9:29).

아담에서 셋으로 이어지는 족보는 얼마나 하나님과 오래 동행하며 살았는지가 중요하게 나타나 있다.

무슨 일을 했느냐, 무슨 업적을 남겼느냐가 중요한 것이 아니라 **하나님과 얼마나 오랫동안 동행하였느냐가 중요하다**는 암시적 표현이다.

셋의 후손들은 자신들의 가정을 통해 공동체를 이루었을 뿐만 아니라 하나님과 동행하므로 하나님과 또한 공동체를 이루었다. **하나님이 진실로 원하셨던 것은 이런 하나님의 가족 공동체에 대한 것이었다.**

그 후 역사는 하나님의 가족 공동체를 이루시려는 하나님의 열심과 죄로 인해 그 공동체를 파괴하는 인간의 타락의 역사로 대비된다.

노아의 홍수와 노아 가족만으로 이루어진 인류, 다시 제시되는 하나님의 가족 공동체에 대한 꿈(창 9:1), 그러나 결국 바벨탑 사건…

하나님은 하나님을 경외하는 아브라함을 택하시고 그 후손을 통해 또 다시 하나님의 가족 공동체를 이루시려고 열심을 다하신다. 그러나 그러한 열심과 노력도 이스라엘의 우상 숭배와 죄악으로 무참히 무너져 내리고…

## 2. 교회 공동체

하나님은 마침내 누구도 깰 수 없는 공동체를 준비하셨다. 이미 창세 전부터 예비된 공동체였다. 그것은 교회라는 이름의 공동체이다.

교회라는 이름의 공동체는 하나님의 아들 예수의 십자가의 은혜와 성령강림이 있어야만 가능한 공동체이다.

예수의 십자가에서의 죽음은 우리의 모든 죄를 대속하셨다. 우리의 모든 죄가 사하여짐으로 비로소 진정한 공동체가 회복되기 시작했다. 하나님과 인간의 관계가 회복되고 인간과 인간의 관계가 회복되고 인간과 자연과의 관계가 회복되기 시작했다.

하나님은 예수의 십자가와 부활 사건 이후 마침내 오순절날 성령을 가득 부어주심으로 교회라는 공동체를 만드셨다. 구약에서는 성령이 모든 육체에 임하는 새 언약이 이루어지면 죄를 다시 기억지 아니하겠다고 하셨다(렘 31:31-34, 겔 36:26-27). 그것은 또한 말세에 일어난다(욜 2:28-32)고 하셨다.

**교회라는 공동체는 죄가 사하여짐으로 절대 무너지지 않을 말세 공동체**인 것이다.
또한 **창세 때부터 아담을 통해 이루기 원하셨던 하나님의 가족 공동체**이다.

### (1) 교회는 새로운 가정 공동체(오이코스; oikos)

> 그러므로 **이제부터 너희가** 외인도 아니요 손도 아니요 오직 성도들과 동일한 시민이요 **하나님의 권속(oikos)**이라(엡 2:19)

'권속' 이란 말은 '가족' 이란 말이다. 즉 우리는 하나님의 가족이다.

> 만일 내가 지체하면 너로 **하나님의 집(가족, oikos)**에서 어떻게 행하여야 할 것을 알게 하려 함이니 이 집(가족, oikos)은 살아 계신 **하나님의 교회요** 진리의 기둥과 터니라(딤전 3:15)

하나님의 가족은 교회라고 성경은 말하고 있다.

## 토의

지금까지 살펴본 내용을 염두에 두고 잠시 하나님이 우리에게 교회라는 공동체를 주신 이유가 무엇인지 생각해 보고, 자신의 생각을 적어 보자.

___

___

___

___

___

___

___

### (2) 성도의 할 일

하나님은 우리에게 하나님의 가족인 교회라는 공동체를 주시면서 성경을 통해 명령하신다.

**이는 성도를 온전케 하며 봉사의 일을 하게 하며 그리스도의 몸을 세우려 하심이라(엡 4:12)**

여기서 봉사라는 말의 원어는 '오이코노모스(청지기)' 라고 하는데 '오이코스'는 '가족'이란 말이고 '노모스'는 '율법, 모세오경'을 의미한다. 즉 봉사의 일을 한다는 것은 '가족을 하나님의 법에 따라 섬기는 일'을 한다는 것이다.

성경에는 또 '오이코도메오' 라는 말이 많이 나온다. '오이코도메오'는 가족을 세운다는 의미이다. 즉 하나님의 집, 하나님의 가족을 세우기 위해 힘쓰라고 말하고 있다.

- 이러므로 우리가 화평의 일과 서로 덕(오이코도메오; oikodomeo: oiko—가족 domeo—세운다)을 세우는 일을 힘쓰나니(롬 14:19)

- 우리 각 사람이 이웃을 기쁘게 하되 선을 세우고 덕(오이코도메오)을 세우도록 할지니라(롬 15:2)

- 그러면 너희도 신령한 것을 사모하는 자인즉 교회의 덕(오이코도메오) 세우기를 위하여 풍성하기를 구하라(고전 14:12)

- 그러므로 피차 덕(오이코도메오)을 세우기를 너희가 하는 것 같이 하라(살전 5:11)

- 사랑하는 자들아 너희는 너희의 지극히 거룩한 믿음 위에 자기를 건축(오이코도메오)하며 성령으로 기도하며(유 1:20)

- 그런즉 형제들아 어찌할고 모일 때에 각각 찬송시도 있으며 가르치는 말씀도 있으며 계시도 있으며 방언도 있으며 통역도 있나니 모든 것을 덕(오이코도메오)을 세우기 위하여 하라(고전 14:26)

성경은 얼마나 많은 구절이 하나님의 집을 세우기 위하여 힘쓰라고 당부하고 있는가? 모든 것을 하나님의 가족을 세우기 위하여 하라. 하나님이 우리를 교회로 부르신 것은 바로 하나님의 가족 공동체를 세워가길 원하셨기 때문이다.

교회에 가서 시험 들지 않기 위해 조용히 예배만 드리고 온다는 사람들이 있다. 교회에서 교역자들이나 교우들을 너무 가까이 하지 않고 멀리서 바라만 보고 존경하는 것이 지혜로운 신앙생활이라고 말하는 사람들이 있다. 이는 결혼 후 갈등을 피하기 위해 부부가 서로 가까이 하지 않고 따로 사는 것이 좋다는 주장과 다를 바 없다.

부부가 결혼을 하여 자녀를 낳고 한 집에 산다고 하여 자연스럽게 바람직한 가정이 이루어지는 것은 아니다. 서로 배우고 노력하고 힘을 써야 한다. 마찬가지로 교회에 사람들이 모였다고 공동체가 형성되는 것은 아니다. 꿈과 이상만으로 되는 것이 아니라 많은 연구와 노력이 필요하다.

공동체 안에서의 교제란 기쁨을 연상케 하는 식탁이나 잔치와 관련된 일들 뿐만 아니라 지체의 고난에 참여하는 일들도 포함된다. "**그리스도를 위하여 너희에게 은혜를 주신 것은 다만 그를 믿을 뿐 아니라 또한 그를 위하여 고난도 받게 하심이라**"(빌 1:29). 그래서 코이노니아는 '교제'라고도 번역되지만 '참여'라고도 번역이 된다.

## 3. 공동체의 형성과 발달

오늘날 도시화, 교회의 대형화, 잦은 이사로 인한 교회 구성원들의 교체 등은 교회 내에서「군중 속의 고독」을 낳았다. 특별히 교회의 대형화는 익명성을 바라는 점잖은 교인들을 양산했다. 오늘 우리는 과거 그 어느 때보다 교회의 공동체성 회복이 요청되는 시대에 살아가고 있다. 교회는 나홀로 하나님을 만나는 곳이 아니라 성도가 성도를 만나고 그 성도들이 모여서 다함께 하나님을 만나는 곳이다.

성도와 공동체는 서로가 서로를 필요로 한다. 성도는 공동체 없이 성장할 수 없고 공동체는 헌신된 성도들 없이 건실해질 수 없다.

⑴ **공동체의 시작:** 먼저 공동체의 리더를 부르신다(창 12:1).
공동체의 창시자요 양육자요 확산자이신 하나님은 한 사람의 리더를 불러 이 일을 시작하신다.

⑵ **공동체의 형성과 발달:** 리더에게 공동체 형성의 비전을 주신다(창 12:2).
하나님은 리더에게 비전을 주시고 그 비전을 가슴에 품고 기도하고 헌신하도록 하신다. 그 기도와 헌신을 통해 그분의 역사를 펼쳐 가신다.

한 사람이 리더로 부름 받아 비전을 품고 공동체를 이루어가고자 할 때 그 일은 혼자 조용히 신앙생활을 하는 것보다 훨씬 힘이 들 수 있다. 그러나 기독교 기초 공동체는 대가를 지불하기를 두려워하지 않는 사람들에 의해 형성되고 발전한다.

갱단의 한 사람으로 살다가 라디오에서 들려오는 빌리 그래함의 설교를 듣고 예수를 믿어 목사가 된 보스톤 한 공동체의 지도자 유진 리버스(Eugene Rivers)는 다음과 같은 말을 했다.
"하나님의 교회가 폭력배 세계 만큼이라도 충성과 헌신, 결속과 의리가 있다면 세상은 금방 변화될 것이다."

⑶ **공동체의 확산:** 공동체로 부름 받은 것은 이 땅의 모든 족속이 나를 통해 복을 받게 하기 위함이다(창 12:3).

참된 공동체는 밖을 향해 복된 팔을 뻗는다. 빌 하이벨스 목사는 "우리가 한 손은 주님께 한 손은 밖으로 내민다면 우리의 공동체는 혁명을 보게 될 것이다." 라고 말했다.

### (4) 공동체의 종말론적 비전

우리의 비전은 주님이 그토록 세우기를 원하셨던 바로 그 교회, 셀 교회를 이루는 것이다. 그 교회는 주님이 보고 싶어하시는 주님의 애인이요 신부된 교회이다.

세상의 마지막 날 우리가 주님이 원하시는 순결한 신부, 복된 공동체를 이루었을 때 예수님은 아버지 앞에 우리의 공동체를 자랑스럽게 소개하실 것이다.

"아버지, 보십시오. 아름다운 제 신부입니다. 멋지지 않습니까? 아름답지 않습니까? 우리가 이 땅의 교회 공동체(신부)에 기대했던 모든 것을 갖추고 있습니다."

## 토의

여러분은 주님이 원하시는 바로 그 교회를 이루고자 하는 소원이 있는가? 복된 공동체에 대한 비전이 있는가? 창세기 12:1-3에서 "너" 대신 자신의 이름을 넣어 함께 읽고 "공동체의 비전"을 위해 기도하는 시간을 갖는다.

_____
_____
_____
_____
_____
_____
_____
_____
_____

# 3과 효과적인 전도

> 이 후에 주께서 달리 칠십 인을 세우사 친히 가시려는 각동 각처로 둘씩 앞서 보내시며 이르시되 추수할 것은 많되 일군이 적으니 그러므로 추수하는 주인에게 청하여 추수할 일군들을 보내어 주소서 하라 갈지어다 내가 너희를 보냄이 어린 양을 이리 가운데로 보냄과 같도다 전대나 주머니나 신을 가지지 말며 길에서 아무에게도 문안하지 말며 어느 집에 들어가든지 먼저 말하되 이 집이 평안할지어다 하라 만일 평안을 받을 사람이 거기 있으면 너희 빈 평안이 그에게 머물 것이요 그렇지 않으면 너희에게로 돌아오리라 그 집에 유하며 주는 것을 먹고 마시라 일군이 그 삯을 얻는 것이 마땅하니라 이 집에서 저 집으로 옮기지 말라(눅 10: 1-7)

셀 교회 탐방을 위해 싱가폴의 CHC교회와 FCBC교회를 방문했을 때 싱가폴은 국가가 주도하여 물건들에 대해 50% 할인해 주는 대 바겐세일 기간이었다. 시간이 나서 쇼핑을 하는데 필요한 물건을 사게 되었다. 신발을 구입하였는데 29달러였다.

그런데 계속 쇼핑을 하는데 마음에는 의문이 생기기 시작했다. 29달러면 한국 돈으로 얼마지? 57달러면 얼마지? 그냥 돈 주고 사면 아무런 문제가 없는데 계속 한국을 생각하게 되었다. 한국의 날씨는? 한국의 정치적 상황은? 한국의 가족들은?

몸은 싱가폴에 있었지만 모든 생각은 다 한국을 기준으로 전개되고 있었다.

우리는 모두 이 땅에 살고 있지만 우리의 가치와 비전은 어디에서 왔는지 어디가 기준이 되어야 하는지를 분명히 알아야 한다. 우리의 가치와 비전과 기준은 오직 하나님 나라와 하나님 아버지의 뜻이 되어야만 할 것이다.

## 본 과의 목표

1. 셀 교회의 전도에 대해 알게 된다.
2. 관계 전도가 얼마나 중요한 것인지를 느끼게 된다.
3. 셀이 불신자를 구원하는 전도 그물로 헌신하도록 결단한다.

# 1. 셀 교회에서의 전도

## (1) 전통적인 전도에 대한 신화

| | 비 실재(신화)<br>그릇된 통념 | 사실 | 실천 |
|---|---|---|---|
| 누가 | 전도는 낯선 사람을 접촉하는 것이다. | 대부분의 사람들은 친구의 인도로 그리스도께 나아온다. | 우리는 가까운 이들에게 사랑과 기도로 집중할 수 있다. |
| 어떻게 | 전도는 옳은 말을 하는 것이다. | 사람들은 사랑의 행위와 말을 통하여 그리스도를 믿는다. | 우리는 필요를 채워줄 것이며 언행으로 그리스도의 사랑을 표현한다. |
| 언제 | 회심은 즉각적이다. | 그리스도께 나아오는 것은 일상의 과정이며, 그것은 시간이 걸리며, 메시지에 다양하게 노출되는 것이다. | 사람들과 함께 시간을 보내며, 그들이 복음을 들을 기회를 많이 제공한다. |
| 몇 사람 | 사람들은 단지 한 사람에 의해서 그리스도께 인도된다. | 불신자가 그리스도인들을 많이 알수록, 그만큼 빨리 신자가 될 것이다. | 할 수 있는 한, 우리는 여러 그리스도인들에게 불신자들을 소개한다. |

## (2) 몸 전도(Body Evangelism)

전통적인 교회가 주로 개인 전도에 의존하고 있는 반면 셀 교회의 전도는 셀이라고 하는 공동체를 통해 전도를 한다. 다시 말해 셀 모임에 불신자들을 초청하여 셀 모임에 임재하시는 주님을 체험케 함으로 그들 스스로 셀 모임에 참여하도록 하고 그 셀을 통해 그들이 자연스럽게 교회의 예배로 인도되고 등록하게 되는 과정이 셀 교회에서 말하는 '몸 전도' 이다.

## (3) 삶의 방식(Life Style)으로서의 전도

전통적인 교회는 전도 행사로서 일회적으로 끝나는 반면 셀 교회는 삶의 방식으로서의 전도를 말한다. 다시 말해 매일 살아가는 삶 속에서의 만남이 곧 전도라고 할 수 있다. 이러한 삶의 방식으로서의 전도를 실천하기 위해 성도들의 집에 종이를 붙여 놓고 일상적인 삶 속에서 만나는 사람들의 이름을 적도록 한다. 그들 뿐 아니라 그들과 관련되어 있는 2차적인 관계에 놓여 있는 사람들의 이름도 함께 적어 그들을 위해 기도하도록 한다. 개인적인 기도와 함께 셀 모임시에 셀이라는 공동체가 그들을 위해 기도하는 시간을 갖는다.

## (4) 추수 전도

셀 교회 전도는 개인적인 오이코스와 셀을 통한 전도와 더불어 추수 행사가 그 주요한 전도의 통로이다. 추수 행사는 오이코스를 통해 품어 왔던 사람들을 일정 기간의 특별 행사에 초청하는 것이다. 불신자들이 쉽게 다가올 수 있도록 행사를 준비하고 그것이 생명의 다리가 되어 셀 모임을 접할 수 있도록 하는 것이다.

## 2. 오이코스 전략

### (1) 오이코스(oikos)란?
오이코스는 가족, 친족을 의미한다.

### (2) 오이코스 전도 전략

> 어느 집(oikos)에 들어가든지 먼저 말하되 이 집(oikos)이 평안할지어다 하라 만일 평안을 받을 사람이 거기 있으면 너희의 평안이 그에게 머물 것이요 그렇지 않으면 너희에게로 돌아오리라(눅 10:5-6)

예수님은 제자들을 파송하시면서 오이코스로 복음을 전하는 오이코스 전도 전략을 가르치셨다.

> 주 예수를 믿으라 그리하면 너와 네 집(oikos)이 구원을 얻으리라(행 16:31)

오이코스 안의 한 사람에게 복음이 전파되면 그 복음은 오이코스 전체로 확산된다. 이것은 연쇄적으로 주님을 영접하는 현상(chain conversion)으로 가장 효과적인 전도 방법이다. 그러므로 우리는 오이코스로 침투해 들어가는 전도 전략을 수립해야 한다.
이 방법은 "열린" 유형과 "닫힌" 유형의 모든 사람에게 효과적이다.
한 사람이 한 오이코스에 침투해 들어가는 것보다 두세 사람이 오이코스에 침투해 들어가는 것이 효과적이다. 어떤 이는 이를 '낚시 전도'가 아닌 '그물 전도'라고도 한다. 여러 명이 오이코스에 침투해 들어가 여러 불신자들을 연쇄적으로 또는 한꺼번에 얻기 때문이다.

## 3. 불신자의 두 가지 유형

효과적인 전도를 위해서 우리는 전도 대상자인 불신자를 두 종류로 나누는 것이 바람직하다. 두 종류의 유형이 어떤 것이며 각각에 맞는 전도 전략이 무엇인지 살펴보자.

(1) 'A 유형' －열린 유형의 불신자: '우리와 같은' 사람들로 쉽게 전도할 수 있다.
   ① 행사나 집회에 참석한 적이 있고, 방문자 카드에 서명했기 때문에 그들에 대한 정보를 참고할 수 있다.
   ② 그들은 이미 하나님을 믿고, 성경을 인정하고, 예수님이 하나님의 아들이라는 사실을 믿으며, 성경에 나오는 사실(십자가에서 그리스도가 돌아가신 것과 같은)에 대해 어느 정도 알고 있다.
   ③ 그들은 어느 교회의 교인으로 등록되어 있을 수도 있지만 활동은 거의 하지 않는다. 아마 수년간 그래 왔을 것이다.
   ④ 그들은 무언가를 찾고 있으며 우리의 집회에도 무언가를 찾기 위해 왔다.
   ⑤ 그들은 아마 기독교 지식에 관한 '퍼즐 조각'을 완전히 맞추지 못했을 지도 모른다.
   ⑥ 그들과 나눌 수 있는 적합한 활동으로는 성경공부와 하나님의 구원 계획에 대한 설명이 있다.

   **이들은 직접 만나 전도한다.**

(2) 'B 유형' －닫힌 유형의 불신자: '숨어 있는' 사람들로 경작 작업이 필요하다.
   ① 교회에 거의 출석하지 않으며, 출석하고 싶은 마음도 없다.
   ② 하나님을 믿지 않고, 성경을 인정하지 않으며, 예수님이 하나님의 아들이라는 사실을 이해하지 못하고, 성경의 진리에 대해 거의 알지 못한다.
   ③ 교회에 등록되어 있지 않다.
   ④ 자신의 삶에 대한 주님의 목적을 알려고 하지 않으며, 교회 행사에 가고 싶은 마음도 없다.
   ⑤ 기독교 지식에 관한 '퍼즐 조각'을 전혀 맞추지 못한다.
   ⑥ 성경공부나 하나님의 구원계획에 대한 대화로 시작하는 것은 적절치 않다. 먼저 관계를 발전시킬 필요가 있다. 관계를 통해 우리의 삶 가운데 살아 계신 그리스도의 실재를 보여 준다.

   **이들은 전도 소그룹을 통해 전도한다.**

(3) 'A 유형' －열린 유형과 'B 유형' －닫힌 유형의 비교 분석
   열린 유형과 닫힌 유형을 도표로 나타내면 다음 페이지와 같다.

   열린 유형과 닫힌 유형의 가장 큰 구분은 메시지 자체에 열려 있는 그룹이 열린 유형이며 메시지에는 열려 있지 않으나 사람에게 열려 있든지, 사람에게도 열려 있지 않은 사람들이 닫힌 유형이다. 문제는 도표에서 보는 바와 같이 더욱 많은 사람들이 닫힌 유형이라는 데 있다. 그러므로 전통적인 복음 제시의 방법으로 구원할 수 있는 사람은 적을 수밖에 없다.

1장-3과 효과적인 전도 **89**

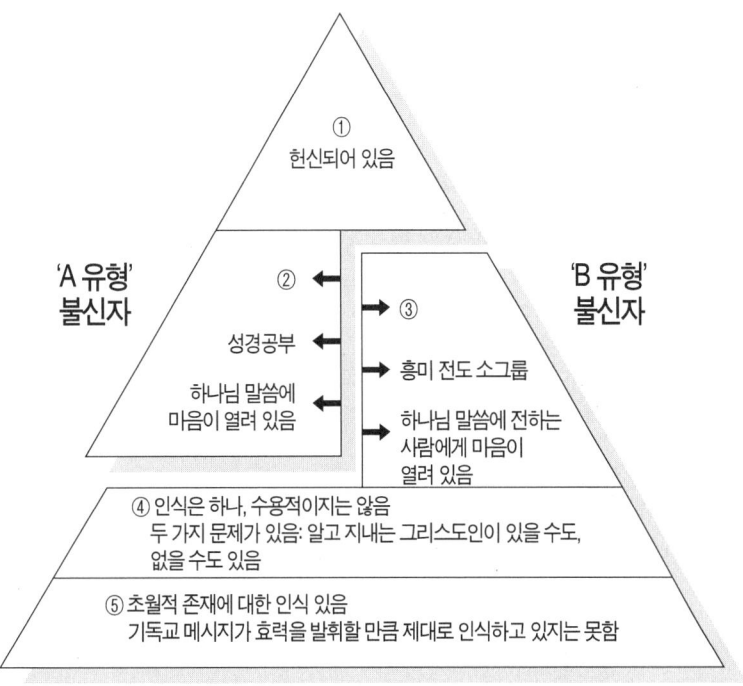

- **닫힌 유형(B유형)의 사람들에게 적합한 전도전략은 무엇일까 생각해 보자.**

_____

_____

닫힌 유형(B유형)의 사람들에게는 그들 문화와 그들 삶 속에 침투해서 그들의 필요를 채워 줌으로 그들과 친구가 되고(그리스도의 성육신과 백성들의 필요를 채우셨던 사역, 즉 치유사역이나 오병이어의 기적, 죽은 아이를 살리셨던 것들을 생각해 보라) 그들이 먼저 그리스도인의 풍요로운 삶을 보게 함으로 관심을 갖게 하고 점차 복음에 관심을 이동시킴으로 복음을 제시하고 받아들이게 할 수 있다.

닫힌 유형(B유형)의 사람들은 같은 언어와 문화권인 것 같지만 전혀 다른 언어적 의미와 문화 속에 살아간다고 해도 과언이 아니다. 그들에게는 선교사로서의 안목을 가지고 접근해야 한다. 이런 사명을 가지고 임하는 사람들을 모아 그룹으로 활동하게 하면 효과적이다.

**이러한 그룹을 전도 소그룹이라고 말한다.**

전도 소그룹이 '닫힌' 유형(B유형)의 사람들의 삶의 영역 안에 침투해 들어갈 때 특별히 그들 가족의 생활권으로 침투하는 것이 효과적이다.

## 4. 전도 소그룹

### (1) 전도 소그룹이란?
- 불신자들이 나눔과 기독교 진리를 경험할 수 있는 비공식적이고 편안한 모임이다.
- 결코 폐쇄적인 그룹이 아니고 항상 복음 전도를 통한 성장을 추구한다. 몸으로서의 삶, 즉 공동체로서의 삶은 그리스도의 사랑을 나누고 구원을 제시하는 방법으로 사용된다.

### (2) 전도 소그룹 생활 주기

① 기도하라
- 그리스도를 향해 갈급함을 갖도록
- 그리스도께 응답받지 못하게 하는 모든 장애물을 제거해 주도록
- 그들 삶의 처소에 하나님의 축복이 임하도록
- 예수님을 그들 삶에서 체험할 수 있도록
- 신자들끼리 기도하기

② 관계를 세우라

성경에는 친구, 직장 동료, 사랑하는 자에게 영향을 끼쳐 그리스도를 따르게 된 사람들의 실례가 많이 기록되어 있다. 루디아와 빌립보인 간수는 둘 다 가족을 그리스도께 인도했다(행 16:15, 16:31-33). 고넬료는 그의 부하와 가족을 데리고 와서 복음을 듣게 했다(행 10:1-2, 22-24). 마태는 그의 친구와 동료 세리들을 그리스도께 소개했다(마 9:10).

관계는 복음이 건너가서 생명을 맺게하는 다리(교량)이다.

성경에 기록된 원리는 오늘날에도 적용된다. 가장 눈에 띄는 전도자는 친구에게 나아가서 친구를 사랑하는 평범한 그리스도인이다.

관계는 복음이 전파되어 사람에게 닿는 다리(교량)이다.

③ 함께 추수하라

오늘날 대부분의 사람들은 고기잡이를 개인적인 활동으로 생각한다. 이것은 분명 예수님과 그의 고기잡이 친구들이 의도한 바는 아니다. 그들이 고기를 잡을 때, 그물은 팀별로 사용하였다. 그들의 고기잡이 작업은 다수의 사람들과 때로는 여러 척의 보트(배)가 동원되었다. 그리스도는 우리를 불러, 우리가 그분에게로 사람을 모을 때, 함께 사역하게 하셨다.

④ 함께 번식하라
- 준비하기(벧전 3:15)

- 간증 나누기(BEST)
  B-구원받기 전(Before)
  E-구원으로 인도한 사건들(Event)
  S-구원의 날(Salavation Day)
  T-오늘(Today): 지금 당신의 삶 속에 하나님의 행하신 일
- 초대하기
- 번식시키기

⑤ 전도 소그룹의 진행 방법
- 주중 언제든지 모인다. 각 그룹이 자체 일정표를 정한다.
- 매주 다른 목원(셀원)의 집에서 모이기 때문에 모든 구성원은 가끔씩 자신의 집에서 모임을 갖는다.
- 전도 소그룹은 대개 14주간 지속된다. 영적인 것에 전혀 관심이 없는 사람, 즉 닫힌 유형의 사람과 관계를 형성하고 그들의 오이코스 안에 있는 사람들을 만나는데 그 목적이 있기 때문에 10주가 적당하다.
- 주제는 연계성을 가지고 불신자들에게 발견되는 '죄의 고통'에 적용한다.
- 그룹 내 다른 사람의 도움과 사랑으로 문제를 해결할 수 있는 환경을 제공한다. 궁극적으로는 말씀을 근거로 해결책을 찾는다.
- 거절당하거나 정죄받지 않고 자신의 있는 모습 그대로 보일 수 있는 신뢰의 분위기를 제공한다. 점차적으로 그리스도인과 불신자 사이에 깊고도 지속적인 인간 관계가 형성된다.
- 내부 방문과 외부 초청을 통해 관계를 맺어간다. 내부 방문이란 목원(셀원)들이 불신자의 오이코스 안으로 방문해 들어가는 것이고 외부 초청은 오이코스 사람들이 셀그룹 활동을 방문하도록 초청할 때를 의미한다.
- 능력과 수확의 원천으로서 기도의 중요성을 상당히 강조한다.

# 5. 한소망교회 전도 모델

## (1) 좋은 동네, 좋은 모임(부제: 열린 목장 부흥회)
온전한 셀로서의 목장, 즉 잃어버린 영혼을 향한 전도의 요소와 영적인 은혜와 치유, 사랑을 경험하는 공동체의 요소가 세워지고 갖추어지도록 하기 위한 목장별 이벤트이다.

① 실행 방안
- 오이코스(태신자) 작정 카드를 작성한다.

- 목자(Cell Leader) 및 온 교회를 대상으로 온전한 셀 개념을 숙지시킨다.
- '열린 목장 부흥회'에 대한 홍보를 지속적으로 시행한다.
- 행사를 위한 매뉴얼을 준비하여 한 달 전에 목자(Cell Leader)를 통해 교육하고, 배포한다.
- 속교회별로 준비 사항을 확인하고 지원하며, 좋은 아이디어를 주위에 나누도록 한다.

② 실제

**가. 준비**

㉠ '열린 목장 부흥회' 일정과 장소를 결정한다(3월 11일까지).
- 날짜: 4월 22일(월)~4월 29일(주일) 중 택일
- 시간: 3회 실시(오전 11시, 오후 3시, 저녁 8시)
- 장소: 한 곳을 모두 사용하거나 가능하면 목원(셀원)들의 가정을 돌아가며 사용한다.

㉡ 목장에서 기도하는 오이코스(태신자) 명단을 작성해서 모일 때마다 기도하며 행사 시 모임 장소에 부착한다.

㉢ '개인별 직임 분류표'에 준비 및 행사 당일의 역할에 따라 직임을 분류하고, 기록하여 준비한다(3월 31일까지).

㉣ 나누어진 매뉴얼(3월 23일-목자(Cell Leader) 교육시 배포)에 준하여 목장별로 구체적인 준비 일정과 역할 점검을 하여 준비해 간다.
〈매뉴얼-행사명, 행사 목적, 준비 일정 및 준비물, 홍보 전략, 직임별 역할, 당일 행사 장소 세팅 모범, 진행 시나리오 모범, 사후 관리, 개인별 직임 분류표, 일정별 준비 상황표 등〉

㉤ 간증자는 간증문을 미리 써서 점검을 받고 준비한다.

㉥ 오이코스(태신자)와 계속해서 알리고, 교제하고, 만남의 노력을 계속해간다(전화, 권면, 식사, 문화 활동 등).

㉦ 행사 전, 주일까지 모든 상황을 점검하고 마무리한다.

㉧ 모임 진행자는 5W 내용을 숙지한다.

**나. 행사 당일**

㉠ 행사 전날 기본적인 장식을 마무리한 후, 당일에는 최종 장식 작업을 한다. 행사 시작 1시간 전에 모여 행사를 위해 기도 모임과 최종 점검을 가진 후 역할별로 마무리 준비를 한다.

㉡ 초청된 손님들이 들어올 때 반갑게 환영하며 인사를 나눈다.

㉢ 진행자가 5W 순서에 의거해 모임을 진행해 나간다.

㉣ 다과나 음식을 나누며 향후 모임에 대해 소개하는 내용을 카드나 자료를 나눈다. 다음 모임에 대해 약속한다.

㉤ 행사가 마무리된 후 간단한 평가회를 갖고 정리한다.

(2) 기타-행복동산(알파코스), 크리스마스 파티전도

## 토의

- 전통적인 전도 방법에 대해 나누어 보자.

  _____
  _____
  _____

- 셀 전도 방법에 대해 나누어 보자.

  _____
  _____
  _____

- 자신이 속한 셀의 전도 방법 중 고쳐야 될 부분과 새롭게 적용할 부분에 대해서 구체적으로 적어 보자.

  _____
  _____
  _____
  _____

# 4과 상호 책임과 새가족 양육

> 형제들아 사람이 만일 무슨 범죄한 일이 드러나거든 신령한 너희는 온유한 심령으로 그러한 자를 바로잡고 네 자신을 돌아보아 너도 시험을 받을까 두려워하라 너희가 짐을 서로 지라 그리하여 그리스도의 법을 성취하라(갈 6:1-2)

추운 겨울날, 한 알코올 중독자가 당신의 집 대문 앞에 쓰러져 당신의 도움을 필요로 하고 있다면 당신은 어떤 반응을 보이겠는가?( )
① 모른 체한다.
② 다른 집 대문 앞에다 옮겨 놓는다.
③ 집에 있는 두꺼운 옷을 가져다 덮어준다
④ 경찰에 연락하여 데리고 가게 한다.
⑤ 집 안으로 데리고 와 돌봐 준다.
⑥ 사람에 따라 다르다.

위의 성경구절은 그리스도의 사랑의 법을 성취하기 위해 3가지를 요구하고 있다. 그것은 무엇 무엇인가?
① <u>온유함으로 바로 잡아라.</u>
② <u>너도 그렇게 될 수 있음을 인정하라.</u>
③ <u>서로 짐을 지라.</u>

## 본 과의 목표

1. 셀에서 어떻게 상호 책임지며, 새가족을 양육할 것인지를 알게 된다.
2. 셀의 지체들이 한 가족임을 깨닫게 된다.
3. 셀의 지체들이 서로를 세우고, 양육하는 후원자로 결단 한다.

# 1. 상호 책임

### (1) 하나님 가족의 새로운 책임

이 세상에는 어려운 사람들이 많이 있다. 가난한 사람, 청각, 시각 그 밖의 여러 가지 장애를 가진 사람들이 살고 있다. 자기 혼자 살아갈 수 없는 사람들, 그런데도 그들은 그들을 돌봐 줄 가족도 없이 힘겹게 살아가고 있다. 그들은 우리가 살고 있는 이 사회로부터 잊혀지고 있다. 그런데 하나님은 왜 이런 일들이 일어나도록 방치하고 계실까?

하나님은 이 땅에 가난과 질병과 장애와 어려움과 더불어 주시는 것이 있는데 그것은 사랑이라는 선물이다. 사랑은 서로에 대한 책임이다.

성경은 같은 목원(셀원)들을 하나님의 가족이라고 부른다. 서로를 향해 '형제님', '자매님'으로 부르도록 한 몸 공동체로 삼아 주셨다. 하나님의 가족들에게는 새로운 책임이 따르는데 그것이 서로를 책임지는 상호 책임이다.

① 가족 사랑에 대한 상호 책임

창세기 4장 9절에서 가인은 그의 아우를 죽였다. 하나님이 그의 형제가 어디 있느냐고 물으셨을 때, 그는 "내가 내 아우를 지키는 자니이까"라고 대답했다. 가인은 아우에 대한 질투로 인해 인간으로서는 도무지 해서는 안 될 살인을 저지르고 말았다. 가인의 근본 문제는 가족 사랑에 대한 책임을 잃어버린 것이다.

② 죄에 대한 상호 책임

간음한 여인을 하나님의 백성이라 자부하는 많은 자들이 돌로 치길 원했다. 그러나 예수님은 그들에게 요구하시는 것이 달랐다. 예수님은 그들이 간음한 여인을 정죄의 대상으로 볼 것이 아니라 용서하고 바로 잡아 줄 책임이 있는 하나님의 가족으로 볼 것을 요구하셨다. 하나님의 가족은 죄를 정죄하는 것이 아니라 서로 하나가 되어 책임지고 세워 주어 죄와 싸워 승리할 수 있도록 도와주는 것이다.

③ 가치관에 대한 상호 책임

아나니아와 삽비라는 그들의 재산을 드렸음에도 불구하고 '성령께 거짓말을 하였다' 하여 그 자리에서 죽었다. 그들의 가치관은 서로 책임지는 하나님의 가치관이 아니라 그들의 재산을 내어놓으면 '많은 사람들로부터 존경과 인정을 받겠거니' 하는 인본주의적인 가치관을 가지고 있었다. 셀에서는 이런 인본주의적 가치관이 아니라 하나님 나라의 가치관을 소유하도록 서로 책임져야 한다.

## (2) 어떻게 서로 책임져야 하는가?

```
┌─────────────────────┐
│    주인 = 하나님      │   모든 것은 주인에게서 나온다.
└─────────────────────┘
           ▼
┌─────────────────────┐
│ 오이코노모스(청지기)   │   청지기는 주인에게서 나온 자원을 나눠 준다.
└─────────────────────┘
           ▼
┌─────────────────────┐
│         종          │   종들의 필요가 채워진다.
└─────────────────────┘
```

모든 하나님의 자녀는 하나님의 종된 삶을 살아야 한다. 하나님의 아들이신 예수님도 그의 삶의 전부를 종의 자리에서 우리를 섬기셨다. "인자의 온 것은 섬김을 받으려 함이 아니라 도리어 섬기려 하고 자기 목숨을 많은 사람의 대속물로 주려 함이라(막10:45)" 예수님은 자신의 모든 것으로 하나님과 사람들을 섬기셨다. 목숨까지도 아끼지 않으셨을뿐 아니라 그의 은사도 사용하셨다. 물로 포도주를 만드심, 병 고치심, 축사, 오병이어 등. 주님은 하늘의 공급원을 마음 놓고 활용하시며 우리를 책임지셨다. 우리의 모든 것은 타인을 섬기라고 하나님이 주신 것이다. 청지기는 주인으로부터 모든 자원을 공급받아 주인과 다른 지체의 필요를 채워 주어야 한다.

① 물질의 은사와 수고의 은사로 섬겨야 한다.
   초대 교회는 모두가 한마음, 한뜻이 되어 모든 물건을 서로 통용하고 자기 재물을 조금이라도 자기 것이라고 하는 이가 없을 정도로 물질로 서로 섬겼다. 바나바는 밭을 팔고 마가의 집을 내놓았다.
   초대 교회는 서로를 위해 수고를 아끼지 않았다. 도르가는 밤을 새며 옷을 만들어 많은 사람들을 입혔다.

② 영적 은사로 섬겨야 한다.
   베드로전서 4장 10절은 "각각 은사를 받은 대로 하나님의 각양 은혜를 맡은 선한 청지기같이 서로 봉사하라"고 말한다. 베드로가 말하는 '은사' 란 성령님이 주시는 영적 재능을 말한다. 식량이나 옷이나 신발이나 돈 등을 주는 것보다 훨씬 더 많은 것들이 포함되어 있다. 우리를 통해서 흘러 나가는 하나님의 초자연적인 역사가 그것이다. 우리 교회 셀에서는 실제로 서로 가지고 있는 영적인 은사로 서로를 섬기고 있다. 디스크가 고침을 받고, 물집 잡힌 손이 깨끗해지고, 굽은 뼈가 펴지고, 사용할 수 없었던 손들이 고침을 받고 있다.

중국 속담에 다음과 같은 이야기가 있다.

> 아름다운 정원에 많은 화초들과 큰 대나무 하나가 있었다. 그 대나무는 키가 크다는 자긍심이 대단했다. 어느 날 정원 주인이 "대나무야, 이제 너를 써야겠다."고 대나무에게 말했다. 그러자 대나무는 자랑스럽게 "예 주인님, 알고 있어요. 그래서 저는 주인님이 시키지 않아도 제 큰 키를 이용해 많은 손님들에게 손을 흔들어 주지 않습니까?" "아니, 네가 오해를 했구나 다른 화초들이 물이 없어 죽어가고 있단다. 그래서 속이 비고 키가 큰 네가 저 냇물에서 물을 끌어와서 정원의 다른 화초들을 살려야겠다."
>
> – 랄프 네이버, 「새로운 삶의 3권 실천」

당신은 이 대나무처럼 쓰여질 준비가 되었는가? 하나님은 당신을 필요로 하고 계신다. 하나님이 우리에게 남들이 없는 물질이나, 은사를 주신 것은 그들을 섬기라고 주신 것이다. 섬김은 천국의 기쁨이 있다. 섬김이 있는 셀 모임은 그 자체로 천국인 것이다. 세상에 없는 기쁨이 있기에 초대 교회 성도들은 단 한번 셀 모임에 참석하고서도 기꺼이 목숨을 내놓을 수 있었다.

## 2. 새가족 양육

모든 아기는 부모가 있다. 그들에게는 또 여러 친척들이 있다. 만약 아기들이 그들을 먹이고 보살펴 줄 아버지와 어머니가 없다면 어떻게 될까? 셀 모임에서도 영적 아비와 어미 그리고 친척과 같은 청년이 있어 영적 아이인 새가족을 돕고 양육한다.

> 오직 사랑 안에서 참된 것을 하여 범사에 그에게까지 자랄지라 그는 머리니 곧 그리스도라 (엡 4:15)
>
> 그에게서 온 몸이 각 마디를 통하여 도움을 입음으로 연락하고 상합하여 각 지체의 분량대로 역사하여 그 몸을 자라게 하며 사랑 안에서 스스로 세우느니라 (엡 4:16)

다음 여백에 위의 성경구절을 그림으로 그려 보라.

(엡 4:15)

(엡 4:16)

- 새가족은 어디까지 신앙이 성장되어야 하는가?
- 주님과 성도가 서로 연락하고 상합하게 하는 중간 다리 역할을 하는 것은?
- 새가족을 세우는 데는 몇 명 정도의 후원자가 필요한가?

### (1) 목원(셀원)의 상호 책임이 새가족을 정착시킨다

① 세 명 이상의 목원(셀원)이 새가족을 방문하거나 전화를 하도록 한다.
② 목원(셀원)들이 새가족에게 다음 번 모임에 참석하도록 개인적으로 초청하고 격려한다.
③ 새가족은 목원(셀원)들과 아직 친숙하지 않아 소외감을 느낄 수 있다. 따라서 목원(셀원)들은 그들이 셀 모임에서 편안함을 느끼도록 최선의 노력을 기울여야 한다.

### (2) 새가족(피후원자)은 후원자를 통해 정착되고 양육된다

바울의 후원자는 바나바였다. 바울은 디모데의 후원자였다. 바울은 바나바를 따라 안디옥교회에 등록하고 나중에는 바나바와 함께 선교 여행을 떠난다. 바울은 바나바에 의해 양육되고 바울은 디모데를 양육한다. 바울과 디모데처럼 피후원자는 후원자와 평생 관계를 맺게 된다. 그들은 견고한 진을 함께 파하는 동역자가 되고 또한 다른 지체를 양육하는 후원자가 된다.

한 십대 소녀가 셀 교회로 인도되었다. 그녀의 후원자는 그녀에게 제2의 어머니가 되어 주었고 그들은 서로 깊은 문제까지 나누는 사이가 되었다. 세월이 지난 뒤, 그녀는 대학에 입학을 했고 그 교회와 멀리 떨어진 곳에서 살게 되었다. 가까운 교회를 다녔지만 전에 다니던 셀 교회에서 느꼈던 사랑을 경험할 수 없어 그만 교회를 떠나게 되었고 기도 생활마저 중단하고 말았다. 그러던 중, 어느 유부남의 유혹에 넘어가 불륜 관계를 맺게 되었고, 그녀의 삶은 황폐해져갔다. 오랜 고민 끝에 예전의 후원자에게 전화를 걸어 자기의 형편을 고백하였다. "도와주세요. 며칠 함께 지내면서 정리를 좀 하고 싶어요. 부모님도 계시지만 그분들을 볼 면목이 없어요." 사흘을 후원자와 함께 보낸 후 그녀는 하염없이 울었다. 다시 주님 손에 자신의 삶을 맡기며 새로 태어났다.

이처럼 후원자와 피후원자는 그 누구도 나눌 수 없는 삶을 나누는 관계이어야 한다. 후원자는 피후원자를 가르치는 것보다 관계 증진에 초점을 두어야 한다.

① 후원자는 새가족의 집을 방문한다. 그리고 그의 가족들과도 교제한다.
② 새가족과 전화하고 또 함께 식사를 하는 등, 일대일로 교제 시간을 자주 갖는다.
③ 축제 예배(celebration)나 회중 예배(congregation)시에 함께 앉는다.
④ 소풍, 테니스, 쇼핑, 스포츠 등 즐거운 시간을 함께 한다.
⑤ 문자 메시지나 이메일을 보내 격려한다.
⑥ 그(그녀)의 기도 제목을 놓고 기도 시간을 갖는다.

셀에서 후원자는 바이블 스터디(Bible Study)가 아닌 바디 스터디(Body Study)를 통해 피후원자에게 모범을 보인다. 후원자는 몇 주 혹은 더 오랜 기간 동안 앞서 훈련된 사람이다. 후원자는 영적 여행 곧 야구장 커리큘럼(23쪽 참조)의 첫 발을 내디딘 새가족을 돕는 책임을 지닌다. 커리큘럼에 첫발을 내디딘 새가족을 "새로 믿는 자들의 역할" 및 "다른 갖추어야 할 요소"를 훈련받도록 이끈다. 후원자는 피후원자를 위해 한 주에 한 시간을 낼 필요가 있다.

### (3) 후원자는 아비의 심정을 가져야 한다
① 피후원자의 말을 **잘 경청한다**.
② 피후원자를 위해 **중보기도 드린다**.
③ 피후원자에게 **본을 보인다**.
④ 피후원자를 **가르친다**.
⑤ 피후원자의 **양육을 조정해 준다**.
⑥ 후원자는 피후원자를 **다른 그리스도인들과 함께 어울리게 한다**.

### (4) 후원자는 새가족의 상처를 치료한다

> 서로 돌아보아 사랑과 선행을 격려하며 모이기를 폐하는 어떤 사람들의 습관과 같이 하지 말고 오직 권하여 그날이 가까움을 볼수록 더욱 그리하자(히 10:24-25)

① 격려
　초대 교회의 셀 모임을 가리키는 이 구절은 그들이 모였던 이유를 알려준다. 그들의 모임은 상호 책임을 위한 것이었지 가르치기 위한 것은 아니었다. 그들은 서로 "격려"했다. 오늘날 가장 큰 그리스도인들의 병은 아마도 서로 마음을 나누고 교통하는 일을 하지 않는다는 것이다. 셀 모임은 이러한 나눔과 격려를 한껏 할 수 있는 환경을 만들어 준다.

"사랑과 선행을 격려하며" — 서로를 격려하는 일은 세 단계가 있다.
- 서로에 대한 사랑을 증폭시킨다.
  참 사랑은 행사가 아니라 하나의 과정이다. 사랑이 깊어지기 위해서는 계속적으로 모임을 갖는 것이 중요하다.
- 모일 때마다 목원(셀원)들의 "선행"이 많아져야 한다.
- 서로를 권한다.

종말의 시대가 다가옴에 따라 인생의 위기의 때에 자기 말을 들어주고, 사랑해 주며, 함께 있어 줄 사람들이 더욱 소중해진다. 이 말은 셀 모임의 중요성을 더욱 강조시켜 준다.

② 서로 세워 줌

셀은 영적 성장을 꾀하기에 아주 좋은 환경이다. 이곳은 그리스도인들이 강한 유대 관계를 맺고 서로를 책임져 주는 곳이다. 이곳에서 사람들은 서로의 이야기를 들어주고, 기도로 세워 주며, 조언해 주기도 한다. 그러나 한 몸으로서의 삶을 경험하기 위해서는 목원(셀원)들이 다음과 같은 태도를 지녀야 한다. "주여, 제가 다른 사람들을 축복하는데 필요한 자원들을 주십시오."

③ 권면

후원자는 피후원자를 '교정' 시키려는 자세보다는 그(그녀)를 '격려' 하는 자세를 지녀야 한다. "8:2 원리"를 사용하라. 즉 피후원자가 잘한 점 8가지를 칭찬하고 고쳐야 할 점은 2가지를 말하라는 원리이다. 자신감과 확신을 심어주는 것이 중요하다. 만일 어떤 상황을 어떻게 하면 더 잘 다룰 수 있을까 라는 방법을 말해 주고 싶다면, 먼저 피후원자의 생각을 물어 보라. 그리고 피후원자가 상황을 어떻게 이해하고 있는지를 안 다음, 당신의 생각을 말해 주어 더 잘 해결할 수 있는 방법을 함께 모색하도록 한다.

④ 모범

예수님은 하나님 나라에서 어떻게 살아야 하는지를 보여 줄 본보기가 되는데 많은 시간을 할애하셨다. 기도로 지샌 밤들, 그들과 함께 했던 여행들, 하나님의 능력을 제자들에게 보여 주었던 방식들, 이 모든 것은 강의를 통해서는 전달될 수 없다. 행동을 통한 시청각 교육은 말로만 가르치는 교육보다 훨씬 더 큰 영향을 준다. 후원자는 피후원자와 함께 보내는 시간의 중요성을 알고 있어야 한다.

우리들 각자는 하나님 나라에 있는 형제 자매를 위해 하나님의 대행자가 될 수 있다. 사울은 아나니아가 필요했다. 하나님은 아나니아를 사울에게 보냈다. 빌립을 내시에게 보냈고, 베드로를 고넬료에게 보냈다. 그것이 하나님이 일하시는 방법 중 하나이다. 하나님은 한 사람을 통해 다른 사람들의 요구를 충족시키길 원하신다.

# 토의

- 목원(셀원)들은 모두 하나님의 가족이다. 따라서 서로에 대해 상호 책임을 져야 한다. 둘씩 짝지어 다음 표를 작성하고 함께 나누어 보자.

|  | 떠오르는 목원(셀원) | 그 사람에게 내가 어떤 도움을 줄 수 있을까? |
|---|---|---|
| 1. 가족 사랑에 대한 책임 |  |  |
| 2. 죄에 대한 책임 |  |  |
| 3. 가치관에 대한 책임 |  |  |

- 둘씩 기도 제목을 나누고, 상대방을 격려하는 말을 해 준 다음 서로를 위해 기도한다.

# 2장 5W
# 1과 얼음깨기와 불지피기

> **장난감**
> "아빠는 세상을 무슨 재미로 살아?"
> "음…보고 싶은 사람 가끔씩 만날 수 있고, 가고 싶은 곳 갈 수 있고, 또 먹고 싶은 것 먹을 수 있고, 하고 싶은 것을 할 수 있는 재미로 살지!"
> "그럼, 그런 것들을 할 수 없을 때는?"
> "스스로 만들도록 노력하는 것도 중요하지! 그런데 너는 무슨 재미로 사니?"
> "장난감 가지고 노는 재미?"
> "어떤 장난감?"
> "말 같잖은 질문을 해도 꼬박 꼬박 대답해 주는 장난감!"
> "……"

 셀 모임 시작시 재미있는 유머는 사람들을 웃게 만들어 마음 문을 열게 하고 훨씬 친밀감을 갖게 한다. 셀 모임에서 이와 같은 역할을 하는 것이 얼음깨기(Ice Breaker)와 불지피기(Warmer)이다.

## 본 과의 목표

1. 얼음깨기와 불지피기가 무엇이며 각각 어떻게 사용되는지 알게 된다.
2. 얼음깨기와 불지피기가 주는 유익함을 느끼게 된다.
3. 얼음깨기와 불지피기 시간의 인도 요령과 주의 사항을 알고 적용하게 된다.

# 1. 얼음깨기(Ice breaker)와 불지피기(Warmer)

## (1) 얼음깨기와 불지피기란?

어색하고 썰렁한 분위기를 재미있고 따뜻한 분위기로 바꾸기 위해 실시하는 셀 모임 첫번째 단계(Welcome)로 인도자가 준비한 게임이나 질문, 그리고 활동을 의미한다.

## (2) 얼음깨기와 불지피기의 3대 목적

- 분산되어 있던 사람들의 마음을 공통된 관심으로 모은다.
- 게임을 하면서 목원(셀원)들에게 유대감, 친밀감을 준다(얼음깨기).
- 피상적인 관계에서 더 깊은 관계로 서로의 관계를 증진시킨다(불지피기).

## (3) 얼음깨기와 불지피기의 구분

보통 셀 모임의 5W 중 환영하기(Welcome)는 얼음깨기(Icebreaker)로 통칭하는데, 특별히 불지피기(Warmer)와 구별하는 데는 이유가 있다.

얼음깨기는 새로운 사람들끼리 어색하고 썰렁한 분위기를 기쁘고 즐거운 분위기로 만들기 위한 것이고, 불지피기는 어느 정도 서로에 대해 친분이 있는 사람들이 서로를 더 깊이 알게 하거나 일주일 간 헤어져 있다가 다시 모일 때 분위기를 따뜻하게 만들기 위한 것이다.

이를 구분하는 것은 어떤 것을 사용하는 것이 모임에 좋을 것인가를 결정하는데 도움이 되기 때문이다.

|  | 셀의 생명 주기에 따른 시기 | 목적 | 소구분 | 예시 |
|---|---|---|---|---|
| 얼음깨기 | 초기와 중기 | 썰렁함 깨기, 즐거운 분위기 | 첫 모임시 서로에 대해 알기 | 퀘이커 교도들의 질문, 돌아가며 앞에 있는 사람들에 대해 형용사와 이름 외우기 |
|  |  |  | 구성원들이 모두 참여하는 게임 | 인간 빙고, 알까기 제왕 뽑기, 돌아가며 유리잔에 물 채우기, 이쑤시개를 작은 컵에 던져 넣기 |
| 불지피기 | 중기와 말기 | 따뜻한 분위기 조성 | 과거에… | 당신의 인생에서 가장 행복했던 순간은 언제였는가?, 첫 데이트에 대해 말하기, 인생에서 가장 후회하는 일은? |
|  |  |  | 현재에… | 여가 시간에 내가 제일 좋아 하는 일은?, 하루 중 가장 바쁜 시간은? |
|  |  |  | 만약에… | 실패할 가능성이 없다면 무엇을 하고 싶은가?, 인생을 다시 살 수 있다면 무엇을 바꾸겠는가? |
|  |  |  | 설교 내용에 대한 창조적 도입을 위한 도구들 | 설교 내용에 해당하는 핵심 주제나 단어에 대한 자신의 생각 나누기 |

셀의 생명주기에서 중기나 말기라고 해도 얼음깨기(Icebreaker)를 사용하거나 반대로 초기나 중기에 불지피기(Warmer)를 사용하는 것이 효과적일 수도 있다. 이에 대한 판단은 셀 목자(Cell Leader)가 셀의 분위기에 따라 결정한다.

### (4) 예시 모음
① 첫 모임시 서로에 대해 알기

#### ㉠ 퀘이커 교도들의 4가지 질문
퀘이커(성령이 임할 때 몸을 떨었다는 데서 유래) 교도들은 4가지 질문을 통해 서로를 깊이 이해했다.

- 7살부터 12살까지 당신은 어디에서 살았으며, 형제는 몇 명이었습니까?
- 집에서는 어떤 종류의 교통 수단을 이용했습니까?
- 당신이 가장 가깝게 여기는 사람은 누구였습니까?
- 하나님께서 당신에게 의미있는 존재가 된 것은 언제였습니까?

#### ㉡ 돌아가며 앞에 있는 사람 형용사와 이름 외우기
한 사람이 자신을 설명할 수 있는 형용사와 자신의 이름을 댄다(예: 멋있는 *욱입니다).
다음 사람은 앞 사람의 형용사와 이름을 댄 후 자신의 형용사와 이름을 댄다
(예: 멋있는 *욱 옆에 있는 상큼한 혜*입니다).
그 다음 사람은 앞에 있는 두 사람의 형용사와 이름을 댄 후 자신의 형용사와 이름을 댄다
(예: 멋있는 *욱 옆에 상큼한 혜* 옆에 있는 엉뚱한 경*입니다).
그 다음 사람은 앞에 사람들의 형용사와 이름 다음에 '옆에'를 계속하고 마지막에 자신의 형용사와 이름을 대면 된다
(예: 멋있는 *욱 옆에 상큼한 혜* 옆에 엉뚱한 경* 옆에 있는 우아한 백* 입니다).

마지막 사람까지 가면 매우 재미있는 표현들이 많이 나와 즐거운 분위기가 조성되며 자연스럽게 모두의 이름을 알게 된다.

② 구성원들 모두가 참여하는 게임들
  ㉠ **인간빙고**

| 안경을 썼다. | 호주에 간 적이 있다. | 애완용 개가 있다. | 샤워할 때 노래를 부른다. |
|---|---|---|---|
| 생일이 겨울 (12, 1, 2월)이다. | 보이지 않는 곳에 점이 있다. | 핸드폰이 있다 | 신발 사이즈가 250이하이다. |
| 성이 박씨다. | 잠잘 때 코를 곤다. | 인터넷 검색을 즐긴다. | 아이스크림을 좋아한다. |
| 교회에 다닌 지 10년이 넘었다. | 아이가 3이상이다. (셋 포함) | 가장 좋아하는 색깔은 분홍색이다. | 집에서는 몸빼가 편해서 즐겨 입는다. |

(표 1)

준비물: 빙고판을 그린 종이(각 목원(셀원) 수만큼), 펜(목원(셀원) 수만큼), 선물
- (표 1)과 같은 내용으로 각각의 위치를 바꾸어 써 놓은 종이를 한(두) 사람에 하나씩 가지고 빙고 게임을 한다. 한 사람씩 돌아가며 자신에 해당하는 이야기를 하고 표를 한다. 다른 사람들도 자신에 해당하는 내용은 표를 한다. 가로나 세로 또는 대각선으로 4개의 표가 나열되면 그 사람은 빙고를 외친다. 빙고를 외친 사람에게 준비한 조그마한 선물(예: 부부가 볼 수 있는 영화표, 음악회 티켓, 외식권, 무박 기차여행 티켓 등)을 준다.

㉡ **알까기 제왕 뽑기**
준비물: 바둑판 2개, 바둑알(흰색 10개, 검은색 10개), 토너먼트를 그릴 종이와 펜, 선물
- 바둑판 위에 다섯 개의 바둑알을 놓고 자신의 바둑알을 튕겨서 상대방의 바둑알을 맞춰 바둑판 밖으로 밀어낸다. 다섯 번 돌아가며 튕겨서 많이 남는 쪽이 이긴다. 이것을 토너먼트식으로 쳐서 제왕을 뽑는다. 제왕이 된 사람에게 작은 선물을 주든지 또는 특별한 초대를 해도 좋다.

㉢ **돌아가며 유리잔에 물 채우기**
준비물: 유리잔, 주전자, 수건
- 한 사람이 유리잔에 물을 채워 넣은 후, 다음 사람에게 넘긴다. 다음 사람은 자기가 원하는 것만큼 물을 채워 넣은 후 그 다음 사람에게 넘긴다. 나중에는 한 방울을 더 넣으면 넘칠 것 같은데 물의 표면장력 때문에 쉽게 넘치지 않는다. 스릴이 넘치는 게임이다.

㉣ **이쑤시개를 작은 컵에 던져 넣기**
준비물: 이쑤시개 또는 면봉 10개, 작은 컵
- 이쑤시개를 적당한 거리로 떨어져 있는 컵에 던져 많이 넣는 사람이 이기는 게임이다.

③ 과거에…

> 7살 때 살던 집에 대해서 말해 보라.
> 자신이 좋아했던 선생님은?
> 인생에서 가장 행복했던 순간은 언제였는가?
> 첫 데이트에 대해 말해 보라.
> 가장 후회하는 일은 무엇인가?
> 가장 자랑스러운 일은 무엇인가?
> 내가 받은 가장 큰 상은?
> 가장 친한 친구에 대해 이야기한다면?
> 가장 힘들었던 일은?
> 가장 크게 실망했던 일은?
> 결코 잊지 못할 선물은?
> 다녔던 여행 중 가장 기억에 남는 여행은?

④ 현재에…

> 여가 시간에 하는 일 중 내가 제일 좋아하는 일은?
> 하루 중 가장 바쁜 시간은? 일주일 중 가장 바쁜 요일은?
> 당신의 장점 한 가지와 단점 한 가지를 말해 보라.
> 당신의 집에서 가장 많은 시간을 보내는 장소는?(침대 제외)
> 집이나 집 뜰에서 당신이 가장 좋아하는 곳은 어디인가?
> 사람들은 나의 이 점을 알면 놀랄 것이다.
> 날씨를 표현하는 용어를 사용하여 당신의 지난 일주일을 표현해 보라(폭풍우, 맑음, 조금 흐림, 안개 등등).

⑤ 만약에…

> 무인도에 가서 살아야 하는데 한 가지 물건만 가지고 갈 수 있다면 무엇을 가지고 가겠는가?
> 대통령과 함께 할 시간이 주어진다면 그에게 어떤 조언을 하겠는가?
> 소매치기 현장을 당신이 보았다면 어떻게 할 것인가?
> 누군가 물에 빠져 있다면?
> 당신에게 5억이 주어진다면?

> 당신이 길을 가고 있는데 당신 앞에 담과 같은 큰 장애물이 나타난다면 어떻게 하겠는가?
> 실패할 가능성이 없다면 무엇을 하고 싶은가?
> 모든 아이의 양육비가 지원되고 고통없이 아이를 낳을 수 있다면 당신은 몇 명의 아이를 낳을 것인가? 그 이유를 말해 보라.
> 세계 어디든 여행할 수 있는 티켓이 있다면 당신은 어디를 가고 싶은가?

## 2. 인도 요령과 주의 사항

### (1) 인도 요령

① 목원(셀원)들이 편안한 느낌을 가질 수 있도록 도와주면 그들은 자연스럽게 마음을 열고 참여하게 된다.
② 리더는 개인별로 얼마만큼의 시간을 소요하면 되는 지를 언급해 주어야 한다. 예를 들면 "각자가 자기의 생각을 말할 수 있는 시간은 3분입니다"라고 미리 알려 주어야 정해진 시간에 모든 사람이 참여하게 된다. 한 사람의 이야기가 끝날 때 화자는 끝난다는 표시로 "토스(toss)"는 말을 언급할 수 있다.
③ 이야기를 하고 싶지 않은 사람은 억지로 시키지 말되 모든 사람이 이야기를 하도록 권장하라.
④ 리더는 때로 먼저 자신의 이야기를 솔직하게 나눔으로 다른 사람이 마음을 쉽게 열도록 도와줄 수 있다. 가장 먼저 이야기하는 사람은 다음 사람을 고려하여 너무 많은 내용이나 너무 적은 내용을 이야기하지 않도록 조심해야 한다. 리더가 아닌 적극적 참여자에게 처음 이야기를 시도하도록 할 때에도 말을 적당히 하는 사람을 시키는 것이 좋다.
⑤ 얼음깨기와 불지피기에 필요한 도구는 미리 준비하여, 모임 때 허둥대는 모습을 보여 주지 말아야 사람들도 불안해하지 않는다.
⑥ 모임 초기에 실시한 불지피기를 모임이 끝나는 단계에 다시 한 번 실시하는 것도 좋은 방법이다. 그러면 셀 모임을 통해 구성원들의 관계와 서로에 대한 마음이 어떻게 변화되었는지 확인할 수 있다.
⑦ 교재에 주어진 얼음깨기와 불지피기가 자신의 셀에 적합하지 않다고 판단되면, 리더는 이를 창조적으로 바꿀 수 있어야 한다.

리더는 주어진 얼음깨기와 불지피기를 답습하는 차원에서 인도하지 말고 어떻게 하면 더 재미있고 즐거우며 편안하게 인도할 수 있을까 매 모임 전에 연구해야 한다. 첫 단추를 잘 꿰면 다음 단추는 꿰기가 쉽다.

### (2) 주의 사항

① 얼음깨기와 불지피기는 단순한 게임이라고 생각해서는 안 된다. 게임일지라도 목적이 있는 게임임을 명심하자. 되도록 말씀 나누기(word)와의 연계성을 항상 염두해 두고 얼음깨기를 선정해야 한다.

② 모든 목원(셀원)이 참여할 수 있는 것을 선정해야 한다. 스스로 참여를 꺼리는 사람을 강요해서도 안 되지만 처음부터 소외되도록 선정하는 것도 큰 잘못이다.
  (예: 자녀가 없는 사람이 있는데, 자녀에 대해 이야기를 나누거나 결혼하지 않은 사람이 있는데, 결혼 생활에 대해서 나누는 것, 또는 대학을 나오지 않은 사람이 있는데, 대학 생활에 대해 나누는 것 등)

③ 얼음깨기와 불지피기에 너무 많은 것을 기대하지 말아야 한다. 얼음깨기와 불지피기는 그 다음 단계로 나아가기 위한 한 과정이다. 그러므로 얼음깨기와 불지피기에 많은 시간을 소모함으로 다음 과정들이 피해를 입지 않도록 해야 한다.

④ 반대로 얼음깨기와 불지피기가 시간을 낭비하는 것으로 여기고 대충하고 다음 단계로 넘어가려 해서도 안 된다. 오랫동안 함께 셀 모임을 했어도 서로에 대해 잘 알지 못하는 부분이 있다. 얼음깨기와 불지피기는 서로에 대해 잘 알게 하고 여러날 동안 보지 않았던 목원(셀원)들의 삶 속으로 깊숙히 들어가는 첫번째 관문이다.

## 실습

1. **얼음깨기**: 2명씩 마주보고 웃지 않는다. 먼저 웃는 사람이 지는 사람이다.

2. **불지피기**: 2명씩 짝을 지어 이번 셀 리더십 세미나를 통해 얻은 은혜와 기대하는 바에 대해 서로 나눈다.

# 2과 예배의 감동으로 나아가기

> 아버지께 참으로 예배하는 자들은 신령과 진정으로 예배할 때가 오나니 곧 이때라 아버지께서는 이렇게 자기에게 예배하는 자들을 찾으시느니라 하나님은 영이시니 예배하는 자가 신령과 진정으로 예배할지니라(요 4:23-24)

하나님은 예배자를 찾고 계신다. 훌륭한 예배 프로그램이나 적절한 예배 환경을 찾으시는 것이 아니라 예배하는 인격을 찾고 계신다. 하나님의 임재에 반응하고 하나님과 교제하며 그 반응과 사귐의 연장으로서 삶을 살아가는 사람을 찾고 계시는 것이다. 하나님은 바로 그런 사람을 통해 그분의 영광을 드러내기를 기뻐하신다. 그리고 그에게 온 세상에 대한 그분의 계획을 알리시고, 그를 통해 이 세상에 하나님 나라를 세워 가신다.

우리가 회중 모임과 셀 모임으로 모이는 가장 중요한 이유는 바로 예배자로서 예배하기 위해 주님 앞에 나아가기 위함이다. 예수님은 "두세 사람이 내 이름으로 모인 곳에는 나도 그들 중에 있느니라(마 18:20)"라고 말씀하셨다. 주님의 임재와 영광을 위해, 주님의 아름다운 성품과 행하신 일들을 찬양하고 경배하기 위해 그리스도인들의 모임, 즉 회중 모임과 셀 모임 가운데 함께 하시는 것이다. 주님의 임재 가운데 당신의 뜻을 알고 회복케 하시는 능력을 경험함으로 세상 가운데 영적 군사로 나아가는 것이다.

따라서 함께 모일 때마다 찬양과 경배를 통해 모든 지체들이 주님의 임재를 경험하고 예배의 자리에 나아가도록 돕는 예배 인도자와 목자(Cell Leader)의 역할은 너무나 중요하다.

### 본 과의 목표

1. 찬양과 경배를 통한 예배의 의미를 이해한다.
2. 찬양과 경배 시간의 목적과 중요성을 알게 된다.
3. 찬양과 경배의 시간을 인도하는 실제에 대해 배운다.

# 1. 찬양과 경배를 통해 예배로 나아가기

### (1) 예배에 대한 오해

① '예배는 의식(절차)이다' 라는 생각

지난 역사를 통해 살펴보면 신학교와 교회는 본질이 아닌 예전과 의식에 더 많은 관심을 기울여 온 것이 사실이다. 이로 인해 예배의 의미와 본질을 놓쳤다. 예전(liturgy)은 예배를 위해 주어진 약속일 뿐이다.

결혼과 결혼식의 관계를 살펴보자. 결혼식순에 있는 주례사나 성혼성언, 혹은 축가 등의 중요한 순서를 빼놓고 예식을 가진다고 하자. 과연 결혼이 성립될 수 있겠는가? 물론 성립된다. 결혼식을 하지 않아도 결혼은 성립될 수 있다. 결혼 예식은 결혼의 의미를 많은 사람들과 함께 나누며 더욱 사랑의 풍성함을 나누는 축복의 시간이다. 마찬가지로 성도들이 함께 모여 드리는 예배의 예식은 온전한 예배의 자리로 나아가는 약속의 시간이다. 예식의 자리에 머물면서 예배하지 못하고 그 자리를 떠나는 사람도 있을 수 있다.

② 예배와 삶을 구별하는 이원론적 사고

'예배는 즉 삶이다(Worship is all of life)' 라는 책을 쓴 Robert A. Morey는 "하나님의 수많은 백성들을 속이거나 그들의 영적인 상속권을 도둑질하는 사탄의 최악의 책략 중의 하나는 성(聖)과 속(俗)의 이원론적인 사상을 성도들의 사고에 심는 일이다"라고 하였다.

예배와 삶은 분리될 수 없다. 예배가 삶이 되고 삶이 예배가 되어야 한다. 그렇지 않을 때 다음과 같은 인간 중심의 예배 모습이 나타나지 않겠는가?

- 자신의 물질 축복을 간구하기 위해 드리는 예배
- 자신의 정신적, 정서적 불안을 해결하기 위해 드리는 예배
- 영적 자기 만족을 얻기 위해 드리는 예배
- 자신의 문화 생활의 한 방편으로 드리는 예배
- 다른 사람의 강요에 의해 드리는 예배
- 자신의 병 고침을 위해 드리는 예배
- 교회의 음악과 분위기가 좋아서 드리는 예배

### (2) 예배란 무엇인가?

① 예배는 하나님과의 사귐이다(인격적 만남)

> 사람이 그 친구와 이야기함같이 여호와께서는 모세와 대면하여 말씀하시며 모세는 진으로 돌아오나 그 수종자 눈의 아들 청년 여호수아는 회막을 떠나지 아니하니라(출 33:11)

흔히 기독교는 종교가 아니라 관계라고 말한다. 여기서의 관계, 즉 창조주 하나님과 피조물인 인간이 사귐을 갖는 것이 예배이다. 출 33장에서 모세는 '친구가 얼굴을 대면함같이' 하나님과 대화하는 장면이 나온다. 하나님의 형상을 따라 지음 받은 인간은 하나님과의 동질성을 가지고 있으며 영이신 하나님과 사귐을 가질 수 있는 영적인 존재이다.

누가복음 10:38-42의 본문은 손님으로 오신 예수님 앞에서 마르다와 마리아 두 자매가 보여주는 삶의 전형을 통해 그리스도인이 가져야 할 우선순위가 무엇인지를 깨닫게 해 준다. 그것은 사역과 일 중심의 마르다형 보다는 예배를 통한 주님의 임재와 사귐 중심의 마리아형이 우선시 된다는 뜻이다.

예수님은 제자들에게 "나는 포도나무요 너희는 가지니… 나를 떠나서는 너희가 아무것도 할 수 없음이라(요 15:5)"고 말씀하시며, 그분과의 깊은 교제의 중요성을 말씀하셨다. 목자(Cell Leader)로서 자신이 먼저 주님과 깊은 교제를 통해 주님을 알아가고 닮아갈 수 없다면 목원(셀원)들에게 주님의 형상을 나타낼 수 없게 된다. 따라서 주님과의 교제를 위해 우리는 부단히 힘써야 한다.

② 예배는 하나님의 임재와 다스림에 대한 자연스런 반응이다

대통령이 우리 집을 방문해서 문으로 들어올 때 가만히 앉아 있거나 모른 척할 사람이 있겠는가? 아마도 대부분의 사람들은 일어서거나 허리를 숙이거나 몸둘 바를 몰라 조바심하거나 때로는 기뻐하여 환호를 지르며 반가이 맞이할 것이다. 이것이 대통령에 대한 자연스런 예의요 반응이다.

창조주 하나님이 만드신 모든 피조물도 어떤 형태로든 어떤 방식으로든 하나님의 임재 앞에서 그에 합당한 자연스런 반응을 보이게 된다. 하나님의 형상을 따라 지음 받은 인간은 두 말할 필요가 없다. 예배는 오직 하나님만을 위하여 존재하는 것임을 명심하자.

③ 예배는 삶이다

**그러므로 형제들아 내가 하나님의 모든 자비하심으로 너희를 권하노니 너희 몸을 하나님이 기뻐하시는 거룩한 산 제사로 드리라 이는 너희의 드릴 영적 예배니라(롬 12:1)**

예배는 삶 그 자체이고 전부이다. 화려하고 웅장한 건물과 매끄러운 예식이 아니라 하나님께 집중되어진 인간의 전인격적인 삶 그 자체가 예배의 제물이다.

인류가 타락한 후 첫번째 예배의 모형으로 보여지는 사건이 창세기 4장의 가인과 아벨의 제사 사건이다. 이 사건을 통해 우리가 확인할 수 있는 것은 하나님은 단순히 인간이 드리는 물질의 제물에 집중하시는 것이 아니라 물질을 드리는 인격 그 자체를 받기 원하신다는 것이다. 노예로 끌려갔던 요셉의 삶은 늘 하나님 앞에서(Coram Deo: 코람 데오) 살아갔던

참된 예배자의 모습이었다.

윌로우 크릭교회의 빌 하이벨스 목사는, "참된 인격이란 다른 사람이 보지 않는 곳에서 그 사람의 모습, 즉 무엇을 하느냐가 아니라 어떤 사람이냐의 문제와 관련되어 있다"라고 말했다. 그래서 주님은 오늘도 '전심으로 주를 향하는 자를 찾고 있다'(대하 16:9)고 말씀하신다.

### (3) 찬양이란 무엇인가?
#### ① 찬양은 하나님을 자랑하는 것이다
유명 연예인이나 좋아하는 선수로 인해 열광하고 환호하는 사람들을 본 적이 있는가? 그들의 이름을 부르고 플랭카드를 흔들고 손을 흔들며 자랑스럽게 외치는 모습 바로 그것이 찬양의 모습이다.

할렐루야(hallelujah)의 어원인 '할랄(halal)'의 뜻은 "자랑하다, 칭찬하다"이다. 다시 말하면, 하나님을 찬양한다는 것은 하나님의 훌륭한 인격과 행하신 일들을 자랑하고, 선포하여 높여 드리는 것이다. 훌륭한 지도자를 추종자들이, 부모를 자식들이, 창조주를 피조물이, 훌륭한 왕을 백성들이 자랑하고 높이는 것처럼 말이다.

#### ② 찬양은 하나님의 성품과 하시는 일에 대한 관심에서 출발하고 그에 대한 놀라움으로 표현된다
이것은 인격적인 반응이며 놀라움과 감탄, 기쁨 등이 수반되기 마련이다.

#### ③ 찬양은 주님의 명령이며, 우리의 삶의 목적이다
이것은 선택의 문제가 아니라 자연스런 반응이며 즐거운 순종이다. 부담스러운 짐이 아니라 기꺼이 누려야 할 특권이다.

#### ④ 찬양은 능동적이고 단정적이며 과시적이고 개방적인 것이다
'기도의 고향은 골방이며 찬양의 자리는 넓은 광장이다'라는 말을 기억하자. 기도는 조용한 가운데 개인적으로 나아가는 것이라면 찬양은 우리 하나님과 하신 일들, 그분의 성품을 능동적으로 선포하고 외치고 알리는 것이다.

### (4) 경배란 무엇인가?
#### ① 경배는 예배의 핵심이다
주님과의 만남의 사건이 예배라면 경배는 바로 임재하신 주님의 얼굴을 마주보고 반응하는 자연스런 태도이다.

② 경배는 하나님 앞에서 자신을 낮추는 것이다

경배를 뜻하는 히브리어 '샤하(shachah)'나 헬라어 '프로스퀴네오(proskuneo)'는 몸을 굽히거나 엎드려 절한다는 의미이다. 사극이나 영화를 보면 황제나 왕이 길을 갈 때 백성들이 땅바닥에 엎드려 절하는 것을 볼 수 있을 것이다. 자식이 부모에게 혹은 신하가 왕에게 경의를 표하는 모습 바로 이것이 경배이다. 다시 말해 경배는 하나님 나라의 백성이며 자녀인 우리가 스스로를 낮추어 왕이시자 아버지이신 하나님을 높이는 것을 말한다.

③ 경배는 하나님에 대한 신뢰와 순종이다

하나님 앞에서 우리가 엎드릴 수밖에 없다는 것은 우리가 하나님을 의지하지 않고 또 그분 뜻에 따르지 않고는 온전히 살 수 없다는 것을 의미한다. 경배는 하나님과 우리의 관계를, 그리고 우리의 참모습을 잘 드러내 준다.

## 2. 찬양과 경배 시간의 목적과 중요성

### (1) 수직적인 면

① 주님을 섬기기 위함이다

이것은 우리가 예배드리는 시간을 통해 무엇을 받는 것이 아니라 '우리가 얼마나 주님을 찬양하고 경배하는가' 하는 것이다. "주님, 저에게 복을 주십시오"가 아니라 "내가 주님을 송축합니다" 하는 것이 바른 자세이다. 예배의 주목적은 나를 위한 것이 아니라 주님을 영화롭게 하는 데 있다.

② 하나님의 임재를 누리기 위함이다

**이스라엘의 찬송 중에 거하시는 주여 주는 거룩하시니이다(시 22:3)**

하나님은 시간과 공간에 제약을 받지 않으시고 언제 어디서나 함께 하신다. 특별히 그분의 백성들이 모여 주님의 영광을 찬양할 때, 그 찬양의 자리에 거하시며 매우 특별한 방법으로 그분의 임재를 나타내신다.

③ 다양한 성령의 은사들과 영적 사역들이 나타날 수 있는 환경을 만들기 위함이다

찬양과 경배의 흐름 가운데 하나님의 영은 보다 자유롭게 우리 안에서 역사하실 수 있다. 예배 시간은 우리에게 성령의 기름 부음과 은사들이 역사하는 가장 적절한 분위기를 제공한다.

### (2) 수평적인 면

① 그리스도 안에서 한 몸이라는 지체 간의 일체감을 강화한다

함께 노래하며 같은 가사를 고백하고 같은 일에 몰두함으로 더욱 효과적으로 하나됨을 경험한다.

② 서로 섬기는 기회를 갖는다

③ 영적 진리를 가르치고 강화한다

성경은 찬양을 통해 서로 하나님의 말씀을 말하라고 명령하신다. 찬양을 통해 우리는 하나님의 말씀을 가르치고 때로는 경고하게 된다.

**시와 찬미와 신령한 노래들로 서로 화답하며 너희의 마음으로 주께 노래하며 찬송하며(엡 5:19)**

**그리스도의 말씀이 너희 속에 풍성히 거하여 모든 지혜로 피차 가르치며 권면하고 시와 찬미와 신령한 노래를 부르며 마음에 감사함으로 하나님을 찬양하고(골 3:16)**

④ 다른 사람들 앞에서 우리의 신앙을 고백하게 된다

우리는 찬양과 경배의 자리를 통해 우리의 신앙을 다른 사람들 앞에서 다양하게 표현하며 선포한다.

⑤ 불신자들 앞에서 하나님의 영광을 높이기 위함이다

불신자들은 하나님의 임재를 경험하기 전까지 자신이 죄인임을 이해하지 못한다. '구원받지 못한 불신자들이 와서 우리가 드리는 예배를 이해하지 못하면 어떻게 하나?' 하고 걱정할 필요가 없다. 그들은 다만 우리가 경배하는 하나님의 실재를 경험하는 것만이 필요하다 (예: 빌립보 감옥에서의 바울과 실라).

### (3) 내적인 면

① 내면의 자아가 치유되어 자유로워지기 위함이다

주님은 우리가 어떤 방해나 내적인 억눌림—상처, 쓴 뿌리 등—이 없이 온전한 예배 가운데 나아가기를 원하신다. 예배 시간을 통해 우리는 치유를 경험한다.

② 마음속의 느낌과 정서를 주님께 말로써 표현하기 위함이다

어떤 사람은 자기 마음과 감정을 주님께 표현하는데 어려움을 겪는다. 실제로 이것은 쉬운

일이 아니다. 따라서 도움이 필요한 데, 함께 모여 찬양하며 주님께 나아갈 때 그런 도움을 우리에게 제공한다.

③ 온전한 예배자로서의 삶으로 헌신케 한다
우리는 영광스런 주일의 회중 예배 시간뿐 아니라 한 주간의 삶 속에서도 예배의 삶을 살아야 한다. 주일 예배와 셀 모임의 예배 시간을 통해서 예배하는 목적은 바로 우리가 한 주일 동안 지속적으로 예배의 삶을 살도록 하기 위함이다.

## 3. 찬양과 경배의 실제

### (1) 찬양과 경배의 다양한 방법과 표현

우리는 우리의 모든 것을 다하여 주님을 찬양해야 한다. 주님은 그것을 원하신다. 무엇보다 영이신 하나님께 찬양하고 경배하기 위해서는 영으로 해야 한다. 그리고 우리의 영이 하나님을 바라보게 될 때 우리의 혼과 몸도 하나님의 임재에 반응하게 된다. 이렇게 전인격적인 반응을 통해 나타나는 다양한 모습들을 함께 정리해 보자.

**〈찬양의 방법과 표현〉**
① 노래 - 가장 보편적인 방법
　　…그러므로 내 마음이 크게 기뻐하며 내 노래로 저를 찬송하리로다(시 28:7)
② 지혜의 시
　　하나님은 온 땅에 왕이심이라 지혜의 시로 찬양할지어다(시 47:7)
③ 혀의 말
　　나의 혀가 주의 의를 말하며 종일토록 주를 찬송하리이다(시 35:28)
④ 손을 들고
　　성소를 향하여 너희 손을 들고 여호와를 송축하라(시 134:2)
⑤ 춤을 추며
　　춤추며 그의 이름을 찬양하며…(시 149:3)
⑥ 방언으로
　　이는 방언을 말하며 하나님 높임을 들음이더라(행 10:46)
⑦ 외쳐서
　　너희 만민들아… 즐거운 소리로 하나님께 외칠지어다(시 47:1)

### 〈경배의 방법과 표현〉

찬양이 주로 소리로 표현되는 반면, 경배는 몸의 자세로 나타난다. 찬양이 하나님을 높이는 데 초점을 맞춘다면, 경배는 자신을 낮추는 데 관심이 있다.

① 몸을 굽혀, 무릎을 꿇고
　오라 우리가 굽혀 경배하며 우리를 지으신 여호와 앞에 무릎을 꿇자(시 95:6)
　…저희가 즐거움으로 찬송하고 몸을 굽혀 경배하니라(대하 29:30)
② 머리를 숙여
　이에 그 사람이 머리를 숙여 여호와께 경배하고(창 24:26)
③ 얼굴을 땅에 대고
　…몸을 굽혀 얼굴을 땅에 대고 여호와께 경배하였느니라(느 8:6)
④ 엎드려(배를 땅에 깖)
　…온 유다와 예루살렘 거민들도 여호와 앞에 엎드려 경배하고(대하 20:18)
⑤ 침묵
　오직 여호와는 그 성전에 계시니 온 천하는 그 앞에서 잠잠할지니라(합 2:20)

### (2) 인도자의 준비와 진행

① 평상시 개인적인 경건의 시간을 통해 찬양과 경배의 시간을 충분히 갖는 것이 중요하다.
② 셀 모임을 위해 기도로 준비하며, 곡을 선정할 때에는 주제에 맞는 곡들을 선정한다. 단, 악기를 사용할 때에는 연결된 코드의 곡을 선정한다.
③ 인도할 때에는 많은 말들을 사용하지 않도록 주의하며, 매 곡마다 끊어지지 않는 같은 주제, 같은 분위기의 곡들을 몇 곡 연결해서 반복하는 것이 좋다.
④ '찬양'의 노래(2~3곡)를 부른 후 '경배'의 노래(2~3곡)로 진행하는 것이 좋다.

좀 더 구체적인 것은 〈부록: **경배와 찬양 인도의 실제**〉를 참고한다.

## 토의

- 이번 과를 통해 새롭게 알게 되었거나 느낀 점은 무엇인지 적어 보고 함께 나누어 보자.

  _____

  _____

- 찬양과 경배의 표현 중 어렵게 느껴졌거나 혹은 가장 하고 싶은 표현은 무엇인가? 함께 찬송하면서 다양한 표현들을 사용해 보라.

  _____

  _____

## 부록: 경배와 찬양 인도의 실제

### (1) 인도의 실제

① 한 주간의 일상을 통해 성령께서 가슴으로 부르게 하는 찬송들에 민감해야 한다

 셀에서 경험한 예배가 다음 한 주간의 생활 속에 지속되도록 해야 한다. 여기서 기억해야 할 것은 어떤 찬양은 지속적으로 하나님의 임재 앞으로 우리를 인도하지 못한다는 것이다. 따라서 좋은 목자(Cell Leader)는 셀 가운데 운행하시는 성령님의 인도하심에 지속적으로 민감한 리더이다.

② 선곡 요령

 ㉠ 순서

  ♪ 찬양(Praise): "우리 함께 모여"

  ♪ 찬양의 절정(High praise): "기뻐하며 왕께"

  ♪ 교제와 축복(Greeting songs): "형제의 모습 속에"

  ♪ 경배(Worship): "지존하신 주님"

  ♪ 보좌 앞으로의 초대(Altar call): "들어오라 지성소로 오라"

♪ 치유(Healing): "주님과 같이"
♪ 헌신(Offering): "주님 내가 여기 있사오니"

셀에서의 찬양과 경배 시간을 위해 각 단계마다 항상 곡을 준비해야 될 필요는 없다.

ⓒ **주제**

'우리가 찬송하고자 하는 가장 중요한 목적이 무엇인가?' 를 생각하며 그에 맞는 곡들을 선정한다.

♪ 축제(Celebration): "다와서 찬양해"
♪ 영적 전쟁(Warfare): "세상의 유혹 시험이", "주님과 담대히 나아가"
♪ 중보(Intercession): "부흥", "세상 모든 민족이"
♪ 복음적(Evangelistic): "하나님이 세상을 이처럼 사랑하사"
♪ 내적 치유(Inner healing): "주님과 같이", "주께 가오니"
♪ 연합(Unity): "하나님께서는 우리의 만남을", "아버지여 우리는 하나되었습니다"

ⓒ **초점**

'노래가 누구를 향한 것인가?' 에 관련된 부분이다.

♪ 사람을 향함: "나의 맘속에", "나의 등뒤에서"
♪ 하나님을 향함: "주님 보좌 앞에 나아가", "왕이신 나의 하나님"

여기에서 조심해야 할 것은 노래의 초점이 '사람' 에서 '사람' 으로 움직이며 정체되는 것이다. 언제나 초점은 하나님께 고정되도록 인도해야 한다.

ⓒ **코드 진행**

여기에는 3가지 기본적인 규칙이 있다.

♪ 코드가 동일하거나 연계된 곡들을 선정한다.
  〈예〉 C "거룩 거룩 거룩"
        C "사랑하는 나의 아버지"
        C "예수 사랑해요"
♪ 떨어져 있으나 관련된 코드의 곡들을 선정한다(4도 차이가 나는 코드로 진행이 가능하다).
  〈예〉 G "그리 아니하실지라도"
        C "예수 사랑하심은"
♪ 코드를 변환시킬 때 밑으로 내려서 변조하지 않는다. 다만, 자연스럽게 성령 안에서 노래하고 있을 때 코드의 변환을 위해 적당한 쉼을 가진다면 오히려 좋을 수 있다.
  〈예〉 F-E "거룩하신 하나님"- "예수 가장 귀한 그 이름"

ⓔ **박자**

박자는 예배 시간의 흐름을 원활하게 진행되도록 돕는다. 그러나 전혀 다른 박자의 노래를 왔다갔다하거나 혹은 멈추었다가 시작했다가 등을 반복하는 것은 함께 하는 예배자들로 하여금 혼란스럽게 만든다.

부드럽게 지속되는 예배의 흐름은 참여자로 하여금 안정감을 갖게 하며 주님께 주의로 집중하도록 돕는다.

③ 자신이 확인해야 할 3가지 질문
  ㉠ 나는 준비된 마음과 멘트, 노래를 통해 사람들을 인도해 가고 있는가?
   • 기도하면서 예배 시간의 중심 내용이나 주제에 대해 하나님께 확인한다.
   • 주제에 맞게 선곡한다.
   • 선곡한 노래들을 미리 연습한다.
   • 어떻게 연결하며, 각각의 노래를 몇 번씩 부를 것인지 정한다.
   • 함께 나눌 성경 말씀이나 메시지에 대해서도 계획한다.
  ㉡ 모든 예배자들이 영적으로 반응을 보이고 있는가?
   가끔 예배 시간을 통해 사람들이 반응을 보이지 않을 때 혼란을 겪을 수 있다. 대개 처음 시작하는 시간에 그런 모습을 자주 발견한다. 예배를 인도하는 사람은 성령 안에서 상황을 분별하고 동기를 부여해야 한다. 만약 그런 상황을 무시하고 그냥 진행한다면 혼자만의 공연이 될 수 있다. 잊지 말아야 할 것은 인도자는 사람들로 하여금 온전히 찬양하며 예배할 수 있도록 돕는 역할이다.
   사람들을 인도자의 수준으로 끌어올리기 위해서는 조금씩 반복해서 노래하는 것이 좋다. 노래를 반복하므로써 사람들의 마음과 생각이 가사에 더욱 집중할 수 있기 때문이다. 그러나, 자주 반복하면 오히려 예배에 방해가 될 수 있기 때문에 인도자가 균형을 유지하는 것이 중요하다.
  ㉢ 노래가 끝날 때마다 사람들은 어떠한 자리에 있는지, 성령님은 우리들을 어디로 인도해 가기를 원하시는지 확인해야 한다
   우리가 하나님(성령님)의 임재 안에 머물기 시작할 때 인도자의 역할이 성령께로 옮겨졌다는 것을 알게 된다. 그때부터는 성령님의 인도하심을 경험하게 된다. 따라서 인도자는 민감해야 한다. 준비한 형식이 있더라도 언제든지 성령님의 인도에 따라간다.

④ 찬양 담당자들(악기 연주, 악보 담당, 노래 인도 등)과 함께 연습해야 한다
  • 즉흥적인 곡 선정은 피하고 미리 준비해야 한다.
  • 대그룹의 현장을 위해서는 충분한 준비가 있어야 한다. 주제와 마음을 충분히 나누고 함께 기도하는 것이 중요하다.
  • 셀에서는 목자(Cell Leader)와 인도자가 다를 경우 인도자와 함께 미리 만나 주제와 노래들을 선곡하고 함께 진행에 대해 논의한다.

## (2) 인도자의 주의 사항

### ① 악기 연주와 노래하는 사람들
    ㉠ 익숙한 곡을 고르고, 모임이 시작되기 전에 부를 노래의 목차를 나눈다.
    ㉡ 연주자들의 한계를 알고 인도자보다 튀거나 유별나게 연주하지 않도록 한다.
    ㉢ 연주자들에게 지적을 하거나, 함께 논쟁해서는 안 된다.

### ② 인도시 너무 많은 이야기를 하지 말아야 한다
    ㉠ 부르는 노래에 대해 일일이 소개하려고 하지 말아야 한다.
       (예: 제가 이 노래를 선택한 이유는…)
    ㉡ 설교하지 말아야 한다. 특히 자신이 목자(Cell Leader)가 아니라면 더더욱 조심해야 한다.
    ㉢ 꼭 해야 될 이야기가 있다면 간단하게 최소한의 이야기를 한다.
    ㉣ 사람들에게 동기부여하기 원한다면 친근하고 부드러운 목소리로 이야기해야 한다.
    ㉤ 비난하거나 꾸짖는 말을 해서는 안 된다.
    ㉥ 사람들로 안정감을 가지고 신뢰를 갖도록 진실해야 한다.
    ㉦ 방문자나 새가족을 위해서 필요시에는 설명을 할 수도 있다.
       (예: 우리가 찬양할 때에 손을 드는 것은 …한 이유 때문이다.)

### ③ 선곡 및 인도의 요령
    ㉠ 자신이 익숙하고 정확히 부를 수 있는 곡을 선별한다.
    ㉡ 사람들이 새로운 노래를 잘못 부를 때는 멈추고 다시 가르쳐 준다.
    ㉢ 자신의 주제 찬송을 알아야 한다.
    ㉣ 노래의 속도가 왔다갔다하지 않도록 흐름을 유지해야 한다.
    ㉤ 노래가 끝날 때마다 멈추지 않는다. 흐름을 깨뜨리기 때문이다. 노래와 노래 사이 멘트를 할 때에도 음악은 끊어지지 않도록 한다.
    ㉥ 침묵을 두려워하지 않는다. 침묵을 통해 더욱 주님께 집중하도록 돕는다.
    ㉦ 인도자는 화음보다 멜로디를 주로 부른다.
    ㉧ 얼굴 표정과 행동을 통해 인도하는 것도 중요하다. 인도자의 모습 자체가 훌륭한 모델이 된다.

### ④ 준비와 마무리가 중요하다
    ㉠ 무엇보다 인도자 자신이 예배자로 준비되어져야 한다. 기도와 말씀, 주님의 임재를 날마다 경험하는 삶 가운데 생활할 때에야 기름 부어진 사역을 감당할 수 있다.

ⓛ 모임을 준비하면서 주시는 찬양들을 정리하고, 몇 가지 기준에 의해 곡의 순서를 정한다.
ⓒ 찬양과 경배의 시간을 위해 중보하고, 시간과 장소, 사람들을 성령님께 위탁한다.
ⓔ 모임이 끝난 후에는 특별한 사항―주신 말씀, 예언, 노래, 은혜 등―들을 기록하고 감사 드리는 시간을 갖는다.

## 토의

- 찬양과 경배 시간의 인도자로서 적용해야 할 구체적인 실천 방안은 무엇인가?

- '하나님의 사랑'이라는 주제로 셀 모임에서의 찬양과 경배 시간을 위한 선곡을 해 보자. 그리고 구체적인 인도의 실제를 함께 나누어 보자.

# 3과 말씀, 목회적 돌봄, 복음 전파

> 그런즉 형제들아 어찌할꼬 너희가 모일 때에 각각 찬송시도 있으며 가르치는 말씀도 있으며 계시도 있으며 방언도 있으며 통역함도 있나니 모든 것을 덕을 세우기 위하여 하라(고전 14:26)

셀교회에서의 신앙 생활은 셀을 중심으로 이루어지며 셀 생활(Cell Life)은 셀 모임(Cell Meeting)에서 시작된다. 또한 셀 모임은 5W를 어떻게 인도하느냐에 따라 그 성패가 좌우된다. 그 만큼 5W가 중요하다.

5W의 목적은 ① 하나님의 말씀을 우리의 삶에 적용시키고 ② 섬김을 통해 목원(셀원)들을 성장시키고 아울러 이웃을 셀 모임에 참여시키는데 있다(세워 주기와 전도).

셀 모임의 중요성은 성경 지식의 습득, 성경 해석 또는 전도 방법의 습득에 있지 않다. 그것은 이차적인 것이다. 가장 중요한 것은 체험을 통한 '가치의 변화'이다. 그 변화된 가치관으로 서로를 섬기고 전도하는 것이다.

**중요한 전제**

5W는 셀 모임을 인도하는 어떤 형식이나 방법이 아니다. 그것은 셀 생활(Cell Life) 그 자체이다.

> **셀 모임은 다음의 비유를 통해 설명할 수 있다.**
> 셀 모임은 과목의 품종(말씀)을 실제로 재배(실천 및 적용)해 보는 실험장과도 같다. 그 결과 풍성한 과실(서로 섬겨주기)을 거두어 맛보기도 하고, 더욱 개량해야 할 점(실패한 이야기들)을 찾아내기도 한다. 그리고 이 맛좋은 열매를 다른 농가에 널리 보급(전도)하는 일을 하기도 한다.
> 셀의 목원(셀원)들은 마치 작목반이라 할 수 있다. 그들은 다만 머리로만(Bible Study) 배우지 않는다. 그들은 실제로 새 품종을 심어보는 경험과 실습을 통해(Body Study) 배운다. 이러한 배움을 통해 그들의 농법(가치관)은 변화한다. 그들은 그들이 체득한 것을 이웃 농가와 함께 나눔(전도)으로써 수익을 배가시킨다(분가).

이상과 같은 셀 모임의 목적에 유념하면서 본 과에서는 다음 사항을 함께 알아보자.

### 본 과의 목표

1. 말씀 나누기, 목회적 돌봄 및 복음 전파 각각의 목적을 발견하게 된다.
2. 말씀 나누기, 목회적 돌봄 및 복음 전파의 인도 요령, 유의 사항 및 평가 기준을 이해하게 된다.
3. 실제 셀 모임 교재를 통해 배운 바를 적용 한다.

# 1. 말씀(Word)

## (1) 말씀 나누기(Word) 시간의 목적
① 성경을 통해 하나님께서 우리에게 말씀하시도록 한다

② 우리의 가치관의 변화를 도모한다

③ 서로 세워 주고 섬겨 준다
말씀 시간은 지난 주일 선포된 하나님의 말씀을 한 주간 동안 내 삶에 어떻게 적용하고 실천하며 살았는지 나누는 시간이다.
가치관의 변화는 내가 하나님의 말씀 앞에서 어떻게 나를 버리고 말씀에 합당한 삶을 사느냐하는 나의 결단의 시간이다. 또한 이 시간은 서로의 아픔과 실패를 나누며 서로를 일으켜 세워 주는 시간이기도 하다.

## (2) 인도 요령
① 설교 되새김
지난주 설교 본문을 읽고 난 후, 설교 내용을 약 3분 정도로 요약하여 들려준다(이 시간은 결코 목자(Cell Leader)가 설교하는 시간이 아니다).

② 나눔 시간
말씀에 대한 각자의 의견을 나눌 수 있는 질문을 던진다. 인도자는 말씀 나누기를 시작, 인도, 요약한다. 적용에 초점을 맞추라.
- 시작: 미리 준비한 '발견을 위한 질문'을 던진다.
- 인도: 설교에서 깨달은 것, 은혜 받은 내용 등을 나눈다. 이 때, '이해를 위한 질문', '적용을 위한 질문' 등을 사용한다.
- 요약: 나누었던 내용들을 간단히 요약하고 다음 단계로 넘어간다.

※ 질문의 3가지 종류
- 발견을 위한 질문
의견 나누기를 시작하는 질문으로 본문이나 설교에서 무엇을 얻었거나 찾았는지 묻는다.
(예) 이 구절에서 새롭게 발견한 것이 있습니까? 무엇을 배웠나요?

• 이해를 위한 질문
  목원(셀원)들로 하여금 말씀을 더 깊이, 그리고 분명히 이해하도록 이끌어 가는 질문이다. (예) 구체적 예를 들어보시겠습니까? 왜 그렇다고 생각하십니까?
• 적용을 위한 질문
  말씀을 어떻게 삶에 적용시킬 수 있는가에 대한 질문이다. (예) 개인적으로 무엇을 적용할 수 있다고 생각하시나요? 무엇을 계획하려고 합니까?

③ 마무리
주제에 맞는 찬양을 한 후 기도하며 말씀시간을 끝마친다.

## (3) 나눔 시간을 위한 지혜

① 인도자는 나눔 시간을 위한 질문들을 미리 준비하고 이를 충분히 숙지해야 한다. 인도자가 셀 모임 교재 내용을 보지 않고도 물 흐르듯 자연스럽게 인도할 수 있어야 한다.
② 인도자는 모임 시작 전 기도와 찬송으로 준비해야 한다. 목원(셀원)들 한 사람 한 사람을 놓고 중보하는 셀 생활(Cell Life)을 해야 한다.
③ 인도자는 목원(셀원)들의 실패 이야기에 귀를 기울여 그들의 문제점을 파악하려고 한다. 필요에 따라서 목자(Cell Leader)는 간단한 메모를 할 필요가 있다. 이는 '목회적 돌봄'(Work) 시간을 인도하는데 도움이 된다(단, 다른 목원(셀원)들이 메모를 하는 것은 말하는 사람으로 하여금 부담감을 주기 때문에 피하는 것이 좋다).
④ 나눔 시간 중, 목원(셀원)들의 태도와 표정을 유심히 관찰한다.
  • 미소를 짓고 고개를 끄덕이면 열의와 이해의 표시
  • 하품, 공허한 응시, 시계를 자주 보면 지루함의 표시
  • 이마를 찌푸리고 머리를 긁적이면 혼동스럽다는 표시
⑤ '예', '아니오' 라고 간단히 답할 수 있는 질문(닫힌 질문)을 피한다.
⑥ 나눔 시간은 예배나, 성경공부 또는 기도회 시간이 아니다. 그것은 투명한 나눔을 위한 보조 역할을 할 뿐이다.
⑦ 나눔 시간은 잡담 시간이 아니다. 나눔 시간은 세상 돌아가는 이야기나 신변잡기를 이야기 하는 시간이 아니다. 나눔 시간은 '나의 이야기'를 변죽을 두드리거나, 허세 부리지 않고, 나 자신의 아픔, 슬픔, 걱정, 소원, 기쁨 등을 있는 그대로 드러내는 시간이다. 힘든 세상에서 하나님 말씀으로 어떻게 힘을 얻고 살았는지 말하는 시간이다. 말씀을 삶에 적용하지 못하고 살았으면 그 실패한 이야기를 하는 시간이다. 고통의 이야기를 해서 치유받고 기쁜 이야기를 해서 서로 웃는 시간이다.

\*강조 사항: 비밀 지켜주기

나눔 시간에 드러내는 깊은 내면의 이야기에 대해서는 철저히 셀 안에서의 이야기로 끝나야 한다. 목원(셀원)들의 아픈 고민, 슬픔을 셀 밖에서 이야기하고 다녀서는 안 된다. 비밀이 지켜질 때만 서로 마음을 털어놓을 수 있다. 마음을 털어놓아야만 상처가 치유된다.

## 2. 목회적 돌봄(Work)

### (1) 목회적 돌봄(Work) 시간의 목적

① 하나님은 그분의 능력으로 우리의 영혼과 삶을 만지시고 변화시키신다는 것을 서로를 향한 섬김을 통해 체험하도록 하는데 있다.
② 섬김을 통해 목원(셀원)들의 아픔을 치유하는데 있다.

### (2) 인도 요령

① 돌아가면서 기도 제목을 나눈다.
② 특히 고난 중에 있거나 육체적으로 연약한 목원(셀원)을 위해서는 손을 잡거나 어깨나 머리에 손을 얹고 기도한다.
③ 교우는 물론 고통받거나 우리의 섬김을 필요로 하는 불신 이웃들에게 비록 작은 도움일지라도 구체적 도움이 될 수 있는 섬김의 계획을 세운다.

※ 반드시 기억할 점

> '목회적 돌봄'(Work) 시간의 기도는 결코 셀 모임 당일만을 위한 '일회용' 기도가 아니다. 목원(셀원)들은 서로 나눈 기도 제목을 가슴에 품고 다음 한 주간 동안 매일 잊지 않고 서로를 위해 중보하기를 힘써야 한다.
> 이렇게 할 때, 셀 내에서 일어나는 성령님의 놀라운 역사를 체험하게 된다. 한 번의 체험은 두 번의 체험을, 두 번의 체험은 세 번의 부푼 기대를 하게 한다. 성령님은 개인을 통해서도 일하시지만 셀이라는 공동체를 통해서 더욱 강력히 일하신다.
> 셀 모임(Cell Meeting)은 한 주간의 셀 생활(Cell Life)의 출발점인 동시에 셀 생활의 기도 응답의 열매를 거두는 도착점이기도 하다. 따라서 셀 모임은 셀 생활의 알파요, 오메가이다.

우리가 셀 교회의 성격 중 그 첫째로 성령의 역사에 민감히 순종하는 교회, 강력한 기도운동을 하는 교회로 규정한 이유가 바로 여기에 있다.

### (3) 목회적 돌봄 시간의 투명성을 유지하기를 위한 3가지 주의 사항

① 자신의 기도 제목 중에서 가장 절박한 기도를 숨기고 부차적인 기도 제목을 내놓는 행위. 가령 부부간의 문제가 가장 심각한 데도 그것은 숨기고 목사님에게 시험든 것을 최우선 순위의 기도 제목으로 내놓는 일.

② 자신의 기도 제목을 타인의 기도 제목처럼 위장하는 일. 예를 들어 자신이 암에 걸린 것을 삼촌이 암에 걸린 것으로 위장하여 기도 부탁하기.

③ 서로가 기도 제목을 내놓았지만 진실한 마음을 싣지 않고 감싸주지 않는 일.

## 3. 복음 전파(Witness)

### (1) 복음 전파(Witness) 시간의 목적

셀 모임이 셀 밖의 불신 영혼들에게 관심을 쏟도록 하기 위함이다.

---

**전도의 전초기지**

셀은 전도의 전초기지이며 복음 증거의 출발점이다. 친교를 위해 특별히 마련한 행사에 목원(셀원)들과 관계를 맺고 있는 불신자들을 초청하여 자연스럽고 부드러운 분위기에서 그리스도인들의 삶을 보여 주고 예수 그리스도를 증거하는 현장이다.

---

### (2) 인도요령

① 비전 나누기
- 전도에 대한 교회와 셀의 비전을 함께 나누고, 지역 목표 및 전략에 대한 이해 증진
- 섬김과 번식을 위한 셀 자체의 목표 및 개인 비전 나누기

② 전도 계획 수립
- 오이코스 안에 있는 불신자를 찾아내고 그들의 필요와 아픔을 알아내기
- 그들과의 접촉 및 관계를 증진할 방안을 수립하고 전도 대상자를 놓고 기도하기
- 전도에 나설 목원(셀원)들을 교육 훈련하기

③ 마무리
주기도문 혹은 찬양으로 끝마치는 것이 좋다. 천편일률적인 것보다는 모임 때마다 다양한 방법으로 끝낸다.

### (3) 전도는 팀워크이다

> **람보 대 전투**
>
> 영화 '람보'와 TV 시리즈 '전투'가 있었다. '람보'는 1인 특공요원에 의한 포로 구출을, '전투'는 독일군과의 분대 전투를 주로 다루었다. 셀공동체에서의 전도는 1인에 의한 '람보' 식 전도보다는 '전투' 식 전도 방식을 지향한다.

- 목원(셀원) 중에서 전도 대상자에게 도움을 줄 수 있는 자원을 가진 사람이 모두 '출동' 하여 대상자의 필요를 채워 주고 아픔을 싸매 준다.

- 셀 공동체에서는 람보식의 1:1 전도 방식보다는 전투식의 '분대 전투'를 지향한다. 그렇다고 1:1 전도를 포기하는 것은 아니다. 이는 낚시질보다는 '그물 치기'에 의한 고기잡이라고 할 수 있다.

  - 또 천국은 마치 바다에 치고 각종 물고기를 모는 그물과 같으니(마 13:47)
  - 그런즉 한 사람이 심고 다른 사람이 거둔다 하는 말이 옳도다 내가 너희로 노력지 아니한 것을 거두러 보내었노니 다른 사람들은 노력하였고 너희는 그들의 노력한 것에 참예하였느니라(요 4:37-38)
  - 나는 심었고 아볼로는 물을 주었으되 오직 하나님은 자라나게 하셨나니(고전 3:6)

## 4. 셀 모임 인도의 평가 기준

### (1) 시간 및 분위기에 따른 형태

셀 모임에는 두 가지 제한적 요소가 있다. 첫째는 시간이며 다른 하나는 분위기이다.

① 이상형

모임의 시작부터 가장 좋은 분위기로 시작하여 그 분위기를 끝까지 유지하는 형태이다. 그러나 이것은 어디까지나 이상(理想)에 그칠 뿐이며 현실적으로는 불가능한 형태이다.

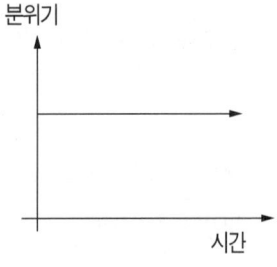

② 실패형
   셀 모임이 끝날 때, 그 분위기가 최저점에 도달함으로써 실패한 경우이다. 이렇게 되면 다음 셀 모임에 오고자 하는 사람이 없어진다.

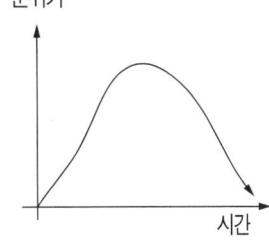

③ 바람직한 형
   가장 바람직하며 현실적인 형태로 모임의 시작에서부터 가능한 빠른 시간 내에 분위기를 '편안한 수준' 까지 끌어올린다(Icebreaker). 이어 완만한 상승세로 이끌어 한 동안 힘있게 지속시키고(Worship & Word) 하강하려는 분위기를 다시 치고 올려 모임이 끝날 때(Work & Witness) 그 분위기를 최고점에 머물게 한다.

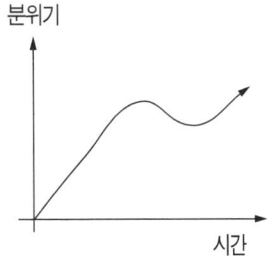

### (2) 유의 사항

'찬양을 통한 경배' (Worship) 시간은 목원(셀원) 모두를 하나로 묶는 시간으로 최고의 분위기 수준으로 끌어올려야 한다.

5W의 진행에 있어 그 전환점에서 흐름이 끊기지 않도록 세심한 배려를 해야 한다. 가령, Welcome 순서를 마치고 Worship 순서로 넘어가면서 OHP를 설치하기 위해 다시 자리 정리를 한다든지 해서는 안 된다.

### (3) 5W의 시간 배정

전체 셀 모임은 1시간 30분에서 2시간 정도가 바람직하다(성령님의 특별하신 인도가 있을 경우 그 이상까지 계속해도 무방하다).

5W의 시간 배정은 셀 발족 초기에는 환영(Welcome)과 찬양을 통한 경배(Worship)에, 어느 정도 성숙 단계에서는 말씀 나누기(Word)에, 번식을 향해 나아가는 단계에서는 복음 전파(Witness)에 더 많은 시간을 할애하도록 한다.

셀 모임의 진행은 상황에 따라 5W 각각의 시간 배정을 달리 할 수 있다. 다시 말해, 추수 행사를 앞두고는 '복음 전파' (Witness) 시간을 늘릴 수도 있으며, 셀이 처음 발족한 경우, 서로의 친교를 위해 전체 시간을 환영, 마음문 열기(Welcome) 시간으로 보낼 수도 있다.

## 5. 예시 – 설교 본문과 주간 셀 모임 교재

### 구도자를 찾아라 (눅 15:11-32)

**(1) 도입**

2차 대전 당시 일본군 후방기지 병원에 로데라는 의사가 있었습니다. 그는 미군 포로들의 인체를 실험하는 일을 맡고 있었습니다. 그는 사람이 오장육부 중 얼마를 잘라내면, 즉 허파를 얼마 제거했을 때 어느 정도 살 수 있는가? 간의 얼마를 남겼을 때 어느 정도 살 수 있는가? 하는 잔인한 실험을 매일같이 계속했습니다. 그러던 어느 날 로데는 미쳐버리고 말았습니다. 양심의 가책 때문에 그런 것이 아니었습니다. 오히려 반대로 이토록 끔찍한 실험을 매일 반복하는 가운데 양심의 가책을 느끼지 못했고 오히려 묘한 쾌감과 재미를 느껴가고 있는 자신의 모습을 보고 미쳐버린 것입니다. 그의 절규는 "내 양심의 고통을 돌려 주세요."였습니다.

엔도 슈사꾸의 단편 "바다와 독약"에 나오는 내용입니다. 작가는 현대인들의 무관심의 질병을 책망하고 있습니다. 한편 생명의 소중함을 망각한 잔인한 인간성을 나무라고 있습니다. 문제는 우리 신앙 생활에도 엔도 슈사꾸의 독약 – 즉 무관심의 독약, 영혼의 소중함을 잃고 살아가는 독약이 있을 수 있습니다. 신앙 생활에서 정말 중요한 것을 잃고, 자칫 껍데기만 붙들고 살아갈 수 있다는 것입니다.

오소백 씨라고 기억됩니다만 오래 전에 그가 쓴 단편 한 권을 읽은 적이 있습니다.
일간 신문사의 기자로 있던 이 사람이 야간에 사옥을 지키는 숙직을 하게 되었습니다. 추운 겨울날 홀로 사옥을 지키려고 하니 심심한 생각이 들었던지 동네 슈퍼마켓에서 소주를 한 병 사다가 홀짝 홀짝 안주도 없이 마셨습니다. 찬 바닥에 잠이 들어버렸습니다. 새벽에 잠을 깨고 보니 설사가 났습니다. 한 손으로는 아랫배를 움켜쥐고 다른 손으로 다른 곳을 움켜쥐고 화장실로 달려들어갔습니다. 수위 아저씨가 화장실 문을 철커덕 잠그고 퇴근해 버렸습니다. 얼마나 급했든지 철조망 담을 뛰어넘어 동네 공중 변소로 갔습니다. 급한 볼 일을 보고 앞을 쳐다보았더니 화장실 벽에 새까맣게 낙서가 되어 있는데 그 낙서들이 얼마나 재미가 있던지 한줄 한줄 읽어 내려갔습니다. 가운데쯤 왔을까요? 굵직한 글씨로 한줄 크게 씌여져 있었습니다. 「오른쪽을 보시오!」 호기심에 얼른 오른쪽을 보았습니다. 많은 낙서 가운데 눈에 익은 그 글씨, 이번에는 「왼쪽을 보시오!」 얼른 왼쪽을 보았습니다. 이번에는 「뒤도 돌아다봐라!」 묘한 자세를 하고 뒤를 돌아다 보았습니다. 그랬더니 「위도 쳐다봐!」 궁금증을 해결하기 위하여 천장을 쳐다보았더니 매직으로 「뭘 봐 똥이나 싸지!」 '그래 똥이나 싸자' 한참 볼일을

> 보았습니다.
> 가만히 생각하니 그게 진리였습니다. 그 자리에 앉으면 그 자리에 앉은 볼일이 있다는 걸 알았습니다. 그 후 한편씩 글을 써 가다 한권의 수필집으로 발간하게 되었습니다. 이 책이름을 뭐라고 할까? 생각하다가 화장실에서 인생을 깨달은 것이니 변소 철학이라고 하자 그래서 수필집 이름이 「변소 철학」입니다. 거기에 보면 도도하게 흐르는 하나의 맥이 있습니다. 사람은 그 자리에 앉으면 그 자리에 앉은 볼일이 있다고 하는 것입니다. 목사가 되었으면 목사의 볼일이 있을 게고, 대통령이 되었으면 대통령 볼일이 있을 게고, 선생님이 되었으면 선생님 볼일이 있듯이 그리스도인은 그리스도인으로서의 볼일이 있는 게고, 교회는 교회로서의 볼일이 있다고 하는 것입니다.

여러분은 우리 그리스도인들이 해야 될 가장 중요한 볼일―사명이 무엇이라고 생각하십니까? 이에 대해 윌로우크릭 교회의 빌 하이벨스 목사님은 단언하고 있습니다. "한손으로는 교회공동체를 가족으로 세워가는 일이요 다른 한손으로는 구도자를 구원하는 일이다." 세계 교회는 21세기에 들어서면서 이 두 가지 중요한 사실을 발견하고 있습니다.

첫째, 주님의 신부된 교회는 가족입니다. 그리스도인은 모두 가족입니다. 셀은 가족입니다. 한걸음 더 나아가 미래의 교인인 구도자들도 확장된 가족입니다.

둘째, 구도자를 찾아 구원하는 일은 그리스도인들 모두의 지상과제입니다. 그 무엇과도 바꿀 수 없는 최고의 사명입니다. 그래서 이 시간 설교 제목이 「**구도자를 찾아라**」입니다.

### (2) 정관사(The)의 사랑

누가복음 15장에는 유명한 비유 셋이 나옵니다.

> 일찍이 종교개혁가 마틴 루터는 "신구약 성경 가운데 단 한 장을 선택하라고 한다면 나는 누가복음 15장을 선택하겠다. 왜냐하면 누가복음 15장만 있으면 나는 예수 그리스도의 복음을 정확히 설명할 수 있기 때문이다"고 했습니다.

누가복음 15장에는 잃은 양의 비유, 잃은 돈의 비유, 잃은 아들의 비유가 기록되어 있습니다. 잃은 양은 무지해서 길을 잃어버렸습니다. 잃은 돈은 환경 때문에 잃게 되었습니다. 잃은 아들은 자기 판단과 결단에 의해 집을 나갔습니다.

① 그러나 성경은 세 가지 중 어떤 경우도 반역자나 배신자라고 말씀하고 있지 않습니다. 오히려 잃은 자라고 말씀하고 있습니다

여기에 우리가 죄악된 세상 한복판에서 살아가는 사람들을 바라보는 안목이 있습니다. 돌아오면 용서하겠다가 아닙니다. 하나님은 이미 용서해 놓고 기다리시는 분이십니다.

> 자녀들을 양육하다 보면 어느 날 자녀들이 부모의 속을 썩입니다. 그것이 한 번 두 번 반복되면 부모는 결심을 합니다. "내가 다시는 용서하지 않겠다." 그러나 용서하지 않기에는 너무나 큰 사랑이 이미 부모의 가슴 속에는 자리 잡고 있습니다. 용서하지 않을래야 용서하지 않을 수 없는 것이 부모의 마음입니다. 우리 하나님은 그 이상이신 분입니다.

② 성경은 늘 손해보는 하나님의 짝사랑 이야기입니다

본문에서 잃은 양 한 마리를 찾았습니다. 동네 사람들을 다 불러 놓고 잔치를 벌입니다. 바보 같은 양 한 마리 찾아 놓고 멀쩡한 양 몇 마리 죽입니다. 이런 손해보는 장사가 어디 있습니까? 동전 하나 찾고나서 벗들을 불러 모아 잔치를 벌입니다. 동전 하나 찾고 동전 몇 닢은 사용했을 겁니다.

무슨 얘기입니까? 영혼을 찾는 일, 복음을 위하여 헌신하는 일, 신앙 생활, 하나님을 섬기는 일은 주판알 굴려서 하는 것 아니다. 손익 계산을 따질 일이 아니다. 전자계산기 두드려서 되는 일이 아니라는 것을 우리에게 말씀하고 있는 것입니다. 하나님은 우리 인간을 사랑하시는데 온 천하에 사랑할 대상이라고는 나 하나밖에 없는 것처럼 우리를 사랑하십니다. 이것이 하나님의 사랑입니다. 이 엄청난 하나님의 사랑을 이 땅의 그 무엇—심지어 아버지에게 그 비유를 찾는 것조차 불가능합니다.

> 어떤 목사님이 가출 청소년을 상담하게 되었습니다. 소년에게 탕자 비유를 들어 설명했습니다. 이제라도 아버지에게 돌아가면 신발을 사 주고 금가락지를 끼워주고 송아지를 잡아 환영해 주실 것이라고 설득했습니다. 몇 주후 그 소년을 만났습니다. "얘, 아버지에게로 돌아갔구나." "예." "그래 신발을 사 주시든?" "아니요. 발바닥이 터지도록 맞았는데요." "금가락지를 끼워주셨겠지?" "아뇨. 지갑까지 다 빼앗겼는 걸요." "송아지를 잡아 주셨겠구나." "아뇨. 송아지를 잡아 제게 주시는 게 아니라 나를 잡아 송아지에게 먹이려고 하시던데요."

인간의 사랑엔 한계가 있습니다. 그러나 하나님의 사랑엔 한계도 끝도 제한도 없습니다. 내 허물보다 하나님의 사랑은 더 크고, 내 실수보다 하나님의 용서는 더 크고, 내 죄악보다 하

나님의 구속의 보자기는 더 큽니다.

아들이 집을 나갈 때와는 달리 거지꼴을 하고 터덜터덜 힘없이 걸어오고 있습니다. 그러나 아버지는 한눈에 그 아들이 자기 아들임을 알아보았습니다. 밤낮없이 아들을 애타게 기다렸기 때문에 먼발치의 희미한 모습을 보고도 자신의 아들임을 알아볼 수 있었습니다. 성경은 분명히 말합니다. 자식이 아버지를 불렀다고 말하지 않습니다. 집 나간 자식이 아버지를 먼저 알아보았다고 얘기하지 않습니다. 바로 그 아버지가 먼저 아들을 알아보았습니다. 그 아버지가 아들을 먼저 불러주셨습니다.

기억하십시오. 우리 아버지의 자비의 눈이 아들의 회개보다 빨랐습니다. 우리 하나님의 용서의 가슴이 달려오는 우리의 발걸음보다 더 빠르다는 사실을 기억하십시오. 아버지는 모든 것을 보고 계셨습니다.

실패와 고통으로 지새우는 수많은 밤을 아버지는 보고 계셨습니다. 거리에서 술에 취해 비틀거리며 방황하던 아들을 아버지의 눈은 뒤쫓고 있었습니다. 돼지우리에 앉아서 자기의 신세를 한탄하며 절망 속에 빠졌던 그 모습을 아버지는 보고 계셨습니다. '돌아가야지, 아니야 돌아가도 용서하지 않을거야' 망설이는 그 모습을 아버지는 지켜보고 계셨습니다. 충혈된 눈과 굶주린 창자를 보고 계셨습니다. 이 사랑은 인류전체를 향한 사랑이 아니라 우리 한 사람 한 사람 각자를 향한 사랑입니다.

우리 한 사람 한 사람을 어떻게 사랑하시는가? 오늘 본문의 이 사랑은 정관사의 사랑으로 묘사되어 있습니다. 하나님은 우리를 사랑하시는데 정관사의 사랑으로 사랑하십니다. 잃은 양, 잃은 돈, 잃은 아들 그 앞에 정관사 the가 붙어 있습니다.

동전을 찾습니다. 건초더미에서 잃어버린 동전 대신 아무 동전이나 채워놓고 열 개를 채웠다 그럴 수 없는 것이 여인의 마음입니다. 사랑하는 사람이 남기고 간 그 돈을 찾을 때까지 끝까지 찾는 것이 여인의 마음입니다.

잃은 양을 찾아 나섰습니다. 시장에서 양 한 마리 사다 놓고 백 마리 됐다 할 수 없는 것이 목자의 마음입니다. 내가 아침 저녁으로 이름을 부르던 그 양, 상처났을 때 어루만지던 그 양, 젖을 짜던 바로 그 양을 찾을 때까지!

아들 하나가 집을 나갔습니다. 고아원에서 나이가 비슷한 아이 하나 데려다 놓고 이제 두 아이 됐다 그러면서 웃을 수 없는 게 부모의 마음입니다. 내 핏줄을 타고난 그 아들, 옹아리와 걸음마를 할 때 내게 기쁨을 주던 그 아들을 찾을 때까지 끝까지 대문을 닫을 수 없는 것이 바로 어버이의 마음입니다.

우리 한 사람 한 사람을 얼마나 귀하게 여기시는지, 예수님은 자기 생명과 우리 자신을 맞바꾸셨습니다. 예수의 피로 산 양이 우리 한 사람 한 사람입니다.

우리가 이제는 어떻게 살아야 하겠습니까? 한 생명을 살리기 위해 달리는 앰블런스와 같은 심정으로 살아야 합니다. 앰블런스가 앵앵거리고 달려갈 때에 다른 모든 차가 길을 비켜 줍니다. 교회가 복음을 위하여 헌신하는 일이라고 하면, 구도자를 살리는 일이라고 하면, 영혼을 건지는 일이라고 하면 교회 모든 프로그램은 길을 비켜야 하는 것입니다. 이것이 복음 정신이요, 복음 목회입니다. 이것이 예수님의 마음, 주님의 심장입니다.

「주의 심장 가지고 이제 우리 일어나 주따르게 하소서. 구원함을 얻은 기쁨 세상에서 제일이라」

③ 세 비유에는 공통 단어가 있습니다. "유레카" I found it. "내가 찾았다" 하는 단어입니다.
성경이 기록될 당시 '유레카' I found it 이라고 하는 단어는 너무도 유명한 단어였습니다.

> 임금이 순금 왕관을 하나 만들었습니다. 이것이 순금인지 아닌지 알고 싶었습니다. 그래서 아르키메데스에게 부탁을 했습니다. 연구에 연구를 거듭하던 아르키메데스가 너무 골치가 아파서 시라큐스 공중 목욕탕에 갔습니다. 물이 철렁 철렁 흘러 넘치고 있는데 사람들이 마침 아무도 없습니다. 풍덩! 몸을 던졌습니다. 물이 출렁하고 넘쳤습니다. '아! 물이 흘러 넘친 만큼 부피가 되겠구나' '그만큼 무게가 가벼워지는 것이구나' I found it.
> 유레카! 유레카! 옷 입는 것도 까맣게 잃어버리고 길거리로 뛰쳐나가 유레카! 유레카! 내가 알았다를 외쳤던 것입니다.

바로 이 유명한 단어를 오늘 본문에 기록함으로 이것이 하나님의 마음이다. 이것이 복음을 받아들인 그리스도인의 마음이 되어야 한다고, 이것이 교회가 추구해야 할 방향이라고 성경은 우리에게 말씀하고 있습니다.

### (3) 주인공 추적

이 사실을 좀 더 분명히 하기 위해서 누가복음 15장의 주인공을 우리가 추적해 볼 필요가 있습니다. 특별히 탕자의 비유로 알려진 이 본문의 주인공을 우리가 알 필요성이 있습니다. 많은 사람들이 둘째 아들을 이 본문의 주인공으로 생각합니다. 그러나 오늘 본문을 자세히 연구해 보면 그렇지 않다는 것을 알 수 있습니다.

오늘 본문은 이렇게 시작합니다. 누가복음 15장 1~3절에 예수님은 세리와 죄인들과 함께 식사를 하고 대화를 나누고 계셨습니다. 이때 바리새인들이 문을 열고 들어왔습니다. 그러면서 비판했습니다. 예수님은 꼭 놀아도 저런 것들하고 논다고. 그때 예수님은 몸을 돌려 저희에게 비유로 말씀하셨습니다. 오늘 본문을 들어야 될 일차적인 청중은 바로 바리새인이라는 것입니다. 즉 맏아들입니다.

> 우리가 소설 한 권, 영화 한 편 만화책 한 권을 읽어도 주인공은 끝까지 살아남아야 합니다. 칼이 한 번 쓱 지나가도 엑스트라들은 몇 십명씩 죽습니다. 그런데 주인공은 총을 몇 방씩 맞아도 언덕으로 굴러 떨어져 누군가에 의해 구조되고 치료받아 회복함으로 끝까지 살아남고 마침내 복수에 성공합니다.

그런데 오늘 본문 15장 24절 둘째 아들의 얘기는 깨끗이 막을 내립니다. 25~32절 가운데 둘째 아들의 얘기가 한번도 나오지 않습니다. 맏아들과 아버지의 대화로 이어지고 있습니다. 그렇게 막이 내려집니다. 맏아들이 주인공인 것입니다.

무슨 얘기입니까? 오늘 본문은 교회의 타성을 책망하는 메시지입니다. 신앙 생활하면서도 습관의 감격과 감사를 잃어버린 못난 신앙을 나무라고 있는 것입니다. 복음의 본질을 상실한 교회를 향한 책망입니다. 교회 안에서 성도끼리만 교제합니다. 바리새인들은 바리새인들끼리만 교제했습니다. 세리와 죄인들을 무시했습니다. 교회 안에 성도들끼리 교제하면서도 세상 밖에는 무관심한, 나보다 못나 보이는 사람들에게는 도무지 복음을 전할 마음이 없는 강퍅한 신앙인들을 책망하고 있는 메시지입니다.

**결론은 구도자에 무관심한 교회를 나무라는 말씀입니다.**

오늘날 한국 교회의 그리스도인들을 가장 많이 닮은 신구약 성경의 인물을 찾아 본다면 틀림없이 바리새인일 것입니다. 내가 바리새인이다. 네가 바리새인일 수 있다는 것입니다. 바리새인이 바뀌어야 한다. 맏아들이 바뀌기 전까지는 세상은 바뀌지 않을 것이라는 메시지입니다.

### (4) 맏아들은 무엇을 잃었나?

기실 맏아들이 진짜 탕자입니다. 맏아들이 무엇을 잃어버렸기에 – 결론부터 말씀드리면 맏아들은 구도자를 찾을 열정을 잃어버렸습니다.

① 아버지를 잃어버렸습니다
아버지가 왜 맛있는 반찬을 드시면서 눈물을 흘려야 하시는지, 따뜻한 이불을 덮고 주무시면서도 왜 추워하시는지, 왜 대문을 걸어 잠글 수 없는지 아버지의 고통을 전혀 외면하고 살았던 못난 자식이 맏아들이었습니다. 동생이 돌아왔을 때 잔치를 벌이고 너무도 기뻐하는 아버지의 기쁨을 짓밟아 버린, 잔치집 분위기를 망가뜨린, 가정의 행복을 꺾어버린 자식이 맏아들이었습니다.

성경에 보면 열 처녀의 비유가 나옵니다. 열 처녀가 동일하게 준비한 것은 기름등이었습니다. 그런데 다섯 처녀는 기름을 준비했고, 나머지 다섯 처녀는 기름을 준비하지 못했습니다. 똑같이 오늘 우리가 예배를 드리고 있습니다. 형식은 우리 모두에게 있습니다. 직분도 있습니다. 헌신도 합니다. 헌금도 드립니다. 인격적인 사람으로 보입니다. 그럼에도 불구하고 껍데기는 다 갖추었고 형식은 다 취하는데 그 가운데 복음은 준비하지 못한 그리스도인! 예수님을 닮지 못한 그리스도인들이 주님 오실 때 내가 구원받았을 것이라고 착각하는 사람들 가운에 적어도 50%는 구원받지 못할 수 있다는 무서운 가능성을 본문은 우리에게 말씀하고 있는 것 아니겠습니까?

한 귀신들린 사람들이 있었습니다. 귀신이 쫓겨났습니다. 집안을 소제했습니다. 쫓겨난 귀신이 사방팔방으로 돌아다니다가 있을 곳이 없어서 옛날 집이 그리워 찾아와 보았더니 깨끗이 청소가 되었고 정리가 되었는데 주인이 없습니다. 그래서 일곱 귀신을 데리고 들어와 살았더니 이 사람의 나중 형편이 처음 형편보다 엉망진창이 되었다는 얘기가 있습니다.

반듯하게 인격을 갖춘 것 같지만 그 영혼 속에, 그 삶 속에, 그 언어 속에, 그 사상 속에, 인생의 목표 속에, 그의 우선순위 속에, 복음이 없을 때, 예수가 없을 때, 하나님이 아니 계실 때, 이 사람은 주님으로부터 버림받을 수밖에 없다는 사실을 성경은 우리에게 분명히 말씀하고 있습니다.

② 구도자를 잃어버렸습니다.
밭에 있다가 돌아와 보니 집안에 잔치 분위기가 무르익었습니다. 집에 달려들어가지 못하고 담장 너머에서 종을 부릅니다. 무슨 일인가? 종이 소중한 것을 가르쳐 줍니다. 'Your brother.' 당신이 사랑해야 될 동생이 돌아왔습니다. 그러나 이 맏아들은 한번도 자기 동생을 향하여 '내 동생' 이라고 말하지 않았습니다. 아버지가 달려나와 다시 깨우쳐 줍니다. 'Your brother.' '네 동생' 은 죽었다가 다시 살아나지 않았느냐? 'Your brother.' 그러나 끝까지 이 맏아들은 자기 동생이란 말을 한번도 하지 않습니다.

'이 아들' 이라는 말을 영어 성경에 보면 'this son of yours.' '당신의 이 아들' 이라고 합니다. 한 번도 내 동생이란 의식이 없었습니다.

그리고 우리가 흔히 생각하기를 이 둘째 아들은 창기와 함께 탕진하며 살았다고 생각합니다. 누가 그렇게 얘기했습니까? 둘째 아들이 '아버지 내가 창기와 함께 아버지의 재산을 다 날렸습니다.' 그렇게 고백했습니까? 아니요. 아버지가 그렇게 말했습니까? 동네 사람들이 그렇게 말했습니까? 친구들 중에 그렇게 증언해 준 사람이 있습니까? 종들이 그렇게 얘기했습니까? 아니요. 이 아들이 사업을 하다가 부도를 만났는지? 큰 빌딩을 지었는데 홍수에 날라갔는지? 아니면 사기를 당했는지 알길이 없지요.

본문의 '허랑방탕' 이란 말은 "구원의 삶에 합당하지 않게" 라는 뜻입니다. "창기와 함께 먹어 버렸다"는 말은 맏아들의 입에서 나온 말입니다. 유일하게 이 맏아들이 자기 동생을 비난하기를 창기와 함께 아버지의 재산을 날린 이 아들이라고 말하였습니다. 이것은 비난이었습니다. 사실이 아닐 수도 있습니다. 그것이 사실이라 할지라도 어찌 그 어두운 면만을 과장하여 얘기할 수 있단 말입니까? 사랑을 잃어버린 것입니다.

구도자를 찾을 뜨거운 마음을 잃어버렸습니다. 당시 유대인들, 특별히 바리새인들은 죄인과 이방인들을 지옥의 불쏘시개처럼 생각했습니다. 마귀의 자식들이라고 상종하지 않았습니다. 교제하지 않았습니다. 그러나 예수님은 죄인들의 친구가 되어 주셨습니다. 세리를 천국의 가족으로 인정해 주셨습니다. 이방인들을 천국의 가족으로 환영해 주셨던 것입니다. 이것이 예수님의 마음이요, 오늘 우리의 마음이요, 교회의 심장이 되어야 합니다.

여러분, 우리가 구도자들을 향하여 마음의 문을 열면 그들은 돌아올 것입니다. 그들은 모두 세상과 쥐엄 열매에 지쳐 있습니다. 세상은 저들에게 배부르게 할 수 없습니다.

> **이에 스스로 돌이켜 가로되 내 아버지에게는 양식이 풍족한 품군이 얼마나 많은고 나는 여기서 주려 죽는구나 내가 일어나 아버지께 가서 이르기를 아버지여 내가 하늘과 아버지께 죄를 얻었사오니 지금부터는 아버지의 아들이라 일컬음을 감당치 못하겠나이다 나를 품군의 하나로 보소서 하리라 하고 이에 일어나서 아버지께로 돌아가니라(눅 15:17-20)**

당신이 품은 구도자 그도 우리 천국의 가족입니다. 그도 우리 형제입니다. 그도 구원받아야 할 사람입니다. 구도자, 태신자가 없는 사람은 소중한 천국 가족을 버린 사람입니다. 그가 본문의 맏아들입니다. 그가 탕자입니다.

③ 맏아들은 자기 자신을 잃어버렸습니다. 자신의 사명을 잃어버렸습니다

아버지에게 덤비면서 하는 얘기가 "나는 아버지의 명을 어김이 없거늘" 과연 이 맏아들은 아버지의 명을 어긴 적이 없습니까? 신구약 성경에 보면 아버지의 명령은 두 가지입니다. 첫째, 하나님 사랑입니다. 둘째, 내 이웃을 사랑하는 것입니다.

내 이웃을 사랑하는 메시지도 두 가지입니다. 첫째, 네 동생 찾아와. 날이면 날마다 "애야 네 동생이 집을 나간지 며칠이 지났구나. 동생 좀 찾아 보려무나." 그러나 한 번도 찾아 나선 적이 없습니다. 둘째, "네 동생을 사랑해라. 네가 찾아 나서지 않으려면 돌아오는 그 동생이라도 사랑해라." 그러나 사랑한 흔적이 전혀 없습니다.

그럼에도 불구하고 아버지가 아침에 일어나라고 하면 일어났습니다. 씨를 뿌리라 하면 씨를 뿌렸습니다. 추수하자고 하면 추수했습니다. 그래서 아버지의 명을 어긴 적이 없다고 얘기합니다.

하나님의 사랑하라는 계명을 어기고 있음에도 불구하고 이웃을 찾아 나서라고 하는 엄청난 지상명령을 어기고 있음에도 불구하고 네 가족들을 사랑하며 살라고 하는 사랑의 계명을 어기고 살면서도 주일이 되면 교회에 나와서 예배드렸다는 한 가지 사실 때문에, 내가 봉사하는 자리에서 헌신하고 충성했다는 사실 때문에, 나는 번듯하게 양복을 입고 주님 전에 나가 가끔 주님의 얼굴을 대면했다는 한 가지 사실 때문에 나는 아버지의 명을 어긴 적이 없다고 자신만만하게 얘기하고 있습니다.

그러면서 내게는 염소 새끼 하나라도 준 일이 없다고 넋두리를 늘어놓습니다. 이 사람이 교회에 봉사한 유일한 이유는 염소 새끼 때문이었습니다. 유치한 보상 심리 때문에 교회를 섬겼습니다.

묻습니다. 여러분은 주님을 사랑해서 예배드리고 있습니까? 여러분은 진정으로 주님을 사랑해서 헌금을 드리고 있습니까? 찬양대 여러분 주님을 진정 사랑해서 찬양하고 있습니까? 주님을 사랑해서 내가 살아가는 것입니까? 내 행복이 예수 안에 있습니까? 알량한 세상에 나의 행복과 기쁨이 있지는 않았습니까?

예수 때문에 기쁘고, 예수 때문에 행복하고, 예수 때문에 신명이 나고, 예수님 때문에 손해 보고도 살아가느냐? 오늘 본문이 우리에게 묻고 있습니다.

### (5) 내가 기록하는 33절

맏아들이 집안일을 돌보고 밭에 나가 일하는 그 일이 중요하지 않다는 말은 아닙니다. 물론 과소평가 되어서는 안 될 중요한 일입니다. 문제는 태도의 문제요, 우선순위의 문제입니다. 우선순위에서 늘 밀리는 일은 주님 오실 때까지 못하고 마는 것입니다.

> USA Today 지가 조사한 바에 의하면, 현대 도시인들이 하루동안 이것저것 해야 할 일을 다 하려면 하루가 24시간이 아니라 42시간이 필요하다고 발표했습니다. 결국 인생은 자기 할 일을 다 못하고 죽는 것입니다. 우선순위 - 이것이 신앙이요 인생관이요 역사관입니다.

한 3주 후에 저희 교회를 방문하게 될 랄프 네이버(Ralph Neighbour) 목사님의 얘기 가운데 등대지기 얘기가 있습니다.

> 어느 바닷가에 등대를 밝히는 등대지기가 있었습니다. 등대를 밝히기 위해 매달 일정량의 기름이 배달되었습니다. 그런데 어느 날 그 마을에 사는 어느 집에 외아들이 큰 병에 걸려 수술을 받아야 했습니다. 그러나 돈이 없었습니다. 부모는 등대지기에게 달려가 기름 좀 팔아 수술비를 마련해 달라고 애원했습니다. 등대지기는 거절할 수 없었습니다. 어느 집 아들 대학 등록금으로, 밥을 먹지 못하는 할머니의 양식을 사기 위해 기름을 조금씩 조금씩 팔았습니다. 그러던 어느 날 밤 마을 모든 장정들이 고기잡이를 나갔다 돌아오고 있었습니다. 그런데, 하필이면 그날 기름이 떨어져 등대를 켤 수 없었습니다. 등대를 찾지 못한 어부들은 모두 바다 한 가운데서 방황하다 암초에 부딪혀 죽고 말았습니다.

등대지기의 지상과제는 등대를 밝히는 일이었습니다. 교회에는 분명한 우선순위가 있습니다. 교회를 주님의 신부된 가족, 공동체로 세워가는 일과 구도자를 찾아 구원하는 일입니다. 이 일을 한 다음에 봉사도 하고 성가대도 하고 영성훈련도 해야 합니다. 주님이 교회를 디자인하실 때 그렇게 디자인하셨습니다.

오늘 본문은 32절로 막이 내려지고 있습니다. 완성되지 않은 채로 끝나버립니다. 33절이 기록되어야만 완성됩니다.

33절은 두 가지 가능성이 있습니다. 아버지에게로 달려가 '아버지 아버지와 더불어 살기를 원합니다. 아버지의 마음을 알지 못하고 살았습니다. 아버지가 맛난 음식을 드시면서도 왜 우셔야 했는지 나는 몰랐습니다. 아버지가 밝은 달이면 언덕에 올라 먼 산을 왜 쳐다보시는지 나는 몰랐습니다. 아버지 용서해 주세요.' 아버지 품에 덥석 안겨서 행복하게 살아가는 33절이 가능합니다. 또 다른 33절, 둘째 아들이 돌아왔는데 아버지 가슴에 못질하고 다시 집을 떠나는 지울 수 없는 상처를 남기고 먼 길을 떠나는 33절이 가능합니다.

왜 33절은 기록하지 않았을까요? 그 33절을 우리가 기록해야 하기 때문이라 생각합니다. 내가 어떤 33절을 기록하느냐? 여러분이 어떤 33절을 기록하느냐에 따라서 주님 앞에 서는 심판의 보상이 될 것입니다. 여러분은 어떤 33절을 기록하고 있습니까? 이제 복음을 위해 살기로 다짐하십니까? 이제 예수 그리스도 그분을 위해 살기로 작정하십니까? 그 분 한 분 때문에 행복하기로 작정하십니까? 그분과 더불어 살다가 그분과 함께 죽기로 각오하십니까?

### (6) 구도자를 살리는 교회로

오늘날 현대교회에 주어진 지상과제도 이제 분명해졌습니다. 구도자를 살리는 교회로 거듭나야 되는 것입니다.

제가 신앙생활을 하면서 그리고 목회를 하면서 두 번 정도 자원하여 안수기도를 받은 적이 있습니다. 미국 수정교회에서 존 윔버(John Wimber)목사님을 만났을 때 안수기도를 요청하고 싶었지만 이미 그때 그는 병약하여 한 시간 강의조차 힘든 상황이라 감히 요구하지 못했습니다.

첫번째는 알파코스의 개발자며 대표자인 니키 컴블(Nicky Gumbel)목사님이 영락교회에 왔을 때 치유사역을 위해 안수기도를 하길래 달려나가 내 머리를 맡겼습니다. 두 번째는 싱가폴 FCBC교회 로렌스 콩(Lawrence Khong)목사님을 만났을 때 그의 사무실 바닥에 무릎을 꿇고 "당신의 그 불과 열정을 제게 나눠 주십시오." 요청했습니다. 그의 기도는 뜨거웠고 그 내용은 분명했습니다. "한국의 류 목사님이 교회 안에 있는 많은 교인들보다 교회 밖에 더 많은 하나님의 가족, 구원받아야 할 사람들이 있음을 보게 해 주십시오." 라는 기도였습니다.

두 번 다 몸에 특별한 느낌이 있었던 것도 방언이 터지고 하늘의 불이 떨어지는 느낌이 있었던 것도 아니었습니다. 그러나 그 이후 점차적으로 부족한 종을 통하여 우리 교회를 통하여 치유의 역사들이 일어나고 있습니다. 구도자들을 보는 눈이 열려가고 있습니다. 교회의 자원을 주님이 원하시는 곳에 쓰려고 몸부림하고 있습니다. 주님이 원하는 교회로 세우기 위해 함께 발버둥치고 있습니다.

이 일을 통해 앞으로 더욱 크게 우리 교회가 쓰임 받게 될 것입니다. 주님이 기뻐하시는 교회로 발돋움하게 될 것입니다. 민족을 세우고 한국 교회를 세워가게 될 것입니다.

## 구도자를 찾아라

**1. 환영, 마음 문 열기(WELCOME)**
- 처음
  내가 처음 교회를 나올 때(예수를 믿을 때) 내 개인적인 상황은 어떠했으며, 교회 나오게 된 동기가 무엇입니까?

  내게 가장 큰 영향을 미친 사람은 누구입니까?

**2. 찬양을 통한 경배(WORSHIP)**
- 찬양을 드리며 주 앞에 옵니다.
- 사랑하는 나의 아버지
- 탕자처럼 방황할 때도 애타게 기다리는
- 아버지 내 삶의 모든 것 되신 주-후렴 반복

※ 찬송을 연이어 부르며 그리스도의 임재를 무한대로 초청하십시오.
주님의 임재가 충만할 때 깊이 있는 기도로 나아갑니다.

**3. 말씀 나누기(WORD)**
(1) 본문 읽기-누가복음 15:11-32

(2) 나눔
① 세상의 불신자들을 보는 우리의 바른 관점이 무엇입니까?
- 지옥의 불쏘시개다.( )
- 마귀의 자식들이다.( )
- 상종해서는 안 되는 사람들이다.( )
- 서로 관심을 가지거나 교제를 하면 안된다.( )
- 잃어버린 가족이다.( )

② 맏아들의 결정적인 실수는 무엇이었습니까?
- 집안에 남아 있는 가족들만 생각( )
- 일하는 목적, 방향이 잘못됨(유치한 보상 심리)( )
- 아버지의 아픈 마음을 이해하지 못함( )
- 아버지의 기쁨(행복)을 깨뜨림( )
- 아버지의 명령(하나님을 사랑하고 이웃을 사랑하라)을 이해하지 못함( )
- 위 모두 다 틀리다.( )
- 위 모두 다 맞다.( )

당신이 만약 이 맏아들이라고 지적 받는다면 놀라시겠습니까?
지금까지 신앙 생활에서 당신의 실수는 무엇입니까?

③ 이 맏아들이 아버지의 마음을 가장 아프게 한 것은 가족의식의 결여였습니다(그는 동생을 내 동생이라고 부르고 있지 않다). 성경이 가족이라고 말씀하고 있는 영역이 무엇입니까?
- 그리스도인은 모두 천국 가족이다.( )
- 교회는 가족이다.( )
- 셀은 가족이다.( )
- 내가 품은 불신자는 확장된 가족이다.( )
- 모두 맞다.( )
- 모두 틀리다.( )

세상의 불신자들을 가족이라고 생각하고 사십니까?

④ "내가 찾았다"라는 말 속엔 무한한 아버지의 기쁨과 감격이 담겨 있습니다. 누가복음15장의 세 비유에서 잃어버린 자를 찾은 기쁨은 손익계산으로 따질 수 없는 일입니다. 어떤 면에서 그렇습니까? 당신에게 이런 행복과 기쁨이 있습니까?

### 4. 좋은 소식 알리기(WITNESS)
- 복음 전파는 교회에 등록시키는 한번의 사건이 아닙니다. 씨를 뿌리고 잡초를 제거하고 거름을 주고 주야로 가꾸며 오래 인내하고 기다리다 열매를 맺고 추수를 하는 과정입니다.

전도는 과정이다
씨뿌릴 곳을 찾는다(구도자 찾기).
씨를 뿌린다(구도자와 처음 접촉).
잡초를 제거하고 물을 준다(기도).
계속 돌보고 가꾼다(관계 맺기).
꽃이 피고 열매가 보인다(복음제시, 초청).
적절할 때 수확하기(교회, 행복동산, 셀로 인도).

### 5. 서로를 위해 기도하기(WORK)
- 우리 셀 기도 체인 만들기
- 우리 셀 정기 기도 계획하기(함께 모여서, 흩어진 자리에서, 금식기도 등)
- 다지세 기도와 빈방석 채우기를 위해 함께 기도

진실로 너희에게 이르노니 무엇이든지 너희가 땅에서 매면 하늘에서도 매일 것이요 무엇이든지 땅에서 풀면 하늘에서도 풀리리라 진실로 다시 너희에게 이르노니 너희 중에 두 사람이 땅에서 합심하여 무엇이든지 구하면 하늘에 계신 내 아버지께서 저희를 위하여 이루게 하시리라 두 세 사람이 내 이름으로 모인 곳에는 나도 그들 중에 있느니라(마 18:18-20)

각 셀 목장이 천사도 흠모하는 아름다운 하나님의 가족 공동체가 되길 간절히 기도합니다.
목자를 섬기는 작은 목자 류영모 목사

# 3장 셀 생활
# 1과 셀의 번식과 새 목자 세우기

> 날마다 마음을 같이 하여 성전에 모이기를 힘쓰고 집에서 떡을 떼며 기쁨과 순전한 마음으로 음식을 먹고 하나님을 찬미하며 또 온 백성에게 칭송을 받으니 주께서 구원 받는 사람을 날마다 더하게 하시니라(행 2:46-47)

어떤 셀이 건강한 셀일까? 왕성하게 번식하는 셀이 건강한 셀이다. 예수님은 '가서 제자를 삼으라' 말씀하셨지 '가서 제자가 되라. 훌륭한 제자가 되라' 말씀하지 않으셨다. 그러므로 셀의 궁극적 목표는 셀을 번식시키는 것이다. 살아 있는 세포는 끊임없이 번식한다. 역사학자 허버트 버터필드(Herbert Butterfield)가 말했듯이 셀은 엄청난 '자기 번식자' 이다. 셀 교회에도 이러한 원리가 적용된다.

### 본 과의 목표

1. 셀 번식의 중요성과 예비 목자(Intern) 세우는 방법을 이해한다.
2. 셀 번식의 비전과 축복을 누리기 위한 지혜를 얻는다.
3. 셀 번식 예정일을 정하고 무통분만이 가능하도록 준비한다.

# 1. 셀의 번식

## (1) 조직체 대 생명체

조직체는 점점 화석화되는 반면 생명체는 여전히 유연하고 생산성을 갖게 된다. 변화의 요구에 대해 조직체는 대처 능력이 경직된 반면 생명체는 강력한 변화의 주체가 된다. 조직체는 유지, 보존에 목적이 있는 반면 생명체는 생명의 성장과 번식, 사람을 구원하고 키우는데 목적이 있다.

## (2) 변화산 신드롬(친교병)

셀이 성경적인 참다운 친교(코이노니아)가 아닌 끼리끼리만 뭉치는 '친교병' (코이노니스트)에 빠져 계속적인 번식을 통한 배가를 거부하고 "여기가 좋사오니" "우리끼리만 좋사오니"라고 고집한다면 그것을 바라보시는 하나님 아버지의 마음이 어떠시겠는가? 결혼한 자녀가 출산하지 못한 경우 그리고 결혼을 거부하고 부모와 계속 살겠다고 고집부리는 모습일 것이다.

## (3) 셀의 생명력

전통적인 구역조직은 관리에 더 중점을 두고 있다. 구역을 번식시킨 생각보다는 주어진 구역 식구들을 관리하기도 벅찬 것이 일반적인 구역의 현실이다. 아울러 교회적으로는 행사를 지원하기 위해 참석 동원을 하거나 각종 봉사에 있어서 유용한 도구로서 구역을 보기도 한다. 그러나 이와는 달리 셀의 생명력은 다음과 같은 점에 있다.

- 관리하고 보관하는 기념품이나 장식품이 아닌 모든 목원(셀원)이 사역하는 **사역의 장**.
- 상호 책임지며 서로 양육하는 **양육의 장**.
- 잃어버린 양들을 찾아 셀 가족 공동체에 입양시키는 **전도의 장**.
- 예비 목자(Intern)를 세우고 훈련시키는 **훈련의 장**.

이러한 생명력을 지닌 셀은 자연적으로 번식하여 분가의 때를 맞이하게 된다.

## (4) 셀 분가의 필요성

① 효과적인 의사소통(Sharing)을 위해서

의사소통 라인(Communication Line) 공식

$CL=(N \times N)-N$ (N: 사람 수, CL: 관계의 수)

이러한 공식에 의하면 셀이 고유의 기능을 발휘하기 위해서는 한 셀 구성원이 12명 이상이면 효과적인 나눔이 어렵다. 이러한 상황에 처하면 목자(Cell Leader)는 분가를 준비해야 한다. 목원(셀원)들과 준비 기간을 거쳐 분가를 해야 한다.

② 더 많은 리더들이 자라날 수 있기 때문
때로는 한 셀 안에 목자(Cell Leader)로서의 사역을 감당할 능력이 있는 예비 목자(Intern)들이 여러 명 있을 수 있다. 이런 경우 이들을 필요로 하는 셀로 파송하거나 또는 새로운 셀을 직접 개척하도록 하는 것이 필요하다. 이렇게 될 때 더 많은 리더들이 자랄 수 있다.

③ 보다 효과적인 필요 충족을 위해서
물리적 공간의 문제를 만들어 내지 않고, 모든 사람이 중요하게 여겨지고, 그들의 필요가 채워질 수 있으려면 소그룹 환경이 필요하다.

### (5) 셀 분가의 유형

성장에 의해 목원(셀원) 수가 많아져 분가가 일어날 때, 이것을 '나뉘었다' 는 수동적이며 부정적인 표현을 쓰지 않도록 한다. 셀의 번식은 건강한 생명체에 의하여 일어나는 자연적인 분가요 '생육하고 번성하라' 는 하나님의 명령에 의한 번성인 것이다. 이러한 분가에는 다음과 같은 3가지 유형이 있다.

① 자연적인 분가
교회에 등록한 사람이 어떤 한 지역에 많이 모여 있어서 자동적으로 수가 많아 자연스럽게 셀의 분가가 일어난다.

② 병합에 의한 분가
시간이 지날수록 생명력을 잃어가며 오랫동안 성장이 없는 셀들을 적절히 병합시킴으로 새로운 셀이 태어나는 경우이다. 소수의 인원으로 '생존을 위한 몸부림' 으로 지쳐 있는 셀들이 적절히 병합되어 오히려 활기와 힘을 찾는 시너지 효과를 얻을 수 있기 때문에 이러한 분가도 긍정적으로 고려할 필요가 있다. 다음과 같은 과정을 통해 병합에 의한 분가가 일어날 수 있다.
㉠ 셀 모임에 담당 교역자가 여러 차례 방문하여 셀 병합의 필요성을 함께 논의한다.
㉡ 목자(Cell Leader)에게 약 3달 간의 유예 기간을 준다. 이 '은혜 기간' 에도 불구하고 변화가 없을 경우에는 병합을 시행할 것을 약속한다.
㉢ 병합을 통해 새로운 셀을 시작하는 것이 축복의 기회가 될 수 있음을 목원(셀원)들에게 이해시킨다.
㉣ 병합하게 될 경우 인도할 목자(Cell Leader)가 방문하여 셀 모임을 함께 하면서 서로 익숙해지도록 한다.
㉤ 병합할 셀들의 목원(셀원)들이 비공식적인 자리에서 자연스럽게 서로를 익힐 수 있는 방법들을 사용한다.

㉯ 병합하여 새 셀을 출범시킨다.
㉰ 병합의 경우 다른 한 목자(Cell Leader)는 예비 목자(Intern)가 되며 목자의 경험이 있는 연로한 분들의 경우 셀 후원자가 될 수 있다.

③ 전도를 통한 분가
좀 더 적극적으로 목원(셀원)들이 잃어버린 영혼들을 되찾고 구도자들을 초청해서 그 수가 늘어나서 분가가 일어나는 경우이다.

### (6) 분가의 과정
셀의 분가를 위해서는 다음과 같은 과정을 밟도록 한다.

① 예비 목자(Intern) 확정
분가 후 새 셀을 담당할 예비 목자(Intern)를 교역자와 의논하여 확정한다. 만일 자체에서 준비된 예비 목자(Intern)가 없어 외부에서 영입할 경우 반드시 교역자와 의논하여 결정한다.

② 충분한 훈련
예비 목자(Intern)가 목자(Cell Leader)로서의 새로운 사역을 시작하고 셀의 분가가 일어나기 전에 새로운 양을 인도할 수 있는 충분한 훈련의 기회를 제공해야 한다.

③ 성장과 번식의 비전 심어주기
목원(셀원)들에게 분가의 시기가 다가왔고 그것이 왜 축복인가를 이해할 수 있도록 셀의 성장과 번식의 비전을 심어준다.

④ 기도로 준비된 자원하는 심령
새로 분가되는 셀에 예비 목자(Intern)와 함께 '누가 가서 도와줄 것인지' 자원하는 심령들이 일어나도록 기도한다.

⑤ 분가 축복의 시간
분가를 교회에 알려 기쁨의 시간, 사역의 축복이 되는 시간이 되도록 한다.

### (7) 분가의 방법
새 셀을 누가 개척할 지에 따라, 또한 목원(셀원) 가운데 새신자 혹은 신앙 경륜이 적은 사람들을 누가 담당하느냐에 따라 다음과 같은 도표로 정리해 볼 수 있다.

|  | 신임 목원(셀원)이 대다수 | 기존 목원(셀원)이 대다수 |
|---|---|---|
| 목자(Cell Leader)가 개척 | 쉽게 안정되고, 신선감이 있으나 예비 목자(Intern)의 개척정신이 결여됨 | 쉽게 안정되고 경험을 살려 다시 시작하나 남은 사람들이 불안해 하여 실패 가능 |
| 예비 목자(Intern)가 개척 | 개척정신이 고양되고 창조적인 셀 탄생하나 경험, 지도력 부족으로 어려움 | 둘 다 참신하여 보완 관계 있으나 새 지도력을 인정하지 않을 가능성 있음 |

위의 4가지 경우, 새 지도력이 인정되기만 한다면 예비 목자(Intern)가 기존 목원(셀원)들과 함께 새 셀을 시작하는 것이 가장 이상적이라고 할 수 있다. 그러나 이것을 율법적으로 규정하기보다는 발생하는 사례에 따라 유연하게 적용하는 지혜가 필요하다.

### (8) 분가의 축복을 극대화하기 위한 지혜 (무통분만)

헤어져야 한다는 섭섭함 등으로 인해 셀이 분가되는 축복의 큰 기쁨이 희석될 수 있다. 따라서 다음과 같은 점을 유의해서 '기쁨 두 배, 축복 두 배'가 될 수 있도록 한다.

① 목자(Cell Leader)가 슬픔의 감정에 도취되어서는 안 된다

목자(Cell Leader)가 목원(셀원)들의 심정을 깊이 이해하고 나눠야 하지만 슬픔의 감정에 함께 도취되어 헤어나지 못하면 안된다. "글쎄 나도 별로 헤어지고 싶지 않은데…", "교회 정책이니 어떻게 하겠어?", "운명으로 받아들여야지…" 등의 생각이나 말은 다시 한 번 여과되어져야 할 필요가 있다.

② 하나님 아버지의 심정 헤아리기

하나님 아버지는 우리 셀의 분가에 대해 어떻게 생각하실지 그 심정을 헤아려 보면서 분가의 비전을 다시 나누도록 한다. 딸을 시집 보내는 어머니의 심정은 아쉽기도 하지만 하나의 가정을 세우고 독립할 수 있도록 축복해야 할 부모의 자세와 비교해 본다.

③ 분가의 타당성 설득

현재의 상황에서 우리 셀이 분가할 수밖에 없는 이유들을 목원(셀원)들에게 타당성 있게, 적절하게 설득한다.

④ 개별 심방하기

분가의 비전이 이해되지 않아 분가를 거부하는 경우, 담당 교역자와 의논하여 개별 심방을 통해 잘 이해하고 수용할 수 있도록 한다. 설득이 될 때까지는 강압적으로 나누는 것은 지양하는 것이 좋다.

⑤ 분가의 시간 = 축제의 시간

분가의 시간은 축제요, 기쁨의 시간이라는 이미지를 심어준다. 목자(Cell Leader)와 목원(셀원)들의 수고에 대해 격려하며 의미 있는 축하의 시간을 마련하고 분가를 바라보는 모두가 함께 기뻐할 수 있는 축제의 분위기를 조성함으로 "우리 셀도 분가하고 싶다"라는 거룩한 갈망을 갖도록 한다.

건강한 셀, 생명력을 가진 셀이라면 성장하여 분가가 일어나는 것은 자연스런 모습이며 이것이 우리 사역의 가치 있는 비전이다. '천국 갈 때까지 헤어지지 말자'는 식의 자세가 셀 결속력의 강도나 교제의 수준을 높이 평가하는 기준으로 오해되어서는 안되겠다.

## 2. 새 목자 세우기 및 파송하기

셀 번식의 핵이 목자(Cell Leader)라고 하는 사실은 아무리 강조해도 지나치지 않을 것이다. 목원(셀원)들이 많아 분가할 때가 되었음에도 적당한 목자(Cell Leader) 후보가 없어서 분가를 하지 못하는 경우도 있다. 이러한 일을 미연에 방지하기 위해서라도 예비목자(Intern)를 세워 꾸준히 양육하고 훈련하는 일이 필요하다.

### (1) 예비 목자(Intern)의 자격

① 구원의 확신에 대해 흔들림이 없고 영혼을 구원하려는 열망을 가진 사람이어야 한다.
② 하나님과 동행하는 것과 목원(셀원)에 대한 목양을 성실하게 감당할 사람이어야 한다.
③ 성령과 리더들의 가르침을 기꺼이 배우고 변화되고자 하는 자세를 가진 사람이어야 한다.
④ 교회의 권위와 지도에 순종하며 존중하는 자세를 가진 사람이어야 한다.
⑤ 훈련되고 섬기며 다른 사람들의 필요를 돌보는 목자(Cell Leader)로서의 은사를 가진 사람이어야 한다.
⑥ 다른 사람에게 동기를 부여하는 능력을 가진 사람이어야 한다.
⑦ 셀 사역에 도전적인 제안을 하는 적극성을 갖고 사역에 열정을 가진 사람이어야 한다.
⑧ 교회 양육훈련을 마친 사람이어야 한다. 따라서 평상시에 목원(셀원)들이 교회 훈련의 필수적인 과정들을 이수하도록 하는 지혜가 필요하다.
⑨ 타교회나 단체에서 소그룹을 인도한 경험이 있는 사람을 주목한다. 이 경우에도 교회의 기본적인 과정은 이수하여 우리 교회 셀 사역의 비전을 이해하도록 해야 한다.

목자(Cell Leader)는 셀 모임을 인도하며 목원(셀원) 가운데 누가 이러한 자질을 소유하고 있는지 지속적으로 주목하여 세심히 관찰한다.

※ 예비 목자(Intern)를 발굴하고 셀 목자(Cell Leader)로 세울 때 고려해야 할 사항으로 위의 내용 외에 다음과 같은 조건을 고려하도록 죠엘 코미스키는 충고하고 있다.

- 셀 생활의 충분한 경험이 있는가?
- 셀 리더십 세미나 등 셀 지도력 훈련을 받았는가?
- 현재 셀의 조력자, 예비 목자(Intern)로 섬기고 있는가?
- 셀 안에서 지도력에 있어 인정을 받고 있는가?
- 주님과 셀 목자(Cell Leader) 그리고 목원(셀원)들 모두에게 신실하고 충성스러운가?

### (2) 예비 목자(Intern) 선발

일정 기간을 기도하며 후보자로 떠오른 사람 중 한 사람을 담당 교역자와의 상담을 통해 예비 목자(Intern)로 선정한다. 예비 목자(Intern)를 선정함에 있어서 참고할 만한 질문은 다음과 같다.

① 하나님과의 관계(하나님의 임재와 권능에 접속)
   ㉠ 하나님의 말씀이 삶의 지침이 되고 있는가?
   ㉡ 하나님의 말씀을 날마다 묵상하여 연구하고 있는가?
   ㉢ 연구하고 묵상한 말씀을 삶에 적용하고 있는가?
   ㉣ 하나님에 대한 신앙이 환경에 따라 흔들리지 않고 확고한가?

② 사람들과의 관계(사람을 소중히 여기고 섬김)
   ㉠ 다른 사람들을 정죄, 비판하는가 아니면 격려하고 세워 주는가?
   ㉡ 엉망진창인 사람들을 배척하고 회피하는가 아니면 다가가서 품으려 하는가?

ⓒ 다른 사람들의 조언에 귀 기울이는 겸손함이 있는가 아니면 무시해 버리는가?
③ 사역의 자세(사역과 불신자 전도에 대한 비전)
  ㉠ 셀로 향한 확고한 비전이 있는가?
  ㉡ 주어진 사역에 대해 솔선수범하는가?
  ㉢ 효과적으로 사역을 분담하는가?
  ㉣ 기도와 전도가 생활화되어 있는가?
  ㉤ 리더십을 발휘하는데 가족이 후원자가 되어 주고 있는가?
  ㉥ 불신자들을 인도하려는 열망이 있는가?

### (3) 예비 목자(Intern) 양육

셀이 번식하여 나뉘기 전에 셀 모임을 담당하는 셀 목자(Cell Leader)의 역할을 대신 해 보게 하는 등 실습의 기회를 제공한다. 구체적인 양육 내용으로는 비전을 함께 나누고 목자(Cell Leader)로서의 마인드를 갖추도록 하며 상호 책임의 3P를 실천하도록 격려하고 목자(Cell Leader)로서의 역할을 조금씩 위임하고 번식하도록 훈련하는 것 등이 있다.

### (4) 신임 목자 세우기

교역자와의 협의 하에 셀의 분가를 앞두고 신임 목자를 세우는 시간을 갖는다. 셀이 번식하여 분가되는 것이 얼마나 소중하고 가치 있는 일인지에 대한 생각을 공유하는 예비 목자(Intern)가 되도록 셀 모임에서부터 목원(셀원)들을 변화시켜 나가야 한다. 셀이 번식하여 분가되는 것이야말로 세계 복음화의 확실한 지름길이라는 사실을 마음에 새기고 최선을 다하도록 한다.

# 토의

- 당신은 번식, 분가의 비전과 열망을 가지고 있는가?

  _____
  _____
  _____
  _____
  _____

- 우리가 섬기는 교회에 셀이 번식, 분가되도록 하는 시스템이 준비되어 있는지에 대해 이야기해 보자.

  _____
  _____
  _____
  _____
  _____
  _____

- 올해 우리 셀의 분가 예정일을 발표하고, 왜 그 날을 정했는지 서로 나누어 보자.

  _____
  _____
  _____
  _____
  _____
  _____

# 2과 성령 안에서의 셀

> 내가 내 파수하는 곳에 서며 성루에 서리라 그가 내게 무엇이라 말씀하실는지 기다리고 바라보며 나의 질문에 대하여 어떻게 대답하실는지 보리라 그리하였더니 여호와께서 내게 대답하여 가라사대 너는 이 묵시를 기록하여 판에 명백히 새기되 달려가면서도 읽을 수 있게 하라(합 2:1-2)

지금까지의 연구를 통해 우리가 얻은 분명한 확신이 있다.

첫째, 셀 교회는 주님이 그토록 세우시기 원했던 바로 그 교회이다.

둘째, 셀 교회는 1세기에 있었던 교회, 신약성경이 우리에게 보여 주는 그 교회이다.

셋째, 셀 교회는 지금 우리가 살고 있는 이 시대에 성령이 세계 도처에서 세우시고 있는 그 교회, 주님이 디자인하신 바로 그 교회이다.

그렇다면, 셀 교회 셀의 핵심은 무엇인가?

그것은 우리의 모임 중에 임하는 성령님의 임재와 권능을 인정하고 그대로 받아들이고 경험하는 것이다.

랄프 네이버(Ralph Neighbour) 박사는 그의 책 「셀리더 지침서」에서 이렇게 말하고 있다.

> 셀그룹이 성공적이 되려면 은사를 받은 셀 리더나 기타를 가지고 익숙하게 찬양을 인도하는 사람이 필요한 것이 아니라 그 모임 가운데 그리스도의 임재가 있어야 하는 것이다.

빌 벡햄 박사는 그의 강의에서 5W와 공동체의 5요소의 핵심은 그리스도의 십자가라고 말했다. 더 정확히 말하면 그리스도의 임재가 셀 모임 가운데 임하는 것이 셀 모임의 핵심(Core)이며 그것을 중심으로 은사들이 사용되어지며 사역이 이루어진다는 것이다.

아무리 5W와 공동체의 5요소를 이루기 위해 몸부림 쳐도 그리스도의 임재가 없다면 생명력이 없는 셀 모임과 셀이 되고 마는 것이다.

### 본 과의 목표

1. 셀 안에서 하나님의 임재를 경험하고 하나님의 음성을 듣는 방법을 이해한다.
2. 모든 셀 모임에서 성령의 임재와 충만을 간절히 사모한다.
3. 셀 안에서 성령의 임재와 충만을 체험하기 위해 서로 사역한다.

# 1. 어떻게 해야 그분의 임재 가운데 나아갈 수 있을까?

### (1) 비우라

주님의 임재 가운데 나아가는 첫번째 단계는 비우는 것이다. 주님의 임재를 방해하고 주님의 임재를 느끼지 못하게 하는 내 안의 장애물을 제거하는 것이다. 성경 곳곳에 악덕 목록과 선덕 목록이 나오고 악덕 목록은 버리도록 요구하고 있음을 기억하자.

> **너희 안에 이 마음을 품으라 곧 그리스도의 예수의 마음이니 그는 근본 하나님의 본체시나…자기를 비어 종의 형체를 가져…(빌 2:5-7)**

'자기를 비어…' 비움은 바로 그리스도를 닮아가는 길이라고 믿어진다.

- **무엇을 버려야 할 것인가?**
  내 자신이 주님의 임재 가운데 나아가는데 방해가 되는 것들은 무엇이라고 주님이 말씀하시는가 구체적으로 기도하며 적어 보자.

  _____
  _____

싱가폴 C.H.C.(City Harvest Church) 교회의 콩(Rev. H. Khong) 목사는 주님의 임재 가운데 나아가기 위해 버려야 할 것 두 가지를 말하고 있다.

**첫째, 불순종**
불순종을 회개하고 무슨 말씀이든지 순종하고자 할 때 쉽게 하나님의 음성을 들을 수 있다.

**둘째, 거룩치 않은 것**
교회의 가장 큰 죄 중 하나는 성령을 근심하게 하고 슬프게 하는 것이다. 이것들을 버려야 하나님의 임재 앞으로 나아갈 수 있다.

### (2) 채우라

> … 육체의 더러운 것을 제하여 버림이 아니요 오직 선한 양심이 하나님을 향하여 찾아가는 것이라(벧전 3:21)

다른 종교, 특별히 동양 종교는 비우는 것이 최종 목표지만 기독교는 비움에서 끝나는 것이 아니라 채우는 것이다. 비움은 채우기 위함이요 빛이 들어오면 어둠이 물러가듯 성령님을 모셔 들이면 허탄한 것들이 물러간다고 믿는다.

① 무엇을 채워야 할 것인가?-찬양과 경배와 기도와 말씀

모든 셀 교회가 찬송을 매우 중요시한다는 것을 우리는 염두해 두어야 한다. 그들은 찬양과 경배를 나누고 있고, 찬양을 통해 하나가 된 뒤 경배를 통해 주님의 임재 가운데 나아간다. 그들은 이 시간에 성령의 무제한적인 임재를 요청하며 경험한다.

주님의 충만한 임재를 경험하는 상태에서 그리스도와의 영적 대화가 일어나며 기도한다.

그 다음엔 말씀을 받는다. 대그룹에서는 말씀을 받는 시간에 설교자가 등장하고 셀 모임 시에는 서로 말씀을 나누는 시간을 갖는다.

이는 성막의 모형을 따르고 있음을 알 수 있다. 이스라엘 백성은 찬양과 경배를 드리며 성막의 문을 통과했고 번제와 화목 제물로 죄를 회개하였으며, 대제사장은 성소에 있는 기도를 의미하는 향단을 통과하여 지성소에 들어가 하나님의 음성을 들었다.

이러한 순서들은 셀 모임 시 정확히 구분되지 않고 물 흐르듯이 성령의 인도하심을 따라 진행되어진다. 주님의 임재가 있은 후 기도와 말씀과 교제와 목회적 돌봄이 더욱 큰 힘을 얻는 것이 당연하다.

② 준비되어야 할 것들-분별, 열정, 믿음, 겸손, 진실한 사랑, 초월

충만한 성령의 임재 가운데 나아가기 위해 준비되어야 할 것들로 C.H.C.교회의 **콩 목사**는
- 주님의 음성을 분별함, 주님을 섬기고자하는 열정적인 마음, 믿음을 들고 있으며

아빌라의 **성녀 테레사**는
- 겸손과 진실한 사랑과 초월을 들고 있다.

③ READY?

성령의 임재를 위해 필요한 것들을 혹자는 READY라는 단어로 정리하였다.
- R: repent(회개)
- E: expect(기대)
- A: adore(경배)
- D: drink(믿음으로 마심)
- Y: yield(순종)

## 2. 하나님의 음성 듣기

…나는 모임을 끝내기 전에, 기도 시간을 갖자고 제안하고 모임의 인도를 그 그룹의 목사에게 맡겼다. 그는, "우리가 함께 기도할 특별한 기도 제목을 갖고 계신 분 있습니까?"라고 물었다. 그 집의 여주인이 말했다. "예, 저는 몇 달 동안 온 몸에 발진이 일어났어요. 고열로 입에 물집도 생겼습니다. 제 팔과 목에 발진이 보이죠? 온 몸이 이렇답니다. 피부과 의사가 피부 크림과 약을 처방해 주었지만, 별 차도가 없어요. 저를 위해 기도해 주시기를 부탁드립니다."

그녀는 자신의 의자를 방 한 가운데로 옮겼다. 그리고 모두가 그녀를 둘러쌌다. 그 다음 무슨 일이 생겼을까? 그녀의 치유를 위해 우리가 간절히 기도한 후, 다음 기도 제목을 두고 기도했을까?

다음 사람 차례로 넘어가기 전 성령님이 그 집에 임하셨다. 지식의 말씀이 그 목사에게 주어졌고 목사가 조용히 입을 열었다. "주님이 제 마음속에 당신의 문제가 커다란 분노의 결과라고 말씀하고 계십니다. 당신은 그 문제를 우리와 나누어야 할 것 같습니다."

그녀는 잠시 동안 말이 없다가 울먹이며 조용히 말을 시작했다. "그래요, 그럴 거예요. 저는 남편에 대해 너무도 화가 나 있어요! 남편은 늘 저에게 저녁 식사에 맞춰 귀가하겠다고 약속하지만, 밤마다 남편 없이 식사를 합니다. 저는 남편의 식사를 냉장고에 넣어 두고, 언제나 남편이 집에 들어와 그것을 먹기 전에 잠이 들어요. 남편은 늘 그렇게 나와의 약속을 어깁니다. 전 혼자 아이들을 기르는 과부 같은 기분이에요."

이 때 남자들 중 한 사람이 목청을 가다듬고 그 부인의 남편에게 말했다. "당신도 알겠지만, 전 지금의 당신과 같은 입장으로서 제 가족을 모두 잃은 상태나 마찬가지입니다. 사실, 제 아내는 짐을 싸들고 떠나 버렸죠. 저는 밤낮으로 일하고 가족들에게 좋은 것들을 제공해 주는 것으로 나 자신을 최고의 남편이자 아버지라고 생각했었습니다. 이렇게 되기 전에 성령님이 저를 단호하게 다루셔야만 했습니다. 그 때 전 제가 하고 있던 일이 결국 연기처럼 사라지고 있다는 것을 깨달았습니다. 그런 다음에 저의 과거와 미래의 일이 무슨 가치가 있겠습니까? 저는 그 때 바울이 디모데와 디도에게 썼던 서신들을 통해, 제가 제 가정을 올바로 돌보지 않는다면 결코 하나님의 사람이 될 수 없다는 것을 깨닫게 되었습니다. 이때 제 인생에서 가장 심오한 영적인 경험을 했던 것입니다. 그후 제가 하나님 다음으로 가족을 우선순위에 두고 일

중독에 빠지기보다 가족을 우선했을 때, 저의 결혼 생활과 가정은 급속히 변화되었습니다."

연이어 다른 사람들도 나누기 시작했다. 성경구절도 인용되었다. 또 어떤 사람은 지혜롭게 말하는 은사를 사용하여 특별한 하나님의 말씀을 전했다. 성령님이 우리들을 중재하셨고, 모인 사람들은 한 몸으로 세워져 가고 있었다.

그 부인의 남편은 무릎을 꿇고 엎드려 눈물을 흘렸다. 그의 얼굴은 아내의 무릎에 파묻혀 있었다. 그가 먼저 고백과 회개의 개인적인 기도를 드리기 시작하자 그룹 구성원들도 그를 따라 기도하기 시작했다. 기도할 때 어느 누구도 자신의 차례를 기다리지 않았으며, 모두가 시간의 흐름을 잊은 채 합심하여 기도를 했다. 주님이 그분의 몸된 이 모임에 깊숙이 내재하셨고, 우리 모두가 영적인 세계로 통하는 출입구로 들어서고 있었다.

이것으로 그 이야기는 끝나지 않는다. 그 다음 주일 아침, 나는 교회의 맨 앞줄에 앉아 설교 노트를 보고 있었다. 커다란 유리창으로 그 그룹 사람들이 주차장에서 이야기하고 있는 모습을 볼 수 있었다. 몇 분 후 그들은 모두 내 주위에 둥그렇게 모여 섰다. 지난 번 셀그룹 모임의 여주인이었던 그녀가 옷소매를 걷어올리며 말했다. "목사님 보세요 발진이 모두 사라졌어요. 제 몸의 발진이 사라졌어요." 그리고는 사랑이 가득 한 두 눈으로 말을 이었다. "제 남편도 목사님께 드릴 말씀이 있답니다." 그녀의 남편이 말했다. "목사님, 전 근무 시간을 8시간으로 줄였습니다. 어제는 아이들을 데리고 동물원에 갔어요. 우리 가정은 새로워졌습니다. 이젠 예전과 같은 모습으로 살지는 않을 것입니다. 하나님이 우리 셀그룹을 통해 제 마음에 깊이 역사하셨어요."

— 랄프 네이버, 「셀리더 지침서」

위 사건과 같은 일이 우리 셀에서 있었다면 옆 사람과 나눠 보라. 없다면, 위 내용을 읽고 무엇을 느꼈는가? 또 받아들이기 어려운 부분이 있는가?

_____
_____
_____
_____
_____

### (1) 하나님의 음성 듣기를 위한 세 가지 요소

> 내가 내 파수하는 곳에 서며 성루에 서리라(station myself) 그가 내게 무엇이라 말씀하실는지 기다리고 바라보며(I will keep watch to see what He will speak to me) 나의 질문에 대하여 어떻게 대답하실는지 보리라 그리하였더니 여호와께서 내게 대답하여 가라사대 너는 이 묵시를 기록하여(Record this vision) 판에 명백히 새기되 달려 가면서도 읽을 수 있게 하라(합 2:1-2)

① 조용한 곳에 홀로 서서 기다리는 것(station himself)
하박국은 자신에게 말씀하시는 하나님의 음성을 듣고 싶었다. 그는 조용한 곳으로 갔으며 거기서 홀로 서서 하나님의 음성을 기다렸다.

조용한 곳이란 외적인 것만을 의미하지 않는다. 내면의 시끄러운 소리들을 잠재우는 것도 필요하다. 소음으로 가득찬 내면의 상태에서 그분의 음성을 분별하기란 쉽지 않기 때문이다. 조용한 산책로를 걷거나 시냇가에 앉는 것, 아니면 조용한 곳에서 Q.T, 홀로 드리는 찬양과 경배, 묵상으로 기도하거나 방언으로 기도하기 등은 하나님의 음성을 듣기 위한 좋은 환경을 제공한다.

② 하나님이 말씀하시는 것을 바라보는 것(keep watch to see)
하나님이 말씀하시는 것을 바라본다는 표현이 참 특이하다. 음성이란 단어는 청각적 이미지이고 바라본다는 단어는 시각적 표현이다. 이 두 단어의 조합은 새로운 차원의 이해를 요구하고 있다.

하나님의 음성은 음성적으로 들리기도 하지만 때로 본다는 표현이 훨씬 정확하다. 귀로 듣는 것은 시간의 흐름에 따라 순차적으로 듣는다. 그러나 시각은 동시에 보게 된다. 하나님의 음성이 때로는 순차적으로 들리지 않고 그 음성 전체가 내 마음에 들어와 있는 것을 보게 된다. 그러므로 하나님의 음성적 이미지가 전체적으로 보여지게 되고 그것은 시각과 청각을 뛰어넘는 형태로 존재하게 된다.

뿐만 아니라 하나님은 실제로 어떤 환상을 보여주시면서 말씀을 들려주시기도 한다. 환상과 함께 말씀해 주시는 것은 주님의 뜻을 더 명확하게 한다. 아브라함에게도 하나님은 이상(vision) 중에 말씀하셨다(창 17:1).
그러므로 그분의 말씀을 보기 위하여 기다리는 것이 필요하다.

③ 기록하는 것(Record the vision)
비전(vision)이란 단어는 '보여지는 것'이란 뜻인데 여기서는 시각적인 것만을 의미하지 않는다. 그러므로 하나님이 말씀하시는 것, 그것이 시각적이든 청각적이든 둘 다이든 그것을 적어 놓는 것이다.

이것은 하나님의 뜻을 더 정확히 분별하는 데 많은 도움을 준다. 뿐만 아니라 하나님이 인도하시는 흐름을 알게 되고 더 깊은 뜻을 깨닫게 된다.

이상을 정리하면 하나님의 음성을 듣기 위한 세 가지 요소는 '**조용한 곳에 홀로 서서 기다리는 것**(station himself)', '**하나님이 말씀하시는 것을 바라보는 것**(keep watch to see)', '**기록하는 것**(record the vision)'이다.

### (2) 하나님의 음성 듣기에서 주의할 점
하나님의 음성 듣기에서 가장 주의할 점은 '그것이 정말 하나님의 뜻인가' 하는 점에 있다. 하나님의 뜻인지 확실하지 않음에도 불구하고 그것이 하나님의 뜻으로 믿거나 다른 사람에게 전하거나 강요하는 것은 돌이킬 수 없는 깊은 상처를 남길 수 있다.
우리 안에 들려오는 음성은 세 가지가 있다. 자신의 음성, 사탄의 음성, 하나님의 음성이다. 때로는 사탄의 음성이 하나님의 음성으로 가장하여 하나님의 음성으로 들릴 수도 있다.

① 겸손이 필요하다
하나님의 음성 듣기에서 가장 필요한 것이 겸손이다.
하나님의 뜻은 절대로 한 번만 말씀하시지 않는다. 아브라함에게 비전을 심어 주실 때도 그러셨고 기드온이 하나님의 부르심을 받을 때도 그랬다. 그러므로 하나님의 뜻이라면 분명 또 다른 인도하심이 있음을 알고 겸손히 자신이 하나님의 뜻이라고 생각되는 바를 말해야 한다. 하나님의 뜻이라면 또 다시 가르쳐 주실 것이다. 보통 다른 사람이나 환경 또는 다른 말씀을 통해서 확증시켜 주신다.

또한 자신이 들은 것과 본 바를 이야기할 때 들은 것과 본 것에 대해 지나치게 말하거나 해석하지 말아야 한다. 우리는 들은 것과 본 것에 대해 우리의 욕심과 판단을 가미시키므로 하나님의 뜻을 굴절시키는 경우가 너무나 많다. 사탄은 하나님의 음성을 듣지 못하도록 방해하지만 더 잘 쓰는 것은 하나님의 뜻을 굴절시키는 방법이다.

우리는 '하늘에서와 같이 하나님 아버지의 뜻이 땅에서도 이루어지소서. 나를 통해 주의 뜻이 역사할 때 나의 욕심과 정욕과 허물과 어리석음 때문에 굴절되지 말게 하소서' 라고 기도해야 한다.
우리의 마음과 생각과 가치체계에 겸손이 필요하다.

② 성경이 기준이다
특별 계시인 성경을 벗어난 계시는 있을 수 없다. 그러므로, 성경을 통해 하나님의 음성을 점검해야 한다. 성경은 성령의 감동으로 기록된 하나님의 말씀이다. 그러므로 성경을 벗어난 성령의 활동이나 임재나 계시란 있을 수 없다.

③ 들은 음성을 시험하라
위에서 밝힌 바와 같이 하나님의 음성은 한 번만 말씀하시는 것이 아니라 반복하신다. 그러므로 중요한 일일수록 하나님의 뜻에 대해 재차 삼차 확인하는 것이 좋다. 보통은 셀 모임에서 자신이 들은 하나님의 음성을 나누면 다른 셀목원들이 경청의 방을 통해 들은 음성을 이야기하는 동안 하나님의 뜻을 더 명확히 알게 된다.
그러므로 들은 음성이 확인되기 전에 하나님의 뜻이라고 확증지어서는 안 된다.

동시에 부정적인 생각 때문에 들은 음성을 드러내지 않음으로 셀을 하나님이 인도해 가시는 놀라운 경험과 풍요로움으로부터 막지 말아야 할 것이다. 아닐 수 있는 가능성을 인정하되 기대와 소망을 가지고 내어 놓아야 한다. 공동체를 통해 점검받을 수 있다.

④ 영적 지도를 받으라
목사와 같은 영적 상담자의 영적 지도를 받아 순종해야 한다. 목사는 영적 지도에 전문적인 교육을 받은 사람이다. 그러므로 그를 통하여 영적 지도를 받는 것은 매우 중요하다. 성경의 원리는 그의 인도에 순종하도록 요구하고 있다.

⑤ 영적 성장을 점검하라
'하나님의 뜻인가 아닌가' 를 구별하는 대원칙은 그 결과가 '주님께 더 가까이 나아가게 하는 것인가 아닌가' 이다. 주님이 주신 음성과 뜻은 그분과 더 가까운 관계로 나아가게 한다. 사탄은 그 반대이다. 그러므로 결과가 주님과 더 가까이 나아가게 하는 것인지 아닌지를 점검하므로 주님의 뜻을 분별할 수 있다.

※ 하나님의 뜻을 분별할 수 있는 삼각대

### (3) 영적 일기

하나님 안에서 영적 지도를 받기 위해서는 영적 일기를 쓰도록 권유한다. 셀에서도 영적 일기를 쓰도록 권면하는데, 이는 하나님의 음성을 분별하는 데 도움을 주기 때문이다.

"영적 일기를 씀으로 나는 놓치기 쉬운 주님의 뜻을 더 잘 분별할 수 있었다. 영적 일기를 쓰기 전에는 주님의 인도하심이 무엇인지 그분의 일관된 뜻이 무엇인지 알 수 없었다. 영적 일기를 씀으로 그분의 분명한 뜻과 일관된 인도를 알게 되었다. 영적 일기는 Q.T 보다 더 풍요로운 주님의 은혜와 인도를 경험하게 했다. 일관된 주님의 인도하심과 드러난 그분의 뜻은 사탄의 시험과 유혹을 쉽게 분별하게 하여 승리하게 했고 영적 일기는 영적 지도를 받는 데 좋은 자료가 되었다."  － 영적 일기를 쓰는 어느 성도

영적 일기의 내용은 Q.T와 비슷하지만 성경말씀을 통해 깨달은 것과 적용뿐 아니라 기도시 일어났던 현상이나 음성, 경험까지도 기록하게 된다. 뿐만 아니라 삶 속에서 경험된 그분의 인도하심도 함께 기록한다. 그 내용은 영적 지도의 중요한 자료가 될 뿐 아니라 스스로 하나님의 뜻을 분별하게 하는 좋은 도구가 된다.

## 3. 셀 안에서 성령 충만의 체험

### (1) 불씨

많은 그리스도인들이 그들의 삶이나 모임 안에서 불씨만 있는 것처럼 살아간다. 거기 불을 붙이면 큰 불을 경험할 수 있게 된다.
'장롱 속의 운전면허증'처럼 활용하지 않으면 아무 소용이 없다. 토저(A.W. Tozer)는 '성령 교리는 땅에 묻힌 다이나마이트와 같다. 누군가 그것을 찾아서 사용하기를 기다리신다'라고 말했다.

### (2) 무엇을 체험하는가?

성령이 셀에 임할 때 그들은 무엇을 체험하는가?

사도행전 10장은 고넬료라고 하는 백부장 집에 모여 있던 가족들이 성령으로 충만했을 때의 체험을 기록하고 있다.

- 그들은 성령 부어 주심을 인하여 놀랐다(행 10:44-45).
- 그들은 찬양 속에서 자유함을 누렸다(행 10:46).

즉 성령 충만과 함께 나타나는 현상은 찬양의 자유를 누렸다는 것이다.

가끔 교회나 셀에서 찬양과 기도 가운데 손을 들고 기뻐하고 울기도 하는 등 감정을 표현하는 것이 옳은가 라는 질문을 듣는다. 분명한 것은 하나님과의 관계에서 진정한 위험은 감정을 표현하는데 있는 것이 아니라 너무나 느낌·감정의 표현이 모자라다는 데 있다.

- 그들은 새로운 언어(방언)로 말하게 되었다(행 10:46).

### (3) 성령의 역사에 마음 문 열기

셀 모임이 있을 때마다 성령님이 어떻게 역사하실지 각자의 마음과 모임을 열어두는 것이 필요하다. 그리고 입으로 시인하고 고백하고 요청할 때 성령은 언제나 모임 가운데 임하신다.

- 성령님 오십시오.
- 성령님 인정합니다.
- 성령님 환영합니다.
- 성령님 사모합니다.
- 성령님 불타는 목마름으로 사모합니다.
- 성령님 우리 가운데 오심을 믿습니다.

## 4. 성령님을 경시하지 말라

① 많은 시간 동안 성령론이 제 자리를 찾지 못했었다. 천주교 신학에서는 교회론 밑에, 개신교 신학에서는 구원론 밑에 있었다. 그러나 사도들의 신앙고백은 성부, 성자, 성령에 대한 고백으로 구성되어 있는데 거기서 성령론 아래 교회론도 구원론도 종말론도 포함되어 있음을 볼 수 있다.

② 오랜 시간 동안 신학적(교리적) 성령론은 많은 연구가 되어 왔으나 체험적(나타나는 현상) 기능적(성령 역사의 방법) 성령론은 문이 닫혀 있었다.

③ 긴 시간 동안 성령론을 연구하고 논쟁하기 위해서는 많이 공부들을 해 왔지만 성령님과 인격적으로 교제하고 그분을 높이고 그분의 능력으로 사역을 효과적으로 수행하기 위한 관심은 적었던 것이 사실이다.

## 5. 사도행전에 나타난 성령의 임재 표현

① 성령의 임하심(Coming on)
- 행 1:8, 19:6, 2:2

② 성령의 내려오심(Falling upon)
- 행 8:16, 10:44, 11:15

③ 충만, 재충만(Being filled)
- 행 2:4, 9:17, 4:31

④ 성령의 부어주심(Being poured out)
- 행 2:16, 2:33, 10:45

⑤ 성령을 주심(Being given)
- 행 5:32, 8:19, 11:17, 15:8

⑥ 성령을 받음(Receiving)
- 행 18:15, 10:47, 2:38

⑦ 성령으로 세례 받음(Being baptized)
- 행 11:15, 19:2, 1:4

## 6. 성령과 성령의 은사를 체험하는 방법

① 타인의 안수기도를 통해(딤전 4:14, 딤후 1:6)
② 성령의 역사를 찬양하는 모임에 참여(고전 14:26)
③ 본인이 사모하고 간구하는 가운데
④ 본인의 의사와 상관없이 강권적인 하나님의 은혜

# 실습

**성령님을 초청하는 기도**

① 모두 일어서서 성령님을 환영한다고 고백하고 두 손을 편다.

② 기도로 성령님의 임재를 기원한다.
　"성령님을 초청합니다. 이곳에 모여있는 우리에게 임하소서"
　"성령님이여, 당신의 임재를 기다리는 이곳에 있는 우리에게 능력으로 임하여 주소서"

③ 편안한 상태에서 자신의 의지를 성령님께 맡기고 성령님의 임재를 기대한다.

④ 성령님의 임재를 조용히 기다린다.

⑤ 다른 언어(방언)로 말하기를 사모하고 거절하지 말라.

# 3과 셀에서의 기도생활

> 진실로 다시 너희에게 이르노니 너희 중에 두 사람이 땅에서 합심하여 무엇이든지 구하면 하늘에 계신 내 아버지께서 저희를 위하여 이루게 하시리라 두 세 사람이 내 이름으로 모인 곳에는 나도 그들 중에 있느니라(마 18:19-20)

우리 몸에서 쉬지 않고 일하는 기관은 심장이다. 심장이 멈추게 되면 몸은 죽게 된다. 우리 몸에서 세포들을 살아 움직이게 만드는 힘이 바로 심장 활동, 피의 순환 활동 때문이다. **기도는 피의 순환과도 같다.** 셀(몸 속)의 더러운 것들을 걸러내고 새로운 에너지를 공급하는 힘이 기도 활동, 기도 사역이다.

### 본 과의 목표

1. 셀 안에서 기도생활의 중요성과 그 영역들을 이해한다.
2. 그 영역들 중 자신의 부족한 영역들을 깨닫는다.
3. 셀 안에서 기도생활의 방패를 제 위치에 고정시킬 수 있게 된다.

# 1. 셀(리더)의 기도

(1) 셀교회의 기도 순환

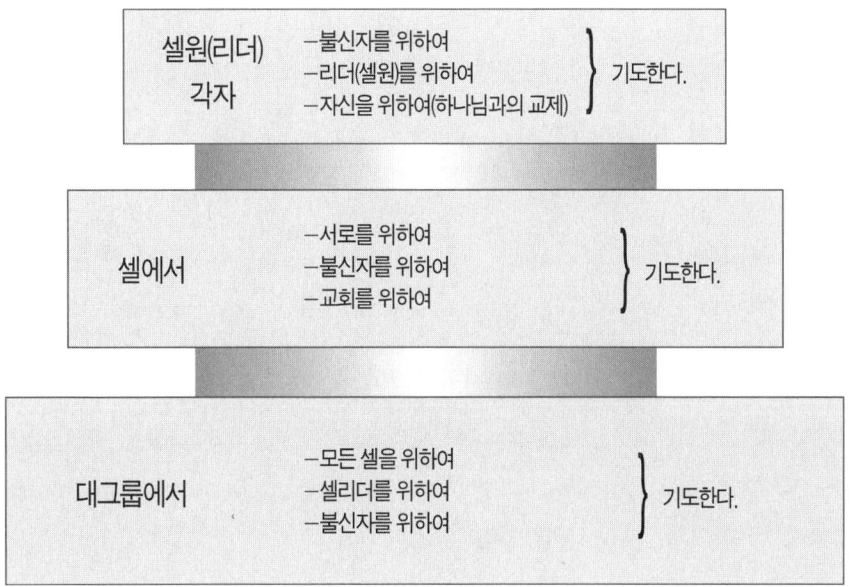

(2) 기도의 방패를 제 위치에 고정시켜라

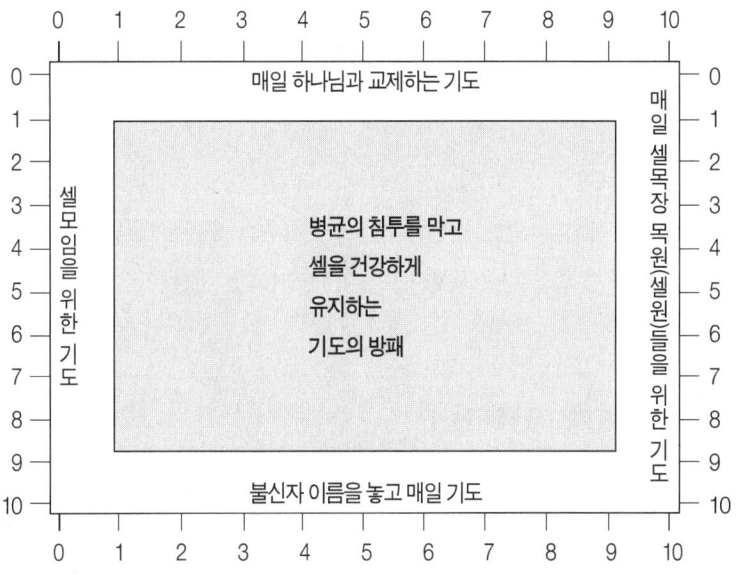

### (3) 당신의 기도의 방패 크기를 측정해 보라

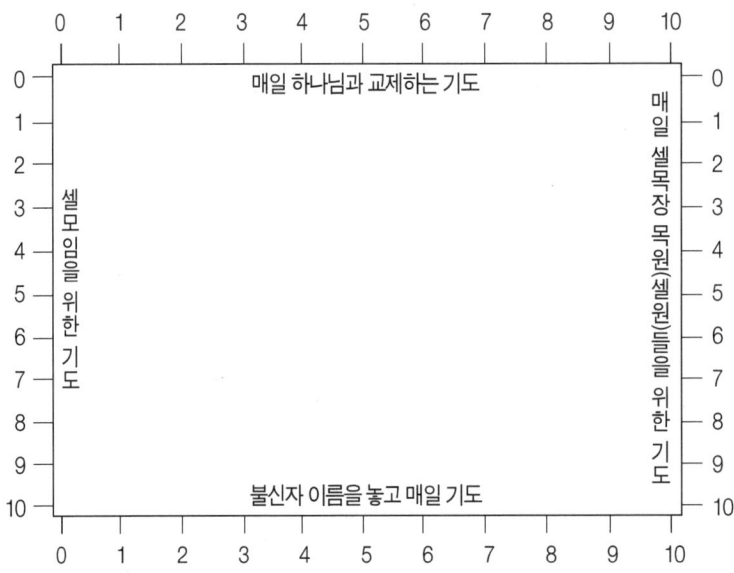

## 2. 하나님의 음성듣기(경청의 방)

기독교는 종교가 아니라 관계이다. 하나님 자녀의 첫번째 권리가 있다면 그것은 하나님과 대화하는 것이다. 하나님께서 이스라엘 백성을 심판했던 이유가 바로 하나님의 말씀을 듣지 않았기 때문이었다. 하나님은 그분의 음성을 우리가 듣길 원하고 계신다. 우리가 자신의 삶의 문제로, 목원(셀원)의 문제로 하나님께 물었다면 주님의 음성에 귀를 기울여야 할 것이다.

- 끊임없이 말을 쏟아 내는 사람과는 귀가 아파서 사귀기 어려울 것 같다.
- 꿀 먹은 벙어리처럼 입을 다물고 한마디도 안하는 그런 사람과는 답답해서 사귀기 어려울 것 같다.

**나는 그동안 어떤 기도를 해왔는가?**
_____
_____

### (1) 누가 왕인가? 누가 종인가?

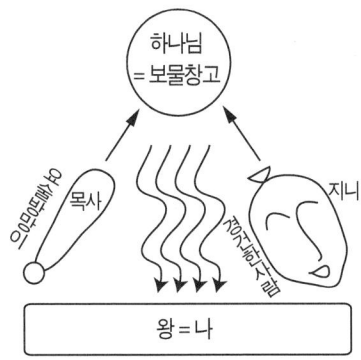

옆 그림은 내가 주인이다. 내가 모든 것을 결정하고 하나님의 능력과 자원을 공급해 달라고 기도한다. 그리고 목회자나 경건한 사람에게 자기 뜻을 지원해 달라고 하나님께 대신 간구해 줄 것을 요청하는 그림이다.

이 그림에선 하나님이 주인이시다. 주님이 최상의 것을 결정하고 나는 경청의 방을 통해 하나님의 뜻을 듣고 하나님은 하나님의 뜻을 이루어 가도록 그의 권능과 자원을 주신다.

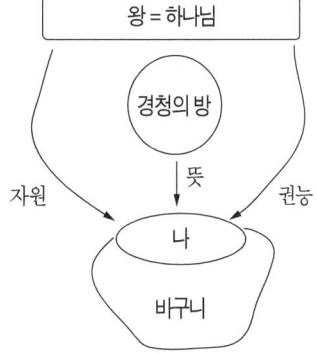

### (2) 하나님의 음성을 듣는 방법
- 하나님께 완전히 죄를 고백하고 마음의 문을 열어라.
- 하나님께 나아가는 즉시 아무런 조건 없이 반겨주신다는 것을 확신하라.
- "말씀하옵소서 주의 종이 듣겠나이다"라고 고백하라.
- 조급해 하지말고 집중하여 하나님의 음성에 귀를 기울이라(성경이나 찬송 가사를 활용하는 것이 좋다).
- 하나님께 마음을 고정하고 묵상 내용을 삶의 모든 부분에 적용하라.
- 결단한 내용을 지킬 수 있게 해달라고 기도하라.

### (3) 하나님의 음성과 자기 생각 구별하기(복습)

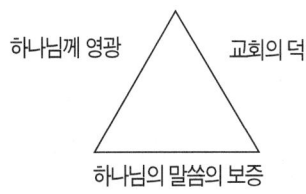

## 3. 기도 산책

### (1) 기도 산책이란?
기도 산책은 걸으면서 하나님과 이야기하는 것이다.
☞실외에서 ☞ 움직이면서 ☞ 하나님과 이야기하는 것

① 실외에서
기도 산책은 가능하면 당신이 사는 곳 주변에서부터 시작하는 것이 좋다. 날씨가 장애가 될 수는 없다. 낮이나 저녁, 어느 때든 적합한 시간에 할 수 있다. 항상 계획을 세울 필요는 없다. 다른 일을 하면서 도중에 할 수도 있다.

② 움직이면서
기도 산책은 산책을 좋아하는 사람만을 위한 것이 아니다. 오후나 저녁 시간에 잠깐 산책하는 것도 능력 있는 기도 시간이 될 수 있다. 중요한 것은 얼마나 많은 거리를 걸었느냐가 아니라, 얼마나 기도를 효과적으로 했는가이다. 걷는 속도도 굳이 일정할 필요 없다. 자주 쉬는 것이 도움이 될 수도 있다. 러브호텔 앞에 멈춰 서서 그것의 나쁜 영향이 퍼지지 않도록 기도할 수도 있다.

③ 하나님께 이야기하기
기도 산책의 가장 단순한 전략은 한두 명의 친구와 함께 산책하러 가는 것이다. 당신의 기도 제목을 간단하게 나눈 다음, 하나님과의 대화를 시작해야 한다. 모든 대화가 그렇듯이, 여러 사람이 돌아가면서 기도를 해도 좋고, 다른 사람의 기도 내용에 동의가 될 때는 '아멘' 이라고 화답해도 좋다.

### (2) 기도 산책의 유익
- 정적이고 판에 박힌 기도 모임에서 벗어날 수 있다.
- 교회를 지역 사회로 이끌어 낼 수 있다.
- 하나님을 찾고 있는 사람들과 예기치 않은 만남을 갖게 한다.
- 비전을 넓힐 수 있다.
- 사탄의 영토를 침범하여 탈환한다.
- **시간 되찾기**—기도 산책은 기도 시간을 빼앗는 많은 활동들로부터 우리를 벗어나게 한다. 우리 주위에는 많은 시간 도둑이 있다. 우리를 둘러싸고 있는 문화—텔레비전, 전화, 신문,

잡지 등—가 세련되어 갈수록 우리는 점점 더 시간의 노예가 된다. 이것들은 소매치기처럼 살짝 들어와 우리에게서 어마어마한 시간을 빼앗아 간다. 기도 시간을 다 잃어버린 다음에야 그 시간들이 얼마나 필요했는지를 깨닫게 된다

- **공의를 거리에 퍼뜨리기**—의로운 사람들이 밖으로 나와 길거리에서 기도하는 것이 일상적인 생활의 한 부분이 된다면 우리가 사는 마을에서 강도와 강간, 폭력을 없애는 가장 효과적인 방법이 될 것이다.
- **우리의 교제를 향상시키기**—잘 몰랐던 사람들도 짧은 기간 동안 관계가 형성되는 것을 보게 될 것이다.

### (3) 기도 산책의 유형

① 일상 생활 속에서의 기도 산책

시간을 되찾는 방법으로서 기도 산책은 우리의 활동에 영적인 중요성을 더해 준다.
예를 들어,
- 버스 정류장까지 걸어서 오고 갈 때
- 애완견과 함께 산책할 때
- 슈퍼마켓에서 물건값을 계산하려고 줄을 서 있을 때 또는 언제든지 기다리는 시간에
- 집으로 들어가는 골목길에서
- 1주일에 한 시간 정도는 동네를 산책하면서
- 휴가 때는 같이 간 사람들과 함께 주변 경치를 구경하면서
- TV를 보지 않고 배우자나 친구와 함께

② 계획된 셀 활동으로서의 기도 산책—셀 모임 전후에 교제를 겸하여

③ 전 교회 차원의 기도 산책

리더들은 교회의 기도가 한 지역을 점령하는 전략이 되게 조직화할 수 있다. 이것의 목적은 모든 교인이 저녁이나 오후에 이웃을 위해 기도하도록 동원된다. 이러한 연합 활동은 전체 도시 차원에서 이루어질 수도 있다.

## 4. 리더들을 위해 중보 기도하기

우리 교회의 가장 기초가 되는 영적인 능력의 근원은 지도자들을 위한 중보 기도이다.

### (1) 중보 기도란 무엇인가?

출애굽기 17장 8~13절에는 아말렉과 싸워 승리한 여호수아에 대해 기록하고 있다. 여호수아는 전쟁터로 나가고 모세는 그를 위해 중보 기도를 위해 산꼭대기로 올라갔다. 모세의 팔이 올라가면 여호수아가 이겼고 모세의 팔이 내려가면 졌다. 아론과 훌이 각각 모세의 팔을 붙들어 올렸으며 마침내 여호수아는 승리할 수 있었다.

전쟁 기록에는 여호수아의 이름이 기록되어 있지만, 진짜 전투는 모세가 싸우고 있는 하늘에서 이루어지고 있었다. 승리하기 위해서는 이 두 가지 유형의 싸움이 필요하다. 여호수아는 직접 사역을 하는 지도자, 모세는 영적인 전투에 참여한 중보하는 지도자, 아론과 훌은 중보 기도자였다.

### (2) 중보의 세 가지 유형

① 지도자와 원거리 접촉을 하는 중보자들

아주 눈에 띄는 어떤 지도자는, 그를 위해 매일 기도하라는 하나님의 부르심을 받은 중보자들을 수백 명이나 보유하고 있다. 이 사람들은 그 지도자를 개인적으로 만나본 적도 없다.

② 리더와 일상적인 접촉을 유지하는 중보자들

그들은 보통 몇몇 목사님과 악수를 하면서 "목사님, 목사님을 위해서 매일 기도하고 있습니다"라고 말하는 사람들이다.

③ 리더와 긴밀한 접촉을 하는 중보자들

그 숫자는 보통 몇몇 소수에 국한된다. 그들은 보통 지도자들과 매우 친밀한 접촉을 하고 있으며 지도자의 매우 개인적인 문제들까지 충분히 나누며 집중적으로 기도한다.

## 5. 목원(셀원)들을 위해 중보 기도하기

셀 목자(Cell Leader)와 목원(셀원)들은 경청의 방에서, 기도 산책 중에 끊임 없이 서로를 위해 기도해야 하고, 셀 모임 중에 기도 제목이 나오면 '목회적 돌봄'(work)시간에 서로 중보 기도를 한다. 셀 목자(Cell Leader)는 기도 연락망과 중보 기도 목록표를 작성하여 활용한다.

**다음의 사항들을 하나님께 기도하라.**
- 목원(셀원)들이 하나님을 향해 더 간절한 갈망을 갖도록
- 하나님이 목원(셀원)들 가운데 온전히 당신을 드러내시도록

- 하나님과 대립되는 생활 방식에 대하여 도전하는 마음을 갖도록
- 하나님이 놀라운 일을 하실 것이라는 믿음을 갖도록
- 목원(셀원)들에게 복음을 들어보지 못한 사람들에 대한 새로운 민감성을 주시도록
- 하나님이 사용하시고자 계획한 예비 목자(Intern)들을 위해서
- 당신 자신과 가족들의 필요를 위하여
- 그리스도의 몸에 대한 당신의 비전과 사랑을 넓혀 주시도록
- 죽어 있는 구조를 변화시킴으로 하나님의 교회가 전 세계적으로 확장되도록

### (1) 기도 연락망

| 기도 연락망 | | |
|---|---|---|
| 이름: *이 칸에 셀 목자의 이름을 적는다.* | 전호번호: (집) | (핸드폰) |
| 이름: *이 칸에는 예비목자의 이름을 적는다.* | 전호번호: (집) | (핸드폰) |
| 이름: *목원(셀원)1* | 전호번호: (집) | (핸드폰) |
| 이름: *목원(셀원)2* | 전호번호: (집) | (핸드폰) |
| 이름: *목원(셀원)3* | 전호번호: (집) | (핸드폰) |

### (2) 중보 기도 목록표

| 중보 기도 제목 기록표 | | |
|---|---|---|
| 목원(셀원)이름: ○ ○ ○ | | |
| 스트레스의 영역: 6개월 전에 실직함, 3달 전에 모친사망. | | |
| 날짜<br>7 / 7 / 94<br>간구함<br>9 / 2 / 94<br>기도 응답 | 기도 제목<br><br>*견고한 진을 위하여: 전 고용주에 대한 강한 분노심을 억제하기 어렵다.* | 믿음의 눈으로 그를 바라보는 나의 견해<br><br>*그의 가치가 자신의 실적에 있는 것이 아닌 하나님의 자녀로서 그의 신분에 기초하고 있다.* |
| 날짜<br>10 / 2 / 94<br>간구함<br>12 / 21 / 94<br>기도 응답 | 기도 제목<br><br>*아버지에게 복음을 전하기 원하지만 거절 당하는 것을 두려워한다.* | 믿음의 눈으로 그를 바라보는 나의 견해<br><br>*복음을 증거함에 있어서 담대하고 재치있다. 아버지의 신용을 얻어 그를 예수님께 인도할 것이다.* |
| 날짜<br>/ /<br>간구함<br>/ /<br>기도 응답 | 기도 제목 | 믿음의 눈으로 그를 바라보는 나의 견해 |

## 6. 불신자를 위한 기도 방법

모든 성도는 구원받지 못한 사람들을 향해 부담감을 갖고 있다. 어떤 사람들은 구원이 불가능해 보이기 때문에 기도를 포기할 수 있으나 우리는 알아야 한다.
"하나님은 다 하실 수 있느니라."

> 우리의 싸우는 병기는 육체에 속한 것이 아니요 오직 하나님 앞에서 견고한 진을 파하는 강력이라 모든 이론을 파하며 하나님 아는 것을 대적하여 높아진 것을 다 파하고 모든 생각을 사로잡아 그리스도에게 복종케 하니(고후 10:4~5)

이 말씀은 우리가 가진 영적 무기의 강력한 힘을 보여 준다. 이 모든 것이 우리가 관심을 갖고 있는 사람들(불신자) 안에서 이루어지기를 기도해야 한다. 우리의 기도가 불신자을 향한 사탄의 불신앙의 올무를 풀어 줄 것이다.

### (1) 예수님의 이름으로 중보 기도해야 한다.

비록 불신자가 아직도 믿지 않을지라도 그는 이미 하나님이 값 주고 사신 바 된 사람이다. 우리는 믿음의 기도를 통해, 예수 그리스도의 이름으로, 주님의 소유인 사람들을 취해야 한다. 사탄의 모든 역사, ─ 거짓된 교리, 불신, 무신론적인 가르침, 미움 ─ 즉 우리의 적이 불신자의 생각 속에 집어넣은 것들을 무너뜨려야 한다. 그들의 모든 생각을 사로잡아 그리스도께 복종하도록 기도해야 한다.

### (2) 중보 기도는 꾸준히 이루어져야 한다

### (3) 동기 부여가 계속되어야 한다

계속해서 성령님이 중보자의 심령과 믿음과 기도와 삶 속에 하나님을 체험할 수 있도록 하여 중보 기도에 대한 동기 부여가 계속될 수 있도록 기도해야 한다.

### (4) 셀모임시 함께 기도해야 한다

셀모임시 빈방석 카드를 놓고 한 주간 동안 어떻게 불신자와 접촉했는지를 나누고 모두 협력하여 기도한다.

**누군가의 구원을 위해 기도할 때, 다음의 영역들을 꼭 포함해서 기도한다.**

그리스도 예수의 사신 바 된 그 사람의 이름을 하나님께 알린다.

그 사람의 삶을 붙잡고 있는 어둠의 권세에 대항하여 기도함으로 그 사람이 사탄의 속박과 방해에서 벗어나 그리스도를 받아들이든 거부하든 자기의 자유 의지로 결정할 수 있도록 기도한다.

성령님이 그 사람을 그리스도께로 이끄셔서 자신의 죄를 깨닫게 하고 그를 구원하시기 위한 하나님의 계획을 알 수 있도록 기도한다.

하나님이 그 사람의 인생에 있는 모든 환경과 사람들과 사건들을 통해서 그에게 그리스도가 필요하다는 사실을 알려 주시도록 기도한다.

그 사람을 그리스도께로 인도하는데 당신이 도구로 사용될 수 있도록 기도한다. 성령님이 당신의 모든 말과 행동을 인도하셔서 적당한 때에 적절한 말과 행동을 할 수 있도록 기도한다. 당신의 삶이 그리스도를 믿는 신앙의 증거가 되어 그리스도의 빛과 기쁨이 나타나도록 기도한다.

그리스도의 삶과 인격과 본성이 그 사람 안에 형성되도록 기도한다.

## 토의

- 둘씩 짝을 지어 셀 안에서 자신의 부족한 기도 영역을 고백하고 기도생활의 균형을 회복할 수 있도록 서로 기도한다.

_____

_____

_____

# 4과 셀 안에서의 갈등 해결

> 이제는 전에 멀리 있던 너희가 그리스도 예수 안에서 그리스도의 피로 가까와졌느니라 그는 우리의 화평이신지라 둘로 하나를 만드사 중간에 막힌 담을 허시고(엡 2:13-14)

「I'm OK, You're OK」

심리학자인 해리슨의 저서 가운데 아주 유명한 'I'm OK, You're OK' 라는 책이 있다. 이 책의 제목처럼 '나도 옳을 수가 있고, 당신도 옳을 수가 있다. 또 나도 틀릴 수가 있고 당신도 틀릴 수가 있다.' 라고 생각하는 사람은 건강한 사람이다.

그런데 문제는 '나는 옳은데 너는 틀렸다' (I'm OK, You're not OK)라고 생각하는 사람이다. 이런 사람은 항상 네가 틀렸다며 상대방을 비난하기 때문에 항상 자기가 옳다고 생각한다. 그리고 자기가 정의의 잣대이기 때문에 다른 사람은 항상 불의하다고 생각한다.

그래서 이들은 단순한 방법론의 차이, 주관적 해석 등을 가지고 자기가 옳다고 생각하여 다른 사람을 평가한다. 그리고 항상 자신이 옳다고 주장하면서 항상 공격적이고 파괴적이며 비판적인 그런 이론을 진술하는 사람들이다.

심리학자들은 이런 사람들을 환자라고 본다. 이런 사람들은 정신병을 앓고 있는 것이기 때문에 치료를 받아야 한다. 그렇지 않으면 자신도 불행해지고 공동체도 불행해질 수 있다. 이런 사람들은 공동체 안의 화평과 조화를 깨뜨리는 경향이 있다. 과연 우리 자신은 어떤 사람들일까?

> 너희는 사람 앞에서 스스로 옳다 하는 자이나 너희 마음을 하나님께서 아시나니 사람중에 높임을 받는 그것은 하나님 앞에 미움을 받는 것이니라(눅 16:15)

### 본 과의 목표

1. 셀 안에서 일어나는 많은 갈등의 원인과 이유를 안다.
2. 셀 안에서의 갈등과 해결 방안들을 서로 주고받는다.
3. 셀 안에서의 갈등을 성경에 비추어 방법을 찾아 해결 한다.

# 1. 셀 라이프의 단계

셀이 형성되어 진행해감에 따라 셀은 하나의 생명주기를 가지게 된다. 그 주기는 탐구의 단계, 과도기 단계, 공동체 단계, 확장 단계, 번식(분가)의 단계이다. 이중 과도기 단계에 해당하는 갈등에 대해 좀 더 구체적으로 살펴보고자 한다. 대부분 과도기 단계에 이르면 셀 안에서 여러 가지 갈등이 생기게 마련이다.

# 2. 갈등이 생기는 이유

## (1) 셀이 왜 필요한지를 모르기 때문에

※ 갈등이란?
'일이 뒤얽힘, 혹은 서로 불화함' 이라는 뜻을 가지고 있다.

목원(셀원)들이 공동체 안에서 그리스도의 임재와 능력 안에서 살려고 하기보다 자신의 비전에 대한 특수한 목적을 고집하려 할 때 순수한 셀의 성장이 방해받고 갈등이 생기게 된다. 이러한 역기능적인 셀로 변질되는 것은 다음과 같은 3가지 이유 때문이다.
① 셀을 예수님이 소외된(제외된) 인간적인 관계의 모임만으로 생각할 때
② 목원(셀원)이 자신의 문제와 필요를 그리스도께 가져오지 않고 대신 다른 목원(셀원)에게로 가져올 때
③ 셀 목자(Cell Leader)를 모든 문제와 필요를 해결해 줄 수 있는 "맥가이버" 혹은 "수퍼맨"으로 인식할 때

## (2) 잘못된 동기
셀을 단지 교회 성장을 위한 방편으로 이용하는 경우이다. 성장은 그 자체가 목적이 아니라 셀이 올바르게 성장할 때 얻어지는 부산물일 뿐이다.

## (3) 훈련되지 못한 리더
목자(Cell Leader)들이 그들의 사역에 들어가기 전에 충분히 훈련되지 못한 경우이다. 예비목자(Intern)의 훈련이 매우 결정적인 역할을 한다.

### (4) 잘못된 의도를 가진 목원(셀원)

목원(셀원)이 다음과 같은 의도를 가질 때 셀이 갈등에 직면하게 된다.
① 관심을 끌려고
② 분열시키려고, 편을 가르려고
③ 파괴시키려고
④ 자신의 취미로
⑤ 논쟁에서 이기려고
⑥ 다른 사람을 교묘하게 조종하려고
⑦ 지도자의 지도력과 권위를 떨어뜨리려고
⑧ 자신의 상업적 의도를 가질 때

## 3. 갈등 해결

대부분의 경우 소그룹은 서로의 차이와 갈등이 생기기 마련이다. 사람이 모인 곳에는 어디나 문제가 있기 마련이다. 그 갈등을 우리가 어떻게 헤쳐 나가느냐에 따라 모든 차이점을 극복하게 만드는 것이다. 갈등을 해결하기 위한 다음과 같은 지침들을 참고할 수 있다.

### (1) 일반적인 지침
① 셀 안에서 일어나는 갈등의 문제에 대해 기쁘게 여기는 태도(약 1:2-4)를 갖는다.
② 기회로 삼는 태도이다. 목자(Cell Leader)로 성숙할 수 있는 배움의 기회, 예비 목자(Intern)를 훈련할 수 있는 기회, 셀의 목원(셀원)들로 하여금 하나님을 경험할 수 있도록 하는 기회로 삼는 태도를 갖는다.
③ 약속하신 지혜를 믿고 간구한다(약 1:5-8).
④ 대화를 통해 문제를 해결할 수 있는 방법들을 함께 나누고 열거해 본다.
⑤ 갈등의 결과로 감정이 어떻게 상처받았는지를 확인하고 그것을 성경에 근거하여 해결하도록 기회로 만들라.
⑥ 성급하게 정죄하거나 성급하게 갈등을 해결하려는 유혹을 피하라(약 1:20, 약 4:5-11).
⑦ 더 많이 경청하고 인내하는 태도를 갖는다(약 1:19, 살전 5:14).
⑧ 자신이 문제의 유일한 해결사라는 유혹과 교만을 경계하라.

### (2) 세워 주시는 분은 예수 그리스도이시다
서로를 온전히 세워 주시는 분은 셀 목자(Cell Leader)나 셀 자체가 아니라 그 안에 임재해 계신 예수 그리스도이시다. 그러므로 목원(셀원)의 어려움이나 필요에 대해 결정하실 유일하신 분은 예수님이라는 사실을 알고 다음과 같은 질문을 해야 한다.
① 무엇이 문제인가?
② 그분이 문제를 어떻게 해결하실까?
③ 그분은 문제를 푸는데 누구를 사용하실까?
④ 우리가 생각하는 것만큼 예수님도 그 문제를 크게 보실까?

### (3) 셀 언약 세우기

세포막이 좋은 물질은 받아들이고 나쁜 물질은 내보내는 것처럼 영적인 셀에서도 서로 간에 약속하는 셀 언약이 그것이다. 이것은 갈등을 일으키는 요소들-험담, 무감각, 두려움 같은 것들이 셀 안으로 들어오는 것을 막아준다. 셀 언약에는 다음과 같은 내용들을 포함한다.
① 정직함의 언약(엡 4:5-32)
② 개방의 언약(롬 7:14-15)
③ 기도의 언약(살후 1:11-12)
④ 민감함의 언약(요 4:1-29)
⑤ 비밀지킴의 언약(잠 10:19)
⑥ 상호 책임의 언약(마 18:12-20)
⑦ 시간 규칙성의 언약(눅 9:57-62)

### (4) 셀 모임시 갈등을 일으키는 목원(셀원)에 대한 대처

① 갈등을 일으키는 목원(셀원)을 달래지 말라
  갈등을 일으키는 목원(셀원)을 달래지 말고 그가 분열시키고 파괴시키는 행동을 하지 못하게 억제하도록 한다.

② 강한 지도력을 보이라
  담대하라. 갈등을 일으키는 목원(셀원)이 자기편으로 끌어들이거나 아니면 협박하도록 그냥 내버려 두어서는 안 된다. 모임의 인도자로서 당신이 갖고 있는 권위로 분열시키고 파괴시키려는 행동에 대처한다.

③ 전문적인 도움이 필요할 때는 치유를 위한 적당한 곳에 위탁하라
  갈등을 일으키는 목원(셀원)이 소그룹이 아닌 상담이나 다른 영적인 도움이 필요한 경우에는 적당한 곳에 맡긴다. 예를 들면 중독자(약물, 도박, 성적), 정신 질환(습관, 장기적 우울증), 위험한 위기에 처한 사람(자살중, 학대)등이 있다.

### (5) 나 메시지(I Messages) 사용하기

갈등을 야기시키는 '**너 메시지**' 에서 '**나 메시지(느낌의 언어)**' 로 전환한다.

| '너' 메시지('You' Messages) | '나' 메시지('I' Messages) |
|---|---|
| 2인칭 표현법은 다른 사람이나 다른 방식을 비난을 섞어서 공격하고, 비판하며, 평가하고 깎아내린다. | 1인칭 표현법은 솔직하고 분명하며 고백적인 표현으로 자신의 분노, 책임감, 요구를 남을 탓하지 않고 표현한다. |
| 네가 화나게 한다.<br>네가 나를 평가하고 거절한다.<br>네가 우리 사이에 담을 쌓고 있다.<br>네가 항상 나를 비난한다.<br>네가 나를 좌우지하려 한다.<br>네가 나를 존중해야지 그렇지 않으면 너는 내 친구가 아니다. | 나는 화가 난다.<br>나는 거절감을 느낀다.<br>나는 우리 사이에 담이 생기는 것을 원치 않는다.<br>나는 비난받고 싶지 않다.<br>나는 가부를 말할 자유를 원한다.<br>나는 다시 너와 좋은 사이가 되고 싶다. |

### (6) 생각의 말이 아니라 느낌의 말 사용하기

딸의 늦은 귀가에 대해 "나는 불안했어. 염려 많이 했단다." 라는 느낌의 말을 사용한다.

# 토의

- 다음과 같은 갈등 상황에서 당신은 어떻게 문제를 처리할 것인지 기록해 보고 3사람씩 나누어 보자.

① 어떤 사람이 셀 모임의 주도권을 잡고 혼자 모든 대화를 독식하려 할 때
_____

② 목자(Cell Leader)가 인도하는 방법에 대해 불만을 표시할 때
_____

③ 어떤 사람이 자신의 어려운 형편을 이야기하며 돈을 빌려달라고 요청해 올 때
_____

④ 다른 모임의 목자(Cell Leader)가 당신의 목원(셀원)에게 자기 쪽으로 오라고 자주 전화한다는 소식을 들었을 때
_____

⑤ 한 목원(셀원)이 같은 셀 모임의 어떤 사람 때문에 셀 모임에 참여하고 싶지 않다고 이야기할 때
_____

⑥ 목원(셀원) 중 한 사람이 매주 여러 번 오랜 시간 전화하면서 자기 문제를 털어놓아 일을 할 수 없게 할 때
_____

⑦ 목원(셀원)들이 끼리끼리 친해 셀이 분열 상황에 있을 때
_____

참고) 갈등 해결 지침

| 갈등의 요인 | 방법 | 결과 |
|---|---|---|
| 규모 없음 | 대면 | 경고하여 돌이키게 함 |
| 약함 | 격려 | 자신을 갖게 해 줌 |
| 힘없음 | 도움 | 세워 줌 |

# 5과 셀에서의 치유사역

> 너희 중에 고난 당하는 자가 있느냐 저는 기도할 것이요 즐거워하는 자가 있느냐 저는 찬송할찌니라 너희 중에 병든 자가 있느냐 저는 교회의 장로들을 청할 것이요 그들은 주의 이름으로 기름을 바르며 위하여 기도할찌니라 믿음의 기도는 병든 자를 구원하리니 주께서 저를 일으키시리라 혹시 죄를 범하였을찌라도 사하심을 얻으리라 이러므로 너희 죄를 서로 고하며 병 낫기를 위하여 서로 기도하라 의인의 간구는 역사하는 힘이 많으니라 엘리야는 우리와 성정이 같은 사람이로되 저가 비 오지 않기를 간절히 기도한즉 삼년 육개월 동안 땅에 비가 아니 오고 다시 기도한즉 하늘이 비를 주고 땅이 열매를 내었느니라(약 5:13-18)

하나님은 치유이시다(여호와 라파). 셀에 하나님이 임재하실 때 치유의 역사는 당연하고도 자연스럽게 일어난다. 예수님이 이 땅에 오셔서 하신 사역은 세 가지로 요약된다(삼중 사역)—선포하시고 · 가르치시고 · 치유하시는 사역.

예수님의 사역과 가르침을 기록한 복음서의 25%는 예수님의 치유 기사이다. 특별히 예수님은 십자가의 구속사역에서 우리의 질병을 담당하셨다. "그가 채찍에 맞음으로 우리가 나음을 입었도다"(사 53:5후) 때문에 셀 안에서 합심하여 기도할 때 치유의 경험은 날마다 체험되어질 수 있다. 이것이 초대교회의 경험이었다.

### 본 과의 목표

1. 셀 안에서 치유사역의 근거와 가능성을 이해한다.
2. 예수 이름의 놀라운 권세를 감사함으로 받아들인다.
3. 치유를 위한 기도와 명령기도를 통해 치유사역을 시작한다.

# 1. 오늘날도 치유가 일어나고 있는가?

마음을 비우고 객관적으로 성경을 연구해 보면 현재 우리가 하는 그 어떤 사역보다(예배 순서, 심방, 제자 훈련, 철야 기도 등) 성경적인 근거와 주님의 사역 명령이 분명하고 확실한 사역이 바로 치유사역임을 알 수 있다.

### (1) 구약성경에서
구약성경에서 하나님은 치유의 하나님으로 나타나신다.

"하나님이 너희 병을 제거하신다" (출 23:25-26)
"병중 그 자리를 다 고쳐 펴시나니" (시 41:3)
"나는 너희를 치료하는 여호와 임이니라" (출 15:26)
나아만의 한센병의 치료(왕하 5:1-14)와 히스기야의 치료(사 38:1-8)는 가장 유명한 치유 사건이다.

### (2) 신약성경에서
신약성경에서 치유 기사는 도처에 가득가득 실려 있다. 치유의 역사는 하나님 나라 임재의 표징이었다.

"예수께서 손을 댄 자는 다 나았다" (마 4:23)
"예수께서 안수하여 일일이 고치셨다" (눅 4:40)

예수님은 그의 제자들에게도 병든 자를 고치도록 명령하셨다. 이것은 명령이다. 이 사역에 순종하지 않는 것은 죄이다. 그러므로 은사가 없어도, 병이 낫지 않아도, 믿음이 없어도 우리는 순종해야 한다.

- 12사도에게 명령하셨다(마 9:35-10:8)
- 70인의 전도자에게 명령하셨다(눅 10:1-20)
- 모든 제자들에게 명령하셨다(마 28:17-20)

### (3) 교회 역사속에서
교회 역사속에서 치유의 역사는 지속적으로 일어났다. 치유는 특별히 초기교회의 일상적 활동의 일부였다.

### (4) 오늘날

오늘날도 치유의 역사는 활발히 일어나고 있다. 치유의 이적과 기사는 멈춘 것도 사라진 것도 아니다. 특별히 셀교회 안에서는 오늘날 세계 도처에서 너무나 강력하고 활발하게 치유의 이적이 일어나고 있다.

### (5) 요한복음 14장 12~14절을 읽고

요한복음 14장 12~14절을 읽고 이 말씀을 오늘 나의 말씀으로 고백할 수 있는지 토의해 보라.

> 내가 진실로 진실로 너희에게 이르노니 나를 믿는 자는 나의 하는 일을 저도 할 것이요 또한 이보다 큰 것도 하리니 이는 내가 아버지께로 감이니라 너희가 내 이름으로 무엇을 구하든지 내가 시행하리니 이는 아버지로 하여금 아들을 인하여 영광을 얻으시게 하려 함이라 내 이름으로 무엇이든지 내게 구하면 내가 시행하리라

## 2. 두세 사람이 모인 곳(교회, 셀)에 예수의 이름으로 치유의 능력이 나타난다

교회 안에서 영적 지도자들(약 5:14)과 신유의 은사를 가진 사람들(고전 12:9)을 통해 치유의 역사가 일어나지만 셀 안에서 병든 자를 위해 성도들이 믿음으로 기도할 때 활발히 치유의 능력이 나타난다(약 5:15~16, 막 16:17~18).

## 3. 셀 목원들의 믿음의 기도는 치유의 능력을 가져온다

성경에서 믿음의 기도는 병든 자를 치유했다(약 1:6~7, 마 9:20~22). 예수님은 친히 "네 믿음이 너를 구원했다"고 선포하셨다. 그러나 때로 병든 자들의 친구들은 그들의 믿음과 기도를 통해서도 치료의 역사가 나타났다. 주님은 중풍병자를 데리고 예수님께 나아온 네 친구의 믿음을 보시고 그의 병을 고치셨다(막 2:5).

## 4. 셀의 기도를 하나님의 권능에 접속하라

### (1) 오늘날의 교회와 셀의 문제점

마태복음 17장 14~21절을 읽고 본문에 나타난 제자들의 모습이 오늘날 교회, 셀의 모습이라면 그 문제점이 무엇이라고 생각하는가?

> 저희가 무리에게 이르매 한 사람이 예수께 와서 꿇어 엎드리어 가로되 주여 내 아들을 불쌍히 여기소서 저가 간질로 심히 고생하여 자주 불에도 넘어지며 물에도 넘어지는지라 내가 주의 제자들에게 데리고 왔으나 능히 고치지 못하더이다 예수께서 대답하여 가라사대 믿음이 없고 패역한 세대여 내가 얼마나 너희와 함께 있으며 얼마나 너희를 참으리요 그를 이리로 데려오라 하시다 이에 예수께서 꾸짖으시니 귀신이 나가고 아이가 그때부터 나으니라 이때에 제자들이 종용히 예수께 나아와 가로되 우리는 어찌하여 쫓아내지 못하였나이까 가라사대 너희 믿음이 적은 연고니라 진실로 너희에게 이르노니 너희가 만일 믿음이 한 겨자씨만큼만 있으면 이 산을 명하여 여기서 저기로 옮기라 하여도 옮길 것이요 또 너희가 못할 것이 없으리라 (없음)

오늘날 교회의 문제는 교회가 능력을 상실한 것, 신자들이 믿음을 잃어버린 것, 하나님의 자녀들이 권세를 행하지 아니하고 누리지 못하는 것이다.

> 한 교회 역사가의 글에 이런 글이 나온다. "초대교회는 금과 은은 내게 없거니와 내게 있는 것으로 네게 주노니 곧 나사렛 예수 그리스도의 이름으로 일어나 걸어라" 즉 예수의 이름과 그 권세를 가지고 있었다. 그러나 오늘 우리 시대는 은과 금은 많아졌으나 예수님의 이름과 그 권세를 상실했다.

### (2) 놀라운 권세

하나님의 자녀들과 공동체는 놀라운 권세를 소유하고 있다.

① 사람을 당신의 형상으로 만드신 하나님은 사람에게 땅을 정복하고 다스리는 권세를 주셨다.
② 범죄는 하나님께 불순종하고 사탄에게 순종한 결과를 낳아 이 권세를 사탄에게 양도하고 말았다.
③ "이 모든 권세와 영광을 내가 네게 주리라 이것은 내게 넘겨 준 것이므로 나의 원하는 자에게 주노라"(눅 4:6)

범죄한 인간이 이 권세를 사탄에게 넘겨 주었다는 사실을 예수님은 부인하지 아니하셨다.

④ 예수님은 십자가에서 사탄의 머리를 부수고 우리의 죄를 사하시고 그 권세를 되찾으셨다.
⑤ 예수님은 "하늘과 땅의 모든 권세를 내게 주셨으니"(마 28:18) 라고 선언하셨다.

**신자에게 주어진 이 권세는 사용하도록 주신 것이다. 이 권세를 행할 때 사탄도 듣고 있고, 보고 있다. 예수님이 도우시고 성령의 권능이 함께 하신다.**

### (3) 요한계시록 3장 20절
요한계시록 3장 20절을 읽고, 어떤 배경에서 누구에게 주신 말씀인가 생각해 보라.

**볼찌어다 내가 문밖에 서서 두드리노니 누구든지 내 음성을 듣고 문을 열면 내가 그에게로 들어가 그로 더불어 먹고 그는 나로 더불어 먹으리라**

이 말씀은 한 개인에게 마음의 문을 열고 예수님을 영접하도록 요청하는 말씀만은 아니다. 이 말씀은 차지도 아니하고 덥지도 아니한 라오디게아 교회(공동체)에 주신 말씀이다.

> 예수님을 인정하지도 아니하고 모셔들이지도 아니하고 그 이름의 권세도 행하지 아니하고 셀 밖에 세워 둔 싸늘한 모임을 상상해 보라. 예수님은 그 모임 중에 임하시고 함께하시고 싶어, 문 밖에 서서 지금도 두드리고 계신다.

### (4) 제자들은 이 권세 행하기에 왜 실패했는가?
① 믿음이 작기 때문에(마 17:20)
② 기도하지 않았기 때문에(막 9:29)
③ 금식하지 않았기 때문에(난외주)

## 5. 셀 안에서 아픈 목원을 위해 기도하는 방법

(1) 하나님이 만지시면 곧 나을 것이라고 말한다.
(2) 아픈 가족을 긍휼히 여기는 마음, 함께 아파하는 마음을 갖는다.
(3) 잠시 대화를 통해 어디가 어떻게 아픈지, 아픔의 원인이 무엇인지 파악한다.
(4) 성령의 임재를 구한다.

(5) 예수님의 평화와 축복을 구하고 선포한다.
(6) 믿음으로 함께 기도한다.
(7) 거부감이 없다면 어깨에 손을 얹고 한 손은 손바닥을 펴 기도한다.
(8) 기도하고 잠시 조용한 가운데 기다린다.
(9) 모든 질병을 사탄의 역사나 죄 때문이라고 간주하지 않는다.
(10) 약을 먹거나 병원을 찾는 일은 아픈 사람의 판단과 믿음에 맡긴다.
(11) 치유되지 않은 것을 무리하게 치유되었다고 말하기보다는 지속적으로 기도한다.
(12) 치유되지 않을 때 믿음이 없기 때문이라고 말하지 않는다.
(13) 치유가 나타날 때 하나님께 영광을 돌리고 주께 감사 기도드린다.

## 6. 아픈 목원을 위한 명령 기도

> 명하여 가라사대 벙어리되고 귀먹은 귀신아 내가 네게 명하노니 그 아이에게서 나와서 다시 들어가지 말라(막 9:25)

예수님은 마귀나 질병을 꾸짖으실 때 명령기도를 하셨다. "열병은 떠나라, 일어나 걸어라, 더러운 영아 떠나라" 우리도 예수님의 이름으로 귀신과 질병을 물리칠 때 명령기도를 사용하도록 한다.

### 명령기도를 할 때
(1) 예수님의 이름으로 한다.
(2) 성령의 권능을 의지한다.
(3) 하나님 말씀의 능력을 믿는다.
(4) 기도하는 자신의 연약함을 도와달라고 기도한다.
(5) 아픈 목원을 주께 맡기는 기도를 한다.
(6) 명령기도를 한다.
(7) 주께 맡기는 기도, 감사하는 기도를 한다.

# 실습
### 치유 기도의 실제(사역 모형)

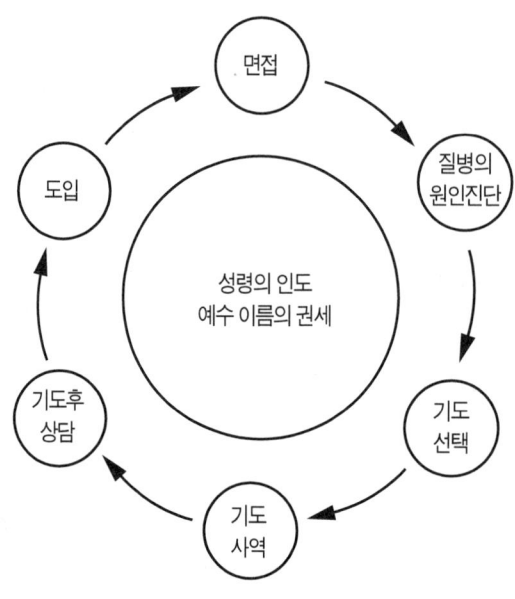

**(1) 도입**
　① 특별히 성령님이 오시도록 초청한다.
　② 기도 시간을 알려주시고 권세와 능력을 주시고 사탄으로부터 보호해 주시도록
　　 기도한다.
　③ 하나님을 송축한다.
　④ 기도 받는 사람을 축복한다.

**(2) 면접**
　① 환자에게 질병, 원인, 가계 병력 등을 듣는다.
　② 긍정적인 말로 위로하고 쉽게 낫는다고 믿음으로 격려한다.
　③ 성령님의 음성을 듣는다.

### (3) 질병의 원인 진단
① 자연적 원인(나이, 잘못된 습관과 태도)
② 특정한 죄와 연관(나의 죄)
③ 내적 상처(다른 사람의 죄)
④ 유전병(가계에 흐르는 저주)
⑤ 사단의 공격(마귀들림)
⑥ 하나님의 영광(욥과 같은 경우)

### (4) 기도 선택
① 하나님께 어떻게 기도할지에 대해 묻는다.
② 성령기도
③ 합심기도
④ 사역(팔, 다리를 자라게 함, 안수함 등)

### (5) 기도 사역
① 내 의지, 노력, 열정을 다 빼고(내 힘 빼기) 아픈 부위에 손을 좀 떼고 기도한다.
　　사람이 악을 쓰는 것만큼 성령은 덜 역사하신다.
② 권세 있게 명한다.
③ 눈을 뜨고 기도하면서 하나님의 역사하심을 관찰한다.
④ 환자가 중얼거리며 기도하지 않도록 한다.
⑤ 차도가 없으면 진단을 바꿔가며 기도한다.
⑥ 환자가 충분하다고 느낄 때, 성령님이 중지하라고 하실 때 기도로 마무리한다.

### (6) 기도후 상담

# 6과 셀 교회에서의 목회자의 역할

> 그러므로 너희는 가서 모든 족속으로 제자를 삼아 아버지와 아들과 성령의 이름으로 세례를 주고 내가 너희에게 분부한 모든 것을 가르쳐 지키게 하라 볼찌어다 내가 세상 끝날까지 너희와 항상 함께 있으리라(마 28:19-20)

중소도시에서 한 여전도사와 300명(장년 주일 출석)의 교인들을 돌보는 김목사의 일주일 사역은 가히 초인적이다. 설교 준비, 설교, 개인기도, 기도회 인도, 성경 연구, 성경공부인도, 심방, 상담, 행정, 각종회의, 각종모임 참석 등등.

그가 한 주일 동안 하는 설교만 해도 주일낮 설교, 저녁 설교, 수요 설교, 새벽 설교 7번, 심방 설교 20번, 장례, 결혼 설교 0.27번… 어느 날은 검정 양복을 입고 입관 예배를 집회하고, 차 안에서 넥타이를 갈아 매고 돌잔치 감사 예배, 급히 집에 들어가 양복을 갈아입고 점심시간 회갑 잔치를 인도하기도 했다.

이런 사람들에게 피터 드러커(Peter F. Drucker; 미국 기업, 비영리단체, 정부기관 컨설턴트)는 이렇게 묻고 있다. "당신은 지금 많은 일들을 올바르게 하고 있습니까? 아니면 정말 올바른 일을 하고 있습니까?"

### 본 과의 목표

1. 셀 교회 목회자의 역할이 무엇이며 어떤 일에 집중적으로 사역하는가를 이해한다.
2. 목회에서 어떤 일을 축소시키고 또 어떤 일에 집중해야 하는가를 깨닫는다.
3. 목회자는 자신의 시간관리 계획을 세울 수 있게 되고, 셀 목자(Cell Leader)들은 목회자들의 본래의 사역을 감당할 수 있도록 도울 수 있게 된다.

## 1. 예수님이라면 어떻게 하셨을까?

> 그러므로 너희는 가서 모든 족속으로 제자를 삼아 아버지와 아들과 성령의 이름으로 세례를 주고 내가 너희에게 분부한 모든 것을 가르쳐 지키게 하라(마 28:19-20)

- 주절: 제자를 삼아
- 종속절: 가서, 세례를 주고, 가르쳐 지키게 하라

(1) 설교 준비에 집중하는 김 목사가 섬기는 교회
- 매주 등록 교인이 있으나 대개 이동 성장
- 10년 목회 기간 동안 교인들의 평균 연령이 10년 높아짐
- 기존 교인들은 이사를 가기도 하고 교회를 떠나기도 하나 느린 숫적 감소를 피부로 느끼지 못함

(2) 상담과 심방에 집중하는 이 목사가 섬기는 교회
- 교인수가 약간씩 감소
- 예배 출석 인원이 약간씩 감소
- 일부 잘 섬기는 교인들의 숲에 가려 숫적 감소를 심각하게 느끼지 못함

(3) 성경 가르침에 집중하는 박 목사가 섬기는 교회
- 교인수가 약간씩 감소
- 지적 만족을 추구하는 기존 교인들의 이동으로 등록교인이 있음
- 목사 자신의 지적 만족도가 높아짐
- 교인들이 변해 가리라는 기대감이 있음

(4) 당회, 제직회, 각종 모임, 기타 행정에 집중하는 정 목사가 섬기는 장로교회
- 교인의 평균 나이가 급격히 늘어감
- 교인수가 많이 감소
- 목사의 초점이 자신의 교회내에서 생존하는데 있음
- 늘 입버릇처럼 장로교 목회는 장로목회라고 말함

(5) 불신자 전도나 그들을 양육하는 일에 집중하는 오 목사가 섬기는 교회
- 처음엔 열매가 없어 보임

- 임계치가 넘어서면서 급격히 교인수가 늘어남
- 교인들의 평균 나이가 감소
- 이 사역은 소비가 아니라 투자임을 알게 됨

\* **예수님의 목회 사역 우선순위**
① 불신자들(세리, 죄인, 창기) 만남
   이 일로 많은 오해와 비난을 받음
② 12제자와 함께 삶을 나눔
   관계 세우기
③ 기도하고 기도에 본을 보이심
④ 큰 무리 앞에서 가르치고 설교하심
   병든 자를 치유하시기도 하심

## 2. 여러 계층의 목회자들

셀 교회는 여러 계층의 목회자 그룹이 존재한다.
- 셀 교회의 핵심인 **셀 목자(cell leader)**
- 셀 목자를 지도 감독하는 **지역 목자(zone supervisior)**
- 지역 목자들을 지도 감독하는 **교구 목자(zone pastor)**
- 교구 목자들을 지도 감독하는 **교구(속교회) 교역자(district pastor)**
- 지도력의 정점에 **담임목사(senior pastor)**가 있다.

이들 모든 계층의 목회자가 감당해야 할 세 가지 공통적인 측면은 목양(Shepherding), 관리(Managing) 및 지도(Leading)이다.

## 3. 세 가지 공통적 측면

### (1) 목양
- 사랑과 돌봄을 실천하고 목원(셀원)들과의 신뢰 발전을 통해 관계를 증진시킨다.
- 환우 심방, 이사 심방 등을 통해 목원(셀원)들을 섬긴다.
- 새신자와 셀 모임에 처음 방문하는 사람들을 살펴, 잘 적응하도록 돕고 예비 목자를 훈련시킨다.

### (2) 관리
- 관리자로서의 목회자는 교회, 지역, 셀의 목표와 전략을 계획하고 실행한다.
- 셀 생활의 모니터 및 단계별 보고서 제출 그리고 후원자-피후원자 (sponsor-sponsee)의 관계를 관리한다. 아울러 목원(셀원)들의 교육 훈련 이수 사항도 관리한다.

### (3) 지도
- 지도자로서의 목회자의 역할은 성도들이 비전을 추구하도록 돕는다.
- 교회의 비전을 함께 나누며 지역사회를 향해 나아가 복음을 전파하도록 셀을 이끌고 자기 지역 성향을 조사하고 기도한다. 또한 조사 결과를 교회에 보고하고 교회를 대변한다.
- 셀교회에서의 목회자는 훈련 코치 또는 감독이며 선수는 목원(셀원)들이다.

## 4. 역할의 차이

> **팔방미인 목사구함**
>
> 한 교회에서 다음과 같은 목사 청빙 광고를 냈다: 나이 35세 전후 젊고 패기가 있어야 함. 설교 경력 10년 이상, 고감도 은혜 있는 설교 달인 우대. 유아부터 청년들까지 모두 잘 어울릴 수 있는 재능을 갖춘 자. 찬양 인도 필수. 기타와 피아노를 다룰 수 있는 자. 신유 능력 소지자 우대. 주당 60시간 근무. 목회 사례비 월150만원. 십일조 및 헌금 30% 필수

물론 농담을 위한 광고이지만 목회자가 팔방미인일 수는 없다. 따라서 목회자는 각기 은사대로 자기가 맡은 역할의 자리에서 '하나님 앞에서 두렵고 떨리는 마음'을 가지고 한 영혼 한 영혼을 섬겨야 한다.

### (1) 역할의 차이

각 지도 계층에 있는 목회자는 이상의 3가지 역할을 모두 감당해야 하지만 특히 셀 목자(Cell Leader)는 목양에 지역 목자, 교구 목자 및 교구(속교회) 목회자는 관리에 그리고 담임목사는 지도력 발휘에 더 많이 무게를 두어야 한다. 이때 지역 목자, 교구 목자는 자기의 담당 지역과 교구에서 담임목사의 역할을 자처해서는 안 된다. 그들은 중간 관리자로서 셀과 상부구조를 연결하는 고리 역할을 충실히 감당해야 한다.

### (2) 사랑의 묘약

셀 교회에서는 어떤 위치에 있든 목회자는 무엇보다 사랑을 보여 주고 실천하는 '선한 목자'이어야 한다. 양들을 위해 목숨을 내놓는 사랑이 없이는 아무도 감동시킬 수가 없다.

> 그는 목자 같이 양무리를 먹이시며 어린 양을 그 팔로 모아 품에 안으시며 젖먹이는 암컷들을 온순히 인도하시리로다(사 40:11)

> 한 정원사가 있었다. 그는 새로 나무를 심을 때마다 정성을 다해 심고 혼자 무언가 중얼거렸다. "나무야, 잘 자라야 한다. 난 너를 참으로 사랑한단다." 이 따뜻한 말을 하는 정원사가 심은 나무들은 언제나 싱싱하게 잘 자랐다고 한다. 우리는 생명에 대해 이런 따뜻한 마음을 가져야 한다.

셀 교회의 목회자는 생명을 살리는 운동의 리더이다. 목회자의 권위는 그의 따뜻한 눈, 따뜻한 마음, 곧 사랑에서 나온다.

**목회자의 마음**

> 본인에게 이렇게 묻는 사람이 있다. 한소망 교회는 전통 교회로 남아 있어도 굉장한 성장의 잠재력을 가지고 있는데 왜 위험 부담을 무릅쓰고 셀 교회를 하느냐고. 그분에게 나는 이렇게 대답해 주었다. "셀 교회가 주님께서 그토록 세우시기를 원하는 교회라면 나는 한소망 교회의 성도가 1/3로 줄어도 셀 교회를 하겠다. 그래서 성도들의 영성을 키우고 그들을 행복하게 해 줄 것이다."
>
> —류영모 목사의 설교 중에서

## 5. 담임목사

셀 교회는 지역사회를 복음화시키는 것을 그 궁극적인 목표로 삼는 거룩한 군대이다. 따라서 셀조직은 군조직과 같은 엄격한 영적 규율을 필요로 한다. 이를 위해, 교회는 기름부음을 받은 강력한 지도자를 요구하며 이는 담임목사가 감당할 몫이다.

셀 교회에서 셀 목자(Cell Leader)는 십부장, 지역 목자는 오십부장, 교구 목자는 백부장, 교구(속교회) 목자는 천부장에 비유할 수 있고 담임목사는 총사령관이신 예수 그리스도의 명에 따라 진두지휘하는 야전사령관과 같다고 할 수 있다.

### (1) 분명한 비전 제시
- 주님의 뜻에 합당한 교회를 이루기 위한 비전을 함께 공유한 이상 모든 목회자와 성도는 담임목사의 지도력에 절대 순종해야 한다.
- 담임목사는 분명하고 구체적인 비전과 실천사항을 교회에 제시함으로써 그의 지도력에 대한 어떠한 의구심도 미연에 방지해야 한다.

### (2) 궁극적 책임
- "모든 책임은 여기서 멈춘다." 이는 담임목사가 명심해야 할 말이다. 담임목사에게 모든 권한이 주어진 이상 실수에 대한 궁극적 책임도 담임목사에게 있다.
- 실수에 대해 담임목사는 즉시 하나님과 성도들에게 자신의 잘못을 인정해야 한다. 겸손과 종으로서의 지도력은 담임목사의 권위를 한층 높여줄 것이다.

### (3) 기름부으심
- 지도력은 하나님의 비전의 깃발 아래 교회의 역량을 집중시키는 것이며 결코 독재가 아니다.
- 지도자는 그의 덕성, 청렴, 재능, 열정, 건전한 판단 그리고 무엇보다도 성령의 기름부으심으로 인해 성도들의 신뢰를 얻는다.

### (4) 셀 교회 네트워크에 참여
- 셀교회의 비전을 함께 하는 지역사회의 다른 교회들과 연대하여 지역 복음화, 성시화 같은 공동의 목표를 향해 나아가는 것이 바람직하다. 이렇게 함으로써 부족한 자원과 지혜를 함께 나누며 때로 난관에 봉착했을 때 함께 극복하며 위로를 얻을 수 있다.
- 지역 사회의 목회자들이 함께 연합하고 협력하는 모습을 보임으로써 개교회의 분리주의적 인상을 지울 수 있어 지역사회로부터 긍정적 호응을 얻을 수 있다.

### (5) 비전 공유 및 실천 단계
- 교회의 비전은 하나님으로부터 담임목사가 받아 이의 실천 단계에 들어서서는 교회의 동역자들과 함께 의논하여 구체적 전략을 결정, 수립한다.
- 일단 비전 나누기와 비전을 이루기 위한 구체적 전략이 수립된 후에는 담임목사가 사령관과 같은 역할을 감당하게 된다. 하나님이 주신 비전이 극히 소수의 "비전을 함께 나누지 못한 사람들"로 인해 좌절되거나 포기되어서는 안 되기 때문이다. 그는 수립된 전략과 실천계획에 따라 일사분란하게 교회의 역량을 집결시키고 지휘한다. 이때 담임목사는 자주 외로운 결단을 내려야 한다.

## 6. 지역 목자 (Zone Supervisor)

### (1) 목자
- 지역 목자는 사랑, 돌봄 및 신뢰 강화를 통한 인간 관계수립을 위해 노력한다.
- 셀 목자(Cell Leader)와 목원(셀원)을 돌보고 그들을 위해 기도하며 셀을 방문하여 5W 인도를 시범한다.
- 새 지도자 발굴, 훈련(equipping) 과정의 시범, 전도의 모범을 보인다.

### (2) 관리자
- 관리자로서의 지역 목자는 셀의 목표와 전략을 계획하고 실행하며 셀의 삶을 관리한다.
- 셀 목자(Cell Leader)와 셀에 관련된 사항들에 대한 결정을 내리며 셀들을 동원한다.

### (3) 지도자
- 지도자로서의 지역 목자는 교회의 비전을 나누고 확산시키고 교구 목자를 대변한다.
- 셀 목자(Cell Leader)와 목원(셀원)들에게 동기를 부여하며 셀조직을 성장, 발전시킨다.
- 셀조직에 대한 모든 정보를 교회에 보고한다.

### (4) 지역 전도계획 입안자
- 지역 추수행사 주관자로서 지역 목자는 전도를 위한 종합적인 조사를 하고 셀 목자(Cell Leader)와 함께 의논하여 구체적 계획을 수립한다. 전략을 수립함에 있어서 지역 목자는 교구 목자와 셀 목자(Cell Leader)의 중간다리 역할을 수행한다.

### (5) 자격
- 지역 목자는 셀을 두 번 이상 분가시킨 경험을 가진 셀 목자(Cell Leader)이어야 한다.
- 지역 목자는 일반적으로 3개 정도의 셀을 이끈다. 그러나 각자의 능력에 따라 5개, 또는 그 이상의 셀을 지도할 수도 있다.

### (6) 정기 셀 방문시 지역 목자(Zone Supervisor)가 할 일
① 목적
- 셀 목자(Cell Leader)가 셀 모임을 효과적으로 인도할 수 있도록 돕기 위해
- 셀 목자(Cell Leader)가 목원(셀원)들과 친밀한 관계를 증진하도록 돕기 위해
- 셀들이 지역에 대한 목표를 세우고 달성하도록 동기를 부여하기 위해

② 셀 모임 전
- 셀 모임과 연관지어 주님을 섬기는 마음으로 기도와 찬송으로 준비하기
- 5W 인도법 숙지
- 셀 목자(Cell Leader)와 연락, 모임의 장소 및 시간 확인
- 셀모임의 핵심 사항 토의

③ 셀 모임시
- 목원들과 친면을 넓히기 위해 일찍 도착
- 셀 모임에 전적으로 참여하고 구경꾼이 되지 않음
- 셀 목자(Cell Leader)가 모임을 인도시 격려하고 지원

④ 셀 모임 후
- 모임의 긍정적인 면을 부각
- 모임을 평가하고 개선할 점을 토의
- 예비 목자를 위한 훈련계획 토의
- 각 개인의 문제에 대해 상호 책임

※ 전도 계획 격려

# 7. 요약

- 목회자는 무엇보다 사랑을 가진 선한 목자이어야 한다.
- 셀 목자(Cell Leader)는 목양에, 중간 계층의 목회자는 관리에, 담임목사는 지도에 치중한다.
- 셀 교회에서의 목회자들은 훈련 코치, 감독이며 선수는 목원(셀원)들이다.

코치, 감독: 목회자

선수: 목원(셀원)

# 토의

지금 당신이 맡은 사역이 무엇인가? – 셀 목자(Cell Leader), 지역 목자, 교구 목자, 교구(속교회) 교역자, 담임목사

(1) 지금까지 당신의 주사역이 무엇인가?
_____
_____

(2) 시간을 줄일 수 있는 사역이 무엇인가?
_____
_____

(3) 좀 더 집중을 요하는 사역은 무엇인가?
_____
_____

(4) 당신 자신(당신의 목회자)의 사역 우선순위를 적어 보자.
① _____
_____

② _____
_____

③ _____
_____

④ _____
_____

# 7과 셀 목자의 비전 선언문

> 월트 디즈니는 L.A 근교에 디즈니랜드를 만들었다. 그러나 환경의 여건상 여러 가지로 만족스러운 규모와 작품이 되지 못했다. 디즈니는 다시 꿈을 꾸기 시작했다. 마침내 플로리다 주에 디즈니 월드를 건설하고 오픈하기 직전 디즈니는 죽음을 맞이했다. 디즈니 월드 오픈 축제에서 한 인사는 그의 죽음을 아쉬워하며 디즈니가 이 멋진 모습을 볼 수 있었다면 얼마나 좋았을까? 라고 말했다. 이어진 디즈니 미망인은 답사에서 이렇게 말했다. "디즈니는 이미 이 월드가 오픈 되는 것도 이 멋진 모습들도 모두 보고 있었습니다."

「**이미 보고 있었습니다**」 - 이것을 우리는 비전(vision)이라고 말한다. 흔히 자신이 꾸는 꿈(dream)과 하나님이 보여 주시는 비전(vision)을 나누어 설명하기도 하고 하나님이 주시는 비전과 그 안에서 자신이 무엇을 하며 어떻게 살 것인가를 기술하는 사명(mission)을 나누어 설명하곤 한다. 그러나 여기서는 꿈, 비전, 사명을 나누지 아니하고 「**비전 선언문**」안에 다 포함하기로 한다.

### 본 과의 목표

1. 셀 안에서 비전의 필요성과 비전을 구체화하는 법을 이해한다.
2. 목자(Cell Leader)로서 비전 선언문을 작성하고 목원(셀원)들에게 설명하는 일의 중요성을 깨닫는다.
3. 자신의 "비전 선언문"을 작성하고 다른 사람에게 설명할 수 있다.

## 1. 비전의 중요성

### (1) 셀의 비전 선언문
우리 셀이 주님이 원하시는 바로 그 모습으로 이루어질 미래의 그림을 간단명료하게 기록한 선언문을 말한다(25단어 내외로 기술).

### (2) 목자(Cell Leader)로서 당신의 비전은 무엇인가?
「비전 선언문」은 목자(Cell Leader)로서 당신 자신과 공동체의 목표, 항로를 발견하고 그것을 명확하게 규정하여 문서화한 것이다. 주님의 관점에서 당신 자신과 셀의 존재 이유를 발견하고 명확한 비전 선언문을 작성한 그 순간부터 자신과 셀에는 기적같은 활기가 넘칠 것이다.

### (3) 역사상 위대한 사람, 기업, 공동체는 뚜렷한 비전이 있었다

> 헬렌 켈러 여사는 말했다. "소경으로 태어나는 것보다 더 비참한 것은 무엇인가? 그것은 눈을 가지고 있으되 미래를 보지 못하는 것이다."

당신이 위대한 목자(Cell Leader)가 되고 당신의 셀이 주님이 기뻐하시는 셀이 되기 위해서는 우선, 우리 셀이 어디로 가야 하는지를 알고 있어야 한다(비전). 그 다음은, 셀이 그곳으로 갈 수 있도록 목원(셀원)들을 설득하는 일이 필요하다(동기 부여).

### (4) 묵시가 없으면
"묵시(비전)가 없으면 백성이 방자히 행한다" 즉 비전이 없는 공동체는 방황한다. 비전은 셀의 미래와 하나님이 주신 목표를 보는 능력이요 그곳으로 이끌어 가는 추진력이다.

## 2. 목자(Cell Leader)에게 비전이 필요한 이유

(1) 셀의 방향성을 갖기 위해서
(2) 셀의 참된 일체감을 갖기 위해서
(3) 셀이 위기에 부딪히고 침체에 빠질 때 그것을 돌파해 나갈 힘이 되기에
(4) 모든 목원(셀원)들의 헌신을 촉구하기 위해

※ 존 맥스웰(John Maxwell)의 비전과 지도자

| 1 | 방황자(wanderer) | 아직 아무런 비전도 보지 못하고 사는 영적 맹인 같은 사람 |
| 2 | 추종자(follower) | 어떤 비전을 보지만 그것을 추구할 엄두를 내지 못하는 사람 |
| 3 | 성취자(achiever) | 어떤 비전을 보고 개인적으로 자신의 삶에서 성취하는 사람 |
| 4 | 지도자(leader) | 비전을 보고 그것을 공동체에 적용하여 사람들과 함께 이루어내는 사람 |

## 3. 셀의 비전을 얻고 구체화하기

(1) 비전은 하나님이 주신다.
(2) 비전은 하나님이 여러 통로를 통해 여러 번 말씀하신다.
(3) 비전은 기도를 통해 주어진다. 기도는 비전의 산실이다(빌 하이벨스).
(4) 비전은 위기의식, 창조적 불만에서 탄생한다.
(5) 비전은 큰 상상을 요구한다. 내가 미칠 수 없는 큰 꿈을 꿀 때 하나님이 도와주신다.
(6) 비전은 구체화되고 명료하게 기록한다.

## 4. 효과적인 비전 선언문

(1) 목원(셀원)들의 활기와 흥분을 불러일으킬 수 있어야 한다.
(2) 셀의 방향성을 보여 줄 수 있어야 한다.
(3) 쉽게 기억할 수 있어야 한다.
(4) 우리 교회의 가치관을 보여 줄 수 있어야 한다.
(5) 목원(셀원)들의 열망이 함께 담겨 있어야 한다.
(6) 우리 셀의 미래에 대한 영광스런 모습이 담겨 있어야 한다.
(7) 터무니 없이 문장만 훌륭하고 달성 불가능한 것이어서는 안 된다.
(8) 너무 광범위하고 일반적이지 않아야 한다.
(9) 강하고 높은 가치와 비전으로 셀 가족의 꿈을 키워 준다.

## 5. 비전 선언문의 축복

(1) 위대한 비전이 위대한 믿음을 낳는다.

(2) 비전의 성취를 경험하며 행복을 누린다.
(3) 비전을 이루어 가는 과정에서 겪을 훈련에 이길 힘이 된다.
(4) 축복을 나누는 복의 근원으로 살아간다.
(5) 비전을 주신 하나님을 위하여 살아간다.

## 6. 비전이 있는 셀 리더(Cell Leader)

(1) 부정적인 언어를 긍정적인 언어로 바꾼다.
(2) 셀의 현재와 미래의 그림을 긍정적으로 그려간다.
(3) 모든 사람이 부정적으로 보는 상황이나 사건에서도 긍정적인 면을 찾아낸다.
(4) 셀 가족들에게 비전을 자주 상기시키고 비전에 대한 그들의 주인의식을 높인다.
(5) 부정적인 메시지도 긍정적 언어로 바꾼다(적은 멤버, 가능성이 많은 어린 신자—발전의 여지가 많은 나이 많고 늙은 - 성숙하고 노련한).
(6) 모든 셀가족 하나하나가 자신을 VIP로 느끼도록 늘 격려한다.
(7) 밴드 웨곤(Band wagon) 기법으로 고무시킨다(우리 셀만 예비 목자가 없더라. 우리 셀이 태신자 수가 가장 적더라).
(8) 그러면서도 구체적인 희망을 준다.
(9) 팀워크를 과시하는 말을 자주 한다.
(10) 미시적 관리를 최소화하고 거시적 비전으로 격려한다.

## 7. 로즈 베리 존스의 비전 선언문 연습하기

※ 로리 베스 존스(최고 경영자 예수, 기적의 사명 선언문 저자)
(1) 하나님과 함께라면 무엇이든지 가능한 셀의 모습을 떠올린다.
(2) 당신이 모델로 삼고 싶은(실제 혹은 상상) 목자(Cell Leader)의 모습은?
(3) 돈에 신경 쓰지 않아도 된다면 일생 동안 무엇을 하며 지내고 싶은가?
(4) 만일 당신이 목자(Cell Leader)로서 지금보다 열 배 더 큰 일을 할 수 있는 신실, 대담이 있다면 무엇을 어떻게 할 것인가?
(5) 지금으로부터 3년 후 목자(Cell Leader)로서 하루의 삶을 상상해 보라.
(6) 노인이 되었다. 문득 손자가 묻는다. "**한소망교회의 이 영광스런 모습을 위해 당신은 무엇을 했습니까? 가장 자랑스런 일이 무엇입니까?**" 당신은 무엇이라고 대답할 것인가?

(7) 임종 직전이다. 당신을 찾아온 목원(셀원), 당신이 번식시킨 목자(Cell Leader)들이 와서 무엇이라고 축복해 주길 기대하는가?

(8) 위의 질문들에 대한 대답을 모두 포괄하는 당신의 비전 선언문을 작성해 보라. 바로 지금!!

# 토의

- 셀에서 당신이 가장 소중하게 여기는 가치가 무엇인가?

- 당신의 사명이 무엇인가?
   (예) 예수님: 내가 온 것은 영원한 생명을 갖게 하고 그것을 더 풍성히 얻게 하려는 것이다.
   필자: 한소망교회를 주님이 세우기 원하셨던 그 교회로 이루고 그것을 통해 한국 교회를 살리고 한민족을 구원한다.
   당신:

- 당신의 비전 선언문
   (예) 1. 셀의 부모와 청년과 아이가 서로를 섬기는 가족을 이루고 모든 가족이 불신자를 미래 가족으로 품어 1년에 두 번의 분가를 이룬다.
   2. 우리 셀은 지도자 셀이다. 모든 가족을 예비 목자(Intern)로 양육하고 셀에 들어온지 2년내에 모두 셀 리더가 되어 분가한다.

# 부록: 셀의 행정 양식

1. 셀 서약서

2. 셀 보고서

3. 태신자 작정서(오이코스)

4. 영적 순례 면담 점검

5. 목자(Cell Leader)의 자기 평가 양식

6. 예비 목자(Intern) 평가 양식

7. 셀 모임 평가서

8. 셀 목장 모임 계획서

9. 셀 기도 체인

10. 목자(Cell Leader) 서약서

11. 셀 코이노니아 언약

12. 주의 만찬 순서

## 1. 셀 서약서

그리스도께서 나에게 화평을 가져다주셨음을 인식하면서
나도 그 화평을 가지지 못한 사람에게 나누어 주겠습니다.

셀 목장 모임이 생애에서 중요한
전환점이 된다는 사실을 인식하면서
나는 이 모임과 사역에 참여하는 것을
우선순위 중에서 제일 첫 자리에 두겠습니다.

나는 우리 셀 목장이 존속하는 동안
2~3명의 사람들을 셀 목장으로 인도하는데 최선을 다하겠습니다.

나는 깊은 고통 가운데 있는 사람들이
그리스도의 무조건적인 사랑에 응답하는 쪽을
선택할 수 있게 되기까지
인내하며 그들을 섬기겠습니다.

나는 하나님께서 용납하신 모든 사람들을 용납하며
그들을 판단하지 않겠습니다.

나는 언제나 하나님께서 모든 일을
그분의 영원한 목적을 위해 허용하심을 기억하겠습니다.

나는 기도하는 마음으로 모든 상황에서
하나님께서 말씀하시고자 하는 바를 알게 되고
그분의 사랑의 음성이 되기를 구하겠습니다.

나는 어려운 상황들을 만날 경우 단순한 '해결책'을 제시하는
경망스러움을 전심으로 피하겠습니다.

서명: _____

## 2. 셀 보고서

_____ 목장  목자: _____  예비 목자: _____    2002년    월    일

| | 모임 장소 | | | 성경 본문 | | |
|---|---|---|---|---|---|---|
| | 참석 인원 | | 명 | 헌금 | 원 | 성경읽기 | 장 |
| | 다음 장소 | | | 빈방석 가족 | | 명 |

| 번호 | 목 장 모 임 | | | 주일 예배 출석 | | 기도 제목 |
|---|---|---|---|---|---|---|
| | 성 명 | 양 육 | 출석 | 낮 | 저녁 | |
| 1 | | | | | | |
| 2 | | | | | | |
| 3 | | | | | | |
| 4 | | | | | | |
| 5 | | | | | | |
| 6 | | | | | | |
| 7 | | | | | | |
| 8 | | | | | | |
| 9 | | | | | | |
| 10 | | | | | | |

- 처음 참석한 사람의 이름에는 밑줄을 친다. 뒷면에 그 사람의 이름, 주소, 전화번호 등을 적는다.

### 담임목사님께 보고                                                    목장

| 1. 예비 목자 교육 | | |
|---|---|---|
| 2. 번식 준비 | | |
| 3. 주중 목양 활동 | 교역자 심방 | |
| | 목자 심방(3P) | |
| | 기도 사역 | |
| | 새가족 양육 | |
| 4. 특기사항 및 요청사항 | | |

## 3. 태신자 작정서(오이코스)

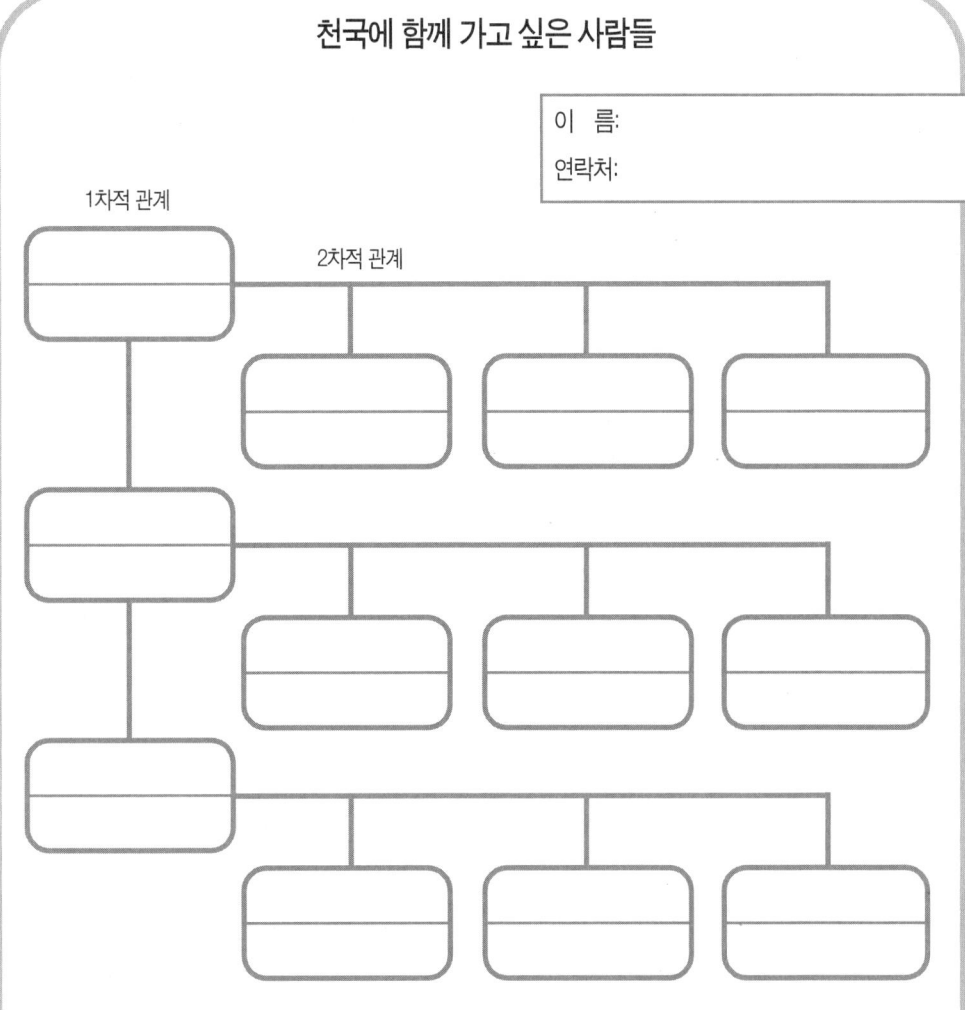

이제 여러분과 관계 맺고 있는 사람들 중 천국에 함께 가고 싶은 세 사람의 이름/관계, 연락처를 1차적 관계 아래쪽으로 쓰시기 바랍니다(예: 배우자, 형제, 직장동료, 이웃사람, 아들 등).

그런 다음 오른쪽 빈 칸에 위에 적은 사람들과 관계 맺고 있는 사람 중에 천국에 함께 가고 싶은 세 사람의 이름/관계, 연락처를 쓰십시오(예: 배우자의 친한 친구, 형제의 아내, 직장동료의 자녀, 이웃사람의 부모, 아들의 친한 친구 등).

마지막으로 이들 중 교회에 다닌 경험이 있거나 복음에 비교적 열려 있는 사람들의 이름 앞에는 A를, 기독교를 전혀 접해 보지 못했거나 배타적인 사람들의 이름 앞에는 B를 쓰시기 바랍니다.

## 4. 영적 순례 면담 점검표

### 영적 순례 면담 점검표

1. 그리스도인이 된 지 얼마나 되었는가?
2. 신앙에서 멀어진 경험은?
3. 이전에 받은 그리스도인의 훈련 경험은?
4. 교회생활은 얼마나 적극적으로 했는가?
5. 구원 경험: 의심스러운가?
6. 과거에 전도한 경험은?
7. 성경 지식 퀴즈에 대한 점수는?
8. 자신에게 주어진 성령의 은사를 아는지 여부는?
9. 은사를 적극적으로 활용하는가?
10. 지속적으로 기도생활을 하는가?
11. 다른 사람을 그리스도께로 인도한 경험이 있는가?
12. 이 사람은 배우는 태도가 어떠한가?
13. "견고한 진"을 다루는 교재나 자료가 이 사람의 견고한 진을 드러냈는가?
14. 이 사람에게 있는 견고한 진은 무엇인가?
15. 셀 목장 생활을 알고 있는가? 셀목장에 대한 준비 정도는?
16. 양육인을 가지는 것과 스스로 양육인이 되는 문제에 대한 느낌은?

면담을 마친 후 아직 기억이 생생할 때 이 사람에 대한 당신의 생각들을 기록하라. 당신이 특별히 관심을 가지게 되는 영역들을 적어 보라. 그리고 "중보 기도 제목 기록표" 양식을 사용하여 이 사람을 위한 중보 기도 제목들을 기록하라.

17. 기타:

## 5. 목자(Cell Leader)의 자기 평가 양식

| 임 무 | 평점(10=매우 높다, 1=매우 낮다) | | | | | | | | | |
|---|---|---|---|---|---|---|---|---|---|---|
| | 10 | 9 | 8 | 7 | 6 | 5 | 4 | 3 | 2 | 1 |
| 셀 목원들의 집을 심방한다. | | | | | | | | | | |
| 방문객들과 관계를 잘 맺는다. | | | | | | | | | | |
| 새가족과 의식적으로 친숙해진다. | | | | | | | | | | |
| 토의에 참여한다. | | | | | | | | | | |
| 불신자를 전도 소그룹에 데려 온다. | | | | | | | | | | |
| 목자 훈련을 받았고 지금 받고 있다. | | | | | | | | | | |
| 심방을 계획한다. | | | | | | | | | | |
| 개인적으로 심방한다. | | | | | | | | | | |
| 효과적으로 셀 목장 모임을 인도한다. | | | | | | | | | | |
| 대화의 주제를 다룰 준비가 잘 되어 있다. | | | | | | | | | | |
| 사역 나눔의 시간을 위해 적절한 준비를 한다. | | | | | | | | | | |
| 토의 시간에 구성원들의 필요를 민감하게 파악한다. | | | | | | | | | | |
| 문제 있는 사람들을 사랑으로 돌본다. | | | | | | | | | | |
| 연쇄 기도 조직을 인도한다. | | | | | | | | | | |
| 지속적으로 구성원들을 위해 기도한다. | | | | | | | | | | |
| 유용한 기록들을 활용한다. | | | | | | | | | | |
| 상담가로서의 의식을 가지고 있다. | | | | | | | | | | |
| 건설적 비판을 잘 수용한다. | | | | | | | | | | |
| 예비 목자를 훈련시키고 있다. | | | | | | | | | | |
| 예비 목자가 또 다른 사람을 훈련시키도록 훈련한다. | | | | | | | | | | |
| 새 예비 목자를 감독한다. | | | | | | | | | | |
| 예비 목자가 훈련시키는 사람을 훈련한다. | | | | | | | | | | |
| 지역 사역자가 되고자 하는 열망을 가지고 있다. | | | | | | | | | | |
| 지역 사역자로 추천 받았다. | | | | | | | | | | |

## 6. 예비목자(Intern) 평가 양식

| 예비목자 평가 양식 | | | | | | | | | | |
|---|---|---|---|---|---|---|---|---|---|---|
| 임 무 | 평점(10=매우 높다, 1=매우 낮다) | | | | | | | | | |
|  | 10 | 9 | 8 | 7 | 6 | 5 | 4 | 3 | 2 | 1 |
| 셀 목원들의 집을 심방한다. | | | | | | | | | | |
| 방문객들과 관계를 잘 맺는다. | | | | | | | | | | |
| 새가족과 의식적으로 친숙해진다. | | | | | | | | | | |
| 토의에 참여한다. | | | | | | | | | | |
| 불신자를 전도 소그룹에 데려 온다. | | | | | | | | | | |
| 목자 훈련을 받았고 지금 받고 있다. | | | | | | | | | | |
| 심방을 계획한다. | | | | | | | | | | |
| 개인적으로 심방한다. | | | | | | | | | | |
| 효과적으로 셀 목장 모임을 인도한다. | | | | | | | | | | |
| 대화의 주제를 다룰 준비가 잘 되어 있다. | | | | | | | | | | |
| 사역 나눔의 시간을 위해 적절한 준비를 한다. | | | | | | | | | | |
| 토의 시간에 구성원들의 필요를 민감하게 파악한다. | | | | | | | | | | |
| 문제 있는 사람들을 사랑으로 돌본다. | | | | | | | | | | |
| 연쇄 기도 조직을 인도한다. | | | | | | | | | | |
| 지속적으로 구성원들을 위해 기도한다. | | | | | | | | | | |
| 유용한 기록들을 활용한다. | | | | | | | | | | |
| 상담가로서의 의식을 가지고 있다. | | | | | | | | | | |
| 건설적 비판을 잘 수용한다. | | | | | | | | | | |
| 예비 목자를 훈련시키고 있다. | | | | | | | | | | |
| 예비 목자가 또 다른 사람을 훈련시키도록 훈련한다. | | | | | | | | | | |
| 새 예비목자를 감독한다. | | | | | | | | | | |
| 예비 목자가 훈련시키는 사람을 훈련한다. | | | | | | | | | | |
| 셀 목자가 되고자 하는 열망을 가지고 있다. | | | | | | | | | | |
| 셀 목자로 추천 받았다. | | | | | | | | | | |

# 7. 셀 모임 평가서

| No. _____ | |
|---|---|
| <div align="center">**셀 모임 평가**</div><div align="center">이 양식을 사용하여 예비 목자와 함께 모임을 평가하라.</div> | |
| 목자이름: | 참석 인원:        명 |
| 날    짜:       년      월      일 | |

나눔 주제:




모임에서 있었던 가장 중요한 일들은?




모임에 발견한 약점이나 문제들은?




이전에 알지 못했던 점들은?




필요한 조치들은?
(심방, 전화, 격려의 글 등)

## 8. 셀 목장 모임 계획서

| 셀 목장 모임 계획서 | | | |
|---|---|---|---|
| 목자 이름: | | 모임 장소: | |
| 모임 날짜: | | 주    소: | |
| 할 일 | 책임자 | 준비 상태 | |
| 음식 | | | |
| 방문객 소개 | | | |
| 환영, 마음문 열기 | | | |
| 찬양을 통한 경배 | | | |
| 말씀 나눔 주제 | | | |
| 전도 사역 나눔 | | | |
| 목회적 돌봄 기도 | | | |
| 약도 | | | |
| 기타: | | | |

이 양식을 사용하여 예비 목자와 함께 다음 목장 모임을 계획하라.

## 9. 셀 기도 체인

(　　　) 기도 체인

> "하나님의 임재와 권능에 접속하기 위하여 모든 셀이 기도의 생명줄로 연결되게 하소서"

| | |
|---|---|
| 1 | 목자:<br>전화:　　　　　　　　　　핸드폰: |
| 2 | 예비목자:<br>전화:　　　　　　　　　　핸드폰: |
| 3 | 목원:<br>전화:　　　　　　　　　　핸드폰: |
| 4 | 목원:<br>전화:　　　　　　　　　　핸드폰: |
| 5 | 목원:<br>전화:　　　　　　　　　　핸드폰: |
| 6 | 목원:<br>전화:　　　　　　　　　　핸드폰: |
| 7 | 목원:<br>전화:　　　　　　　　　　핸드폰: |
| 8 | 목원:<br>전화:　　　　　　　　　　핸드폰: |
| 9 | 목원:<br>전화:　　　　　　　　　　핸드폰: |
| 10 | 목원:<br>전화:　　　　　　　　　　핸드폰: |
| 11 | 목원:<br>전화:　　　　　　　　　　핸드폰: |
| 12 | 목원:<br>전화:　　　　　　　　　　핸드폰: |
| 13 | 목원:<br>전화:　　　　　　　　　　핸드폰: |
| 14 | 목원:<br>전화:　　　　　　　　　　핸드폰: |
| 15 | 목원:<br>전화:　　　　　　　　　　핸드폰: |

## 10. 목자(Cell Leader) 서약서

### 목자 서약서

저는 한소망교회 사역의 일익을 담당할 목자로 부르심을 받아, 기도하며 다음과 같은 사항을 이해하고 목자로서의 사역에 동참할 것을 하나님과 사람들 앞에서 약속합니다.

1. 목자는 사역자이지 명예직이 아님을 이해한다. 맡겨진 양떼의 사정을 돌보고 그들이 성숙해 가도록 나의 삶을 드리겠다.

2. 목장이 하나의 작은 교회의 역할을 잘 감당하도록 목장 운영에 책임을 지고 사역 현장의 최종 사역자로서의 역할을 다하겠다.

3. 목자로서 사역에 필요한 계속적인 성장을 위해서, 그리고 교회의 사역방향과 하나 되기 위하여 금요일 오전 10시에 있는 목자 모임에 참여하는 최대한의 노력을 경주하겠다. 금요목자 모임에 세 번 이상 무단 결석하는 것은 더 이상 목자로 사역할 의사가 없다는 표시로 교회에서 받아들여도 이의를 제기하지 않는다.

4. 매일 기도하고 성경을 읽으며 하나님과 교제하고, 자신의 영적 성숙을 도모하겠다.

5. 새가족이 오면 그 주에 심방하고, 그들이 목장과 교회에 적응하도록 최선을 다해 돕겠다.

6. 목원들을 위해 그 이름을 불러가며 한 주에 두 번 이상 기도하고, 그들의 영적 성숙을 위해 교회의 훈련과정에 참여토록 목원 관리에 게을리하지 않겠다.

7. 나는 목원들이 계속훈련을 받아 예비목자로 세워지는 일과 목원들과 함께 전도하여 목장을 새로 번식시키는 일에 분명한 목표를 가지고 열심히 사역을 할 것이다.

8. 목자로서 주일예배는 물론, 각종 예배와 교회의 정규 훈련과정과 세미나, 그리고 각종 행사에 성실하게 참여하는 모범을 보이겠다.

위의 사항을 마음을 다해 동의하며 최선을 다해 준수하겠습니다.

200 년 월 일

_____ 속교회  _____ 목장

목자: _____ ㊞

## 11. 셀 코이노니아 언약

### 셀 코이노니아 언약

목자: 1. 우리는 우리의 목장 모임을 통해 예수 그리스도를 주로 높이고 하나님께 영광을 돌리기 위하여 주께서 연결시켜 주신 신령한 영적 지체들임을 고백한다.

목원: 2. 우리는 우리 목장 모임에서 초대교회 공동체처럼 순수한 사랑과 겸허한 섬김의 교제가 이루어지도록 각자의 자리에서 최선의 노력을 다하고자 한다.

목자: 3. 우리는 우리 마을 목장 모임을 통해 말씀을 나눌 때, 한 사람이 겸손하게 자기의 깨달은 바를 말하되 한 사람이 대화 중 많은 시간을 독점하지 않고 모든 목원이 함께 골고루 나누도록 격려한다.

목원: 4. 무엇보다 우리는 예수 그리스도를 우리의 궁극적 지도자로 삼고 그의 권위 아래서 교제하되 또한 우리 목장의 목자를 주께서 세워 주신 리더로 인정하며 그를 따르고 그를 위하여 기도할 것을 서약한다.

목자: 5. 우리는 목장 모임을 통해 우리의 교제를 깨뜨릴 수 있는 논쟁적 발언이나 특정한 대상에 대한 비판적 발언을 하지 않기로 서약한다.

목원: 6. 무엇보다 목원 상호간에 어려움을 극복할 수 있도록 기도의 짐을 지고 중보 기도에 최선을 다하기로 약속한다.

목자: 7. 우리는 자기 자신의 삶의 어려움이나 문제가 있을 때는 할 수 있는 한 서로의 기도제목을 거리낌없이 신속하게 목장 모임에 알리고 위하여 기도하기로 언약한다.

목원: 8. 우리는 목원 상호간에 어려움을 돕는 일에 최선을 다하되, 그로 말미암은 불필요한 오해나 교제의 부담이 없도록 하기 위하여 꾸거나 꾸어 주는 일들의 돈 거래 그리고 계모임 등은 일체하지 않기로 언약한다.

목자: 9. 우리들의 목장 교제를 통하여 주님을 닮아가며 주 뜻대로 살아가고자 주께서 명하신 성령 충만을 이루기 위하여 성령 충만을 방해하는 주류사용(술 취함), 불건전한 오락(도박), 그리고 교회나 개인에 대한 비방을 일체 금하기로 한다.

목원: 10. 말씀과 기도는 우리들의 교제의 수단이며 거룩함은 우리들의 교제의 태도이며 전도를 통한 목장번식과 서로 사랑하므로 제자 삼는 일은 우리들의 교제의 궁극적인 목표임을 명심할 것이다.

다같이: 11. (각 목장에서 임의로 정할 수 있습니다.)

_____

200년  월  일
목원 일동이 주께 언약하나이다.
(1년에 4회 목장 모임시간에 교독한다.)

## 12. 주의 만찬 순서

집례 : ○○○ 목사

당회원이 나눠준 주의 만찬을 준비(빵과 쟁반, 포도주를 따른 잔과 컵 받침)한 후 흰 보자기로 덮는다.

1. **찬송** ······················································································································· 다함께
2. **고전 11:23~26 낭독** ································································································ 집례자
3. **고백 기도** ··············································································································· 다함께

　　이제 우리 모두 함께 하나님 앞에서 기도함으로 우리의 죄를 자백하는 시간을 갖겠습니다. 기도로 준비하겠습니다. (기도 예문)
　　"사랑의 하나님! 자기 아들을 아끼지 아니하시고 우리를 위해 십자가에 달리신 주의 은혜를 감사합니다. 우리 자신의 의로서는 감히 주의 만찬을 대할 수 없지만 주의 은혜로 이 만찬에 참여함을 감사합니다. 우리의 크고 작은 모든 죄를 사하시며 우리의 심령을 깨끗케 하옵소서. 늘 새로운 마음으로 주 앞에 부끄럼 없는 거룩한 삶을 살게 하옵소서. 이 시간 살아 계신 우리 주님의 임재를 보게 하옵소서. 예수님의 이름으로 기도합니다. 아멘."

4. **요일 1:9 낭독** ········································································································· 집례자
5. **주의 만찬의 의미와 묵상기도** ················································································· 집례자

　　(1) 우리는 이제 주의 만찬을 통하여 예수께서 우리를 죄에서 구원 하시고자 십자가에서 돌아가신 것을 바라보기 원합니다.
　　(2) 그리고 그리스도 안에서 현재 나의 삶에 하나님께 합당치 않은 죄가 있는가를 살핌으로써 자신의 내면을 바라보기 원합니다. 이제 회개하고 거룩한 삶을 갈망하면서
　　(3) 앞으로 우리 구원의 완성과 상급을 위해 다시 오실 주님을 바라보십시오.
　　　　(1~2분 정도 계속해서 묵상기도를 하시겠습니다.)

6. **주의사항** ················································································································ 집례자

　　"우리 가운데 아직 세례를 받지 못한 형제 자매들은 부담을 느끼지 마시고 조용히 기도하시면서 떡과 잔을 옆에 계신 분에게 전달하여 주시면 감사하겠습니다. 그러나 우리는 모든 형제/자매님들이 마음에 거리낌이 없이 이 떡과 잔을 속히 받을 수 있도록 빠른 시간 안에 세례를 받을 수 있기를 바랍니다."

7. **떡과 잔을 위한 감사의 기도** ··················································································· 집례자

　　"이제 이 주의 만찬을 위해 ○○○ 자매님께서 기도 인도해 주시겠습니다."

8. **분병** ······················································································································· 집례자

　　찬송가 281장 1~2절을 찬양하시겠습니다.
　　(찬양을 마친 후) 목원 한사람에게 떡을 건네며 "이 떡은 ○○○ 자매님을 위해 찢기신 주의 몸을 기념하는 것입니다." 그 사람은 떡을 받아먹은 후에 (잠시 기다렸다가) 위와 같이 옆 사람에게 말한다.

9. **분잔** ······················································································································· 집례자

　　찬송가 281장 3~4절을 찬양하시겠습니다.
　　(찬양을 마친 후) 목원 한사람에게 잔을 건네며 "이 잔은 ○○○ 자매님을 위해 보혈을 흘리신 우리 주님을 기념하는 것입니다." 그 사람은 잔을 받아 마신 후에 (잠시 기다렸다가) 위와 같이 옆 사람에게 말한다.

10. **찬송** ····················································································································· 다함께

　　찬송가 281장 5~6절을 찬양하시겠습니다. (잔과 떡을 정리하여 식탁보로 씌운다.)

11. **기도** ····················································································································· 다함께

　　서로 손을 잡고 합심해서 감사기도를 한 후에 주의 기도로 마친다.

# 참고서적

『10분에 마스터하는 리더십』, 앤드류 J. 더블린, 도서출판 두란노
『Cell Leader』, Rev. H. Khong, C.H.C교회
『Cell Leader Intern Training Trainee's Manual』, Lawrence Khong, FCBC
『FCBC 자료집』, 한국강해설교학교
『NCD 전도소그룹 실행가이드』, 드와잇 마블, 도서출판 NCD
『The Apostolic Cell Church』, Lawrence Khong, FCBC
『Zone Supervisor Intern Training Trainee's Workbook』, Lawrence Khong, FCBC
『기도의 삶, 성 테레사(이상원)』, 크리스챤다이제스트사
『길 잃은 새들』, 래비드레너드 타고르
『두 날개로 비상하는 교회』, 류영모, 도서출판 서로사랑
『리더가 저지르기 쉬운 10가지 실수』, 한스 핀젤, 프리셉트
『목자론』, 이동원, 지구촌교회
『새로운 삶의 시작』, 랄프 네이버, 도서출판 NCD
『성공적인 어린이 전도 양육법』, 조지 이거, 나침반출판사
『성령으로 행하는 사람』, 홍성건, 예수전도단
『세계를 빛낸 명장』, 박덕은, 가교
『셀교회 지침서』, 랄프 네이버, 도서출판 NCD
『셀교회 컨퍼런스』, 빌 벡햄, 도서출판 NCD
『셀리더 지침서』, 랄프 네이버, 도서출판 NCD
『신병훈련소』, 국제터치 본부, 도서출판 NCD
『새로운 삶의 실천』, 랄프 네이버, 도서출판 NCD
『아이스 브레이커』, 랜들 네이버 편저, 도서출판 NCD
『어린이 전도와 결신 상담』, 김근모, 어린이 전도협회
『어린이 전도의 중요성』, 요세라 특강
『이동원 목사의 짧은 이야기 긴 감동1』, 이동원, 도서출판 누가
『자연적 부흥』, 빌 벡햄, 도서출판 NCD
『새로운 삶의 4권 전도 가이드』, 랄프 네이버, 도서출판 NCD
『제2의 종교개혁』, 빌 벡햄, 도서출판 NCD
『하얀 마음을 만드는 소중한 이야기』, 나침반출판사
『후원자 가이드』, 랄프 네이버, 도서출판 NCD